O RETORNO À MONTANHA DO DRAGÃO

Jonathan Spence

# O RETORNO À MONTANHA DO DRAGÃO

Tradução de
Rodrigo Peixoto

1ª edição

Revisão técnica de
ANDRÉ DA SILVA BUENO

EDITORA RECORD
RIO DE JANEIRO • SÃO PAULO
2013

CIP-BRASIL. CATALOGAÇÃO NA FONTE
SINDICATO NACIONAL DOS EDITORES DE LIVROS, RJ

S729r
Spence, Jonathan, 1936-
O retorno à montanha do dragão / Jonathan Spence; tradução Rodrigo Peixoto. – Rio de Janeiro: Record, 2013.

Tradução de: Return to dragon mountain
Inclui bibliografia e índice
ISBN 978-85-01-08302-9

1. Zhang, Dai, 1597-1679. 2. Escritores chineses – Biografia. I. Título.

12-3417
CDD: 928.951
CDU: 929:821.581

Título original em inglês:
RETURN TO DRAGON MOUNTAIN

Copyright © Jonathan D. Spence, 2007

Todos os direitos reservados. Proibida a reprodução, armazenamento ou transmissão de partes deste livro através de quaisquer meios, sem prévia autorização por escrito. Proibida a venda desta edição em Portugal e resto da Europa.

Texto revisado segundo o novo Acordo Ortográfico da Língua Portuguesa.

Direitos exclusivos de publicação em língua portuguesa para o Brasil
adquiridos pela
EDITORA RECORD LTDA.
Rua Argentina, 171 – 20921-380 Rio de Janeiro, RJ – Tel.: 2585-2000,
que se reserva a propriedade literária desta tradução

Impresso no Brasil

ISBN 978-85-01-08302-9

Seja um leitor preferencial Record.
Cadastre-se e receba informações sobre nossos lançamentos e nossas promoções.

EDITORA AFILIADA

Atendimento direto ao leitor:
mdireto@record.com.br ou (21) 2585-2002.

*Para Annping*

## Sumário

*Agradecimentos* • 9
*Árvore genealógica da família Zhang* • 12
*A China de Zhang Dai* • 14

Prólogo • 17
1. Círculos de prazer • 27
2. Mapeando o caminho • 55
3. Em casa • 77
4. Mais além • 103
5. Níveis de serviço • 123
6. No limite • 147
7. Corte em fuga • 163
8. Vivenciando a queda • 185
9. Reformando o passado • 205

*Notas* • 233
*Bibliografia* • 261
*Índice* 269

# Agradecimentos

Quando saí em busca de Zhang Dai, seis anos atrás, não tinha ideia de que ele se provaria tão ardiloso e sutil. E mesmo agora, após anos de tentativas, ainda não sinto ter podido vencer suas defesas ou desvendar a totalidade de sua erudição. Mesmo assim, a busca foi recompensadora, e agradecer a ajuda dos que me auxiliaram na busca de um melhor entendimento das várias facetas de Zhang é um prazer.

Como outros leitores anteriores a mim, tive meu primeiro contato com Zhang Dai graças à reputação intrigante de um pequeno livro de ensaios esboçado por ele em 1646, e intitulado *Taoan mengyi*, que pode ser traduzido como *As lembranças de sonhos de Taoan*. Eu tive dois guias cruciais que auxiliaram minha preparação à leitura do texto em chinês. Um deles foi Brigitte Teboul-Wang, através de sua completa e comentada tradução para o francês do *Taoan mengyi*, sob o título de *Souvenirs rêvés de Tao'an*, publicada em Paris, em 1995. O outro foi Philip Kafalas, que concluiu sua intrincada análise acadêmica sobre a estrutura e os significados do *Taoan mengyi* no mesmo ano, sob a forma de uma tese de Ph.D. para o departamento de Línguas Asiáticas da Universidade de Stanford, intitulada "Nostalgia e a leitura do último ensaio Ming: *Taoan mengyi*, de Zhang Dai". Além de analisar profundamente o *Taoan mengyi*, o estudo de Kafalas contém várias traduções comentadas da obra. Outras buscas me levaram a estudiosos que publicaram suas próprias traduções de ensaios do mesmo volume de Zhang Dai, especialmente Martin Huang, Victor Mair, Stephen Owen, David Pollard, Richard Strassberg e Ye Yang. O que pude perceber após ler todas essas traduções é que o duro trabalho de traduzir Zhang era imensamente difícil, mas também imensamente recompensador, e que qualquer pessoa poderia usar o *Taoan mengyi* como ponto de partida para uma reflexão sobre a vida de Zhang como um todo e como uma introdução ao grande número de outros escritos que ainda não receberam atenção crítica semelhante. Ainda que muitos estudos biográficos sobre Zhang tenham sido publicados na China recentemente, não tenho conhecimento sobre nenhum estudo extenso em inglês, com a exceção da edição revista e ampliada da dissertação de Philip Kafalas, publicada na primavera de 2007 sob o título *In Limpid Dream: Nostalgia and Zhang Dai's Reminiscences of the Ming* (EastBridge).

Além dos estudiosos mencionados, outras pessoas me ajudaram em minhas tentativas de entender Zhang. Na primavera de 2005, John Delury me auxiliou na orquestração de uma visita a Shaoxing, cidade natal de Zhang, e assim pude percorrer os escuros caminhos da Montanha do Dragão, fazer uma viagem noturna de barco por entre os estreitos canais que ainda serpenteiam a cidade velha e caminhar pelas colinas acidentadas a sudoeste da cidade, onde Zhang Dai se escondeu em 1646. John também me apresentou She Deyu, professor na faculdade de Ciências Humanas da Universidade de Shaoxing e autor de um recente estudo sobre a família de Zhang Dai. O professor She, em troca, ofereceu-me ajuda na busca de manuscritos raros e materiais impressos sobre Zhang guardados na biblioteca de livros raros de Shaoxing; e os funcionários da biblioteca também foram generosos ao me deixar fazer fotocópias de muitos itens.

Na biblioteca Sterling Memorial, de Yale, Sarah Elman e Tao Yang ofereceram ajuda preciosa, separando as várias edições da recente coleção de história Stone Casket e obtendo cópias e microfilmes de material raro da Biblioteca do Congresso, de Princeton, Harvard e Columbia. Também ajudaram na busca de textos sobre o padre jesuíta Matteo Ricci, escritos pelo avô de Zhang Dai, Zhang Rulin, processo agilizado graças à generosidade dos professores Xu Kuang-tai e Ad Dudink. Antony Marr, ex-curador da coleção chinesa de Yale, ajudou na busca de referências a Zhang em diários e jornais históricos chineses. Andrew Wylie e minha editora Carolyn Carlson ofereceram apoio entusiasmado. Mei Chin generosamente leu e comentou trechos de meus rascunhos, e me ajudou em buscas com o computador. Pamela Carney lutou com sua agenda apertada para incluir os últimos acréscimos ao manuscrito.

Também me beneficiei com a ajuda de muitos alunos na escola de graduação e de direito de Yale, além de alunos do Yale College, que trabalharam ao meu lado em diferentes momentos como pesquisadores-assistentes. Entre eles, estavam Dong Xin, Huang Hongyu, Liu Shi-yee e Zhang Taisu, que generosamente dividiram seus conhecimentos linguísticos e acadêmicos, traduzindo extensas passagens e me ajudando a confrontar as minhas traduções com as demais. Num estágio anterior de pesquisa, também me beneficiei com a ajuda de Yeewan Koon, Anastasia Liu, Xin Ma e Danni Wang. Quanto às pinturas de Chen Hongshou, amigo de Zhang Dai, recebi ajuda crucial do grande colecionador de arte Weng Wan-go, que também me conseguiu os direitos de uso da pintura que adorna a capa da edição original deste livro.

Outro grupo que também me ajudou permanecerá anônimo, pois foram pessoas que estiveram presentes nos auditórios das várias universidades pelas quais fui convidado a ministrar palestras sobre Zhang Dai e seu tempo, enquanto meu trabalho progredia. Especialmente benéficos foram os que comentaram minhas primeiras tentativas de compartilhar meus pensamentos sobre Zhang no Radcliffe Institute for Advanced Study, em Harvard, e subsequentemente na Universidade da Califórnia em Berkeley. Mas muitas outras palestras também me ajudaram a refletir de novas maneiras, incluindo algumas na Universidade de San Diego, Notre Dame, East Carolina, Universidade de Wisconsin em Madison, Universidade de Connecticut em Storrs, Universidade de Michigan e Universidade de Beijing. Também apresentei trechos de meus estudos sobre Zhang e sua família à American Historical Association, em janeiro de 2005, em Seattle.

Durante todo o projeto, Annping Chin foi minha companheira e instrutora, tentando me manter longe das trilhas falsas e me alertando quando Zhang usava o passado de suas formas especiais e pessoais. Tentei não arruinar suas pesquisas com meus lamentos, mas sei que em alguns períodos pedi demais a ela. Apesar disso, ela parecia manter a fé de que algo interessante poderia surgir de tudo aquilo. E, se algo surgiu, foi graças a ela, e por isso a ela dedico este livro.

9 de março de 2007<br>
West Haven, Connecticut

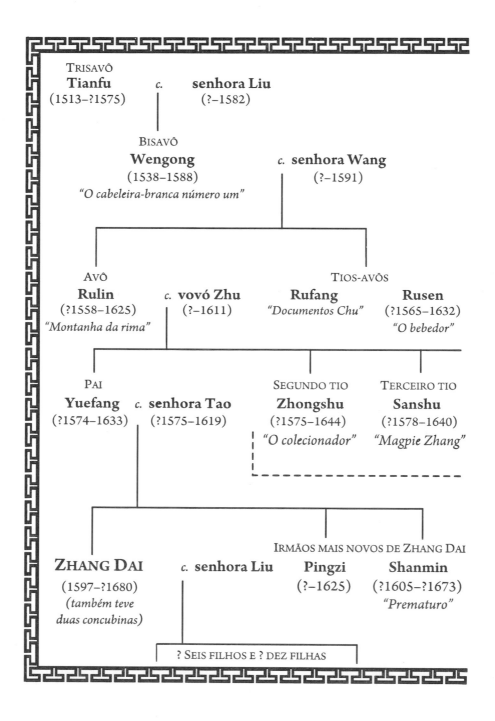

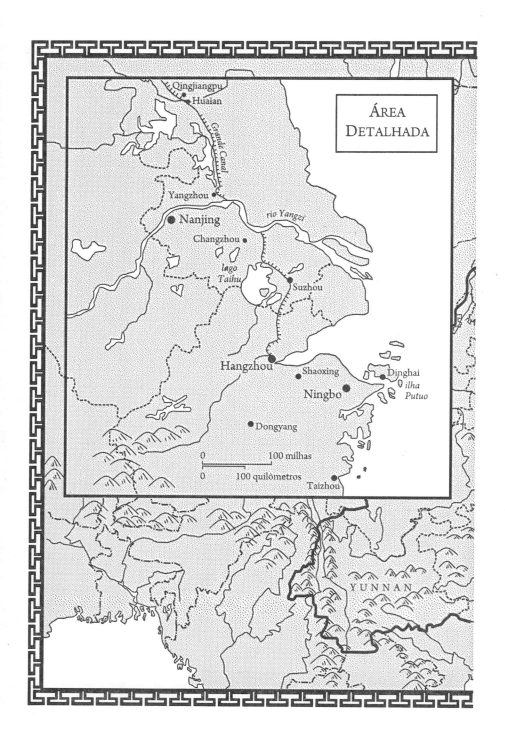

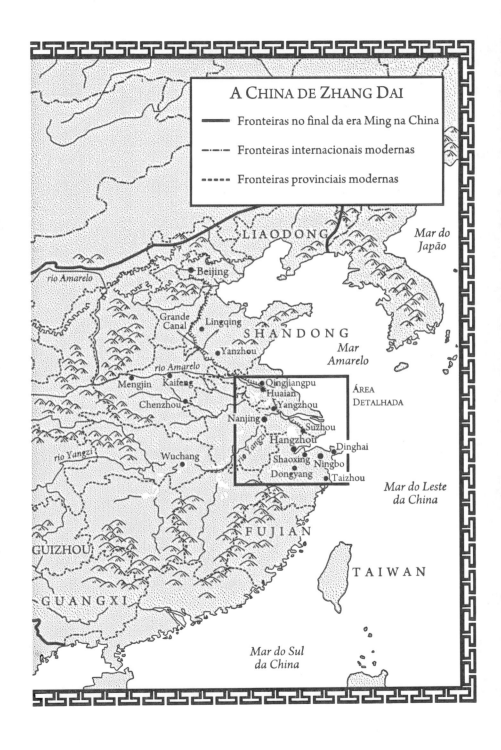

# Prólogo

Quando Zhang Dai nasceu, em 1597, a dinastia Ming estava entronada havia 229 anos. O tempo contabilizado numa moldura Ming era o único tempo conhecido por Zhang — até o momento em que tudo ruiu, com a queda da dinastia, em 1644. Podemos pensar que, enquanto Zhang Dai crescia, esses mais de dois séculos o teriam distanciado das raízes da dinastia, criando um espaço conceitual quase impossível de ser abarcado em sua totalidade; mas para Zhang tamanha amplitude de anos parece ter oferecido não um deslocamento severo, mas um satisfatório sentido de era e constância. A maior parte das bases da vida cotidiana no final da dinastia Ming não seria novidade para ele.

Como acontecia há tempos, a vida familiar estava envolta em hierarquias que se entrecruzavam. O jovem vivia com seus familiares mais velhos e deveria obedecer a eles. Casamentos eram organizados por parentes, e, ainda que jovens abastados pudessem manter esposas secundárias ou concubinas se quisessem, os filhos de tais relações tinham status familiar inferior. Os primogênitos machos guardavam autoridade formal, mesmo que na realidade as mulheres com frequência supervisionassem os detalhes financeiros e os relativos ao sustento de suas famílias. Caso fossem ricos, mães ou parentes do sexo feminino também cuidavam das primeiras noções educacionais de suas crianças, enquanto os homens mais velhos gradualmente assumiam a responsabilidade pela preparação dos jovens meninos aos exames competitivos baseados em textos filosóficos clássicos, exames que eram um fator de diferenciação na vida masculina das elites. Como às mulheres não era permitido servir à burocracia ou apresentar-se aos exames, elas tendiam — quando letradas, como o eram muitas das jovens de elite — a ser leitoras de histórias de ficção mais populares e ávidas escritoras de poesia e cartas.

Presságios e prognósticos sobre possíveis problemas familiares foram levados a sério e se tornaram parte dos ensinamentos passados de geração para geração. A religião era amplamente praticada, com devoção ao Buda e devidas homenagens aos antepassados. A morte levou muitas crianças na tenra idade e muitas mulheres na hora do parto, como também homens jovens. Era uma grande honra viver 50 anos ou mais.

Tecnologicamente, também, não houve qualquer mudança drástica desde a fundação da dinastia. A produção de seda e a manufatura de porcelana já tinham uma história de respeito na China e mantinham os mais altos padrões, ultrapassando qualquer outro produto similar existente no restante do mundo. Muitos artesãos eram versados em metalurgia, escultura em jade, estamparia e laqueação, bem como na produção de bens mais prosaicos, como o chá, o sal, o algodão, a cerâmica e os móveis domésticos. A engenharia hidráulica era uma preocupação maior graças às massivas cargas de sedimentos presentes nos grandes rios e canais chineses, o que gerava a necessidade constante de drenagem. A astronomia e a geografia também eram largamente estudadas, mesmo porque a formulação de calendários acurados era essencial ao prestígio da corte imperial e à eficácia de seus cálculos astrológicos, bem como uma cartografia confiável era necessária ao mapeamento de terras, à taxação e à definição de fronteiras para as jurisdições regionais e provinciais. Ainda que aprimoramentos fossem constantemente levados a cabo em todas essas áreas de conhecimento, não há registros fundamentais sobre as atividades básicas do país.

A atividade cultural Ming tampouco era estática, ainda que muitos traços do passado persistissem. Na época em que Zhang Dai estava crescendo, a sociedade Ming, apesar de seus muitos problemas econômicos e políticos, estava em ebulição, e esse sentimento de felicidade e refinamento permeou a cultura no final do século XVI e início do XVII. Era um tempo de ecletismo religioso e filosófico que viu florescer as escolas reformadoras do budismo e presenciou o disseminar da filantropia, bem como a expansão da educação feminina e investigações sobre o conceito de individualismo e um largo exame sobre os pilares da ação moral. Experimentos em pintura de paisagens, criação de vários dos mais célebres dramas operísticos chineses e poderosos romances, além de incomuns exposições sobre teoria política e papel do Estado e da codificação de termos médicos, botânicos e filológicos marcaram o mundo que viu Zhang crescer. Como parte desse entusiasmado sentimento de possibilidades intelectuais e pessoais, missionários católicos europeus também fundaram seminários, converteram algumas pessoas, traduziram catecismos e trabalhos sobre moral filosófica, bem como textos astronômicos e matemáticos, para o chinês, e mesclaram-se com estudiosos de famílias da elite de Beijing e das províncias. Zhang Dai conhecia todas essas aventuras culturais, e referiu-se abertamente a muitas, escrevendo sob quase todas as formas de expressão da época, excluindo o romance e contos.

Apesar de tais continuidades com o passado, havia certas correntes de mudança que afetavam o mundo de Zhang. Uma delas era a inexorável expansão da população Ming. Ainda que não existam dados precisos disponíveis, muitas anotações locais e imperiais sugerem que no momento da fundação Ming, em 1368, havia mais ou menos 85 milhões de pessoas na China. Na época em que Zhang nasceu, esse número tinha subido para algo em torno de 180 milhões, talvez mais. Isso trouxe novas e inevitáveis pressões sobre a terra e a prática de cultivo, o que foi parcialmente aliviado com as linhagens melhoradas de arroz, dobrando ou mesmo triplicando as colheitas nos campos, cercando e drenando zonas pantanosas e planícies costeiras, além da abertura de campos em florestas interiores e da migração interna, especialmente em direção ao sudoeste e ao nordeste. Embora poucos pudessem mensurar sua significância futura, existiam também novas plantações florescendo ao longo do Pacífico, como um corolário às penetrações espanholas e portuguesas na América do Sul e no Caribe. Isso incluía batata-doce, milho e amendoim; plantas medicinais como a casca da cinchona (quinino), que era conhecida por seus benefícios no tratamento da malária, além de outros novos produtos que floresciam em solo chinês, como o tabaco. Alguns mercadores ocidentais trouxeram prata do Novo Mundo, com a qual compraram bens de luxo chineses; muitos outros compraram especiarias e plantas medicinais raras, incluindo o ópio, que era especialmente usado por sua eficácia na cura da disenteria.

A família de Zhang Dai se mudou, talvez um século ou mais antes, da província de Sichuan, ao sudoeste, vizinha ao Tibet, à cidade de Shaoxing, próxima à costa leste, mais ou menos 240 quilômetros a sudoeste de Xangai. Naquela época, Xangai era uma próspera cidade, mas ainda não um centro comercial de vulto, enquanto Shaoxing era um importante centro comercial e cultural. A mudança da família Zhang para Shaoxing coincidiu com uma alteração de peso nas técnicas de cultivo e divisão de terras locais: graças ao rápido crescimento populacional, os ganhos per capita com o cultivo diminuíam e poucos novos lotes de terras ganhavam canais de irrigação e drenagem. Muitas famílias ricas que antes viviam nas áreas rurais e eram senhores de terra em suas regiões se mudaram para as cidades. Por isso, a classe antes mais preparada para assumir o papel de liderança na sociedade rural, e atuar como elo econômico entre os pequenos fazendeiros e o Estado imperial, divorciou-se da realidade e dos desafios dos aspectos empreendedores da vida rural. Preferiu, em vez disso, o papel pouco desafiador do agradável senhor de terra absenteísta que deixa a administração de suas propriedades a cargo de um novo grupo de homens de classe média, os administradores profissionais, ou diretores de propriedades. A família Zhang deve ter seguido tal trajetória, deixando a Zhang Dai muito dinheiro, mas pouco sentido de obrigação social.

Os lucros rurais incitaram um drástico aumento no estilo da vida urbana, na diversidade cultural e no tamanho e na prosperidade de cidades como Shaoxing, mas pouco dessa riqueza acumulada foi revertida ao mundo rural sob forma de investimentos no aperfeiçoamento de técnicas de cultivo, irrigação em larga escala ou trabalhos de drenagem. Ainda que alguns camponeses empreendedores tenham sido capazes de aumentar os ganhos negociando seus produtos nesses novos centros urbanos — especialmente em regiões como Shaoxing, onde o transporte pelos rios locais era há muito tempo parte do cotidiano —, estavam estabelecidas as bases de uma separação cada vez mais profunda de interesses e estilo de vida entre o mundo rural e a metrópole.

Estudiosos do passado, especialmente os que Zhang Dai nos diz mais ter admirado, todos viram algo de errado acontecendo em sua sociedade e muitas vezes expressaram tal sentimento, mesmo arriscando perder seus empregos e algumas vezes suas vidas. Certamente, o poder do Estado imperial central e da burocracia que o sustentava era uma realidade para Zhang Dai, assim como fora para os estudiosos anteriores a ele. Foi parcialmente com a ajuda desses homens que Zhang pôde penetrar no corpo do Estado e conhecer suas fraquezas, da mesma forma como a luz das lanternas que tanto amou na infância era capaz de penetrar na penumbra da cidade onde vivia.

As excentricidades espetaculares de muitos dos imperadores Ming eram bastante conhecidas na China graças à compilação de histórias curtas e à circulação de notícias vindas da capital em gazetas semanais: o décimo quarto mandatário da linhagem Ming, Wanli, estava no trono quando Zhang nasceu e foi destinado a reinar com cada vez menos eficiência até 1620. Os caprichos desse governante podem ter sido importantes para a decisão de Zhang de estudar história chinesa, especialmente através de biografias, o que se tornou sua maior paixão. Quando Zhang era um adolescente, estava claro que o poder se transferia cada vez mais às mãos dos eunucos envolvidos com a burocracia palaciana, pois eram eles os únicos homens com acesso permitido ao imperador caso este resolvesse não abandonar os limites de seu palácio. Os eunucos foram muito poderosos durante todo o período Ming, mas, quando as lutas moralistas entre os personagens da burocracia começaram a irritar Wanli, ele passou a recusar por meses a fio audiências com oficiais carreiristas fora da corte. Em protesto, os estudiosos e antigos administradores começaram a formar associações pedindo por reformas, e a política da corte cresceu de forma perigosa, pois os argumentos eram acalorados e as penalidades para quem se opusesse ao trono ou aos eunucos eram muitas vezes selvagens.

Zhang Dai conhecia a história da dinastia Ming em detalhes. Na metade do século XIV, o imperador que fundou a dinastia — antigo monge budista itinerante de uma pobre zona rural — provou ser um líder militar feroz e tenaz, bem como um homem com determinação incrível, capaz de reunir o país após uma longa guerra civil e os despojos do governo estrangeiro dos mongóis.* Empossando seus muitos filhos em cargos importantes de locais estratégicos, o fundador também restabeleceu uma poderosa burocracia na sua capital, Nanjing, e tentou estabelecer uma espécie mais significativa de pacto social no meio rural a partir de organizações de trabalhadores de senhores de terra destacados. O caráter tempestuoso do fundador o fez tornar-se conhecido tanto por seus excessos e violência quanto por sua astúcia e visão, e ele conseguiu estruturar um novo tipo de liderança no centro imperial, passando o trono ao seu neto, homem com dotes intelectuais e que compartilhava sua ideia de um governo central para a China. Mas esse novo governante foi morto por um dos filhos do fundador — tio do assassinado — que se autoinstalou no trono, trocou a capital de Nanjing para Beijing e ordenou a construção de uma esquadra que levasse o poderio chinês até a costa leste da África e ao Golfo Pérsico.**

Ainda que essas excursões dramáticas tenham sido canceladas por conta de seus custos, imperadores seguintes herdaram o amor dos fundadores pela pompa e pela demonstração de poderio de guerra, ainda que não tendo os mesmos sentidos táticos e estratégicos que seus antecessores. Até a iniciativa da custosa reconstrução, levada a cabo pelos últimos imperadores Ming, do fragmentado sistema de muralhas de defesa ao norte em uma estrutura contínua, mais tarde conhecido como a Grande Muralha da China, provou-se totalmente inadequada para manter a ainda potente força da cavalaria mongol fora das províncias do norte. Um governante Ming da metade do século XV, levado por sua própria crença em seu poderio militar, foi capturado pelos mongóis numa desajeitada campanha, e sua liberdade foi trocada por resgate. Muitas vezes reclamou a retomada do trono pelo homem que o substituiu, mas a memória da humilhação à família imperial não poderia ser apagada.

---

*Dinastia Yuan, 1206-1368, de Genghis Khan. [*N. do R.T.*]
**Ver As aventuras de Zhangzhi, do livro *1421* (Rio de Janeiro, Bertrand Brasil, 2009). [*N. do R.T.*]

Outro governante, no início do século XVI, conduziu vastos estratagemas com eunucos nos domínios do palácio, vivia em casebres com suas mulheres palacianas e gastou milhões em campanhas absurdas.

Na metade do século XVI os governantes da China assistiram, sem defesa, a grandes trechos da costa oriental chinesa serem invadidos por saqueadores marítimos, por líderes locais desafetos e por habitantes, que a corte agrupou sob o equivocado nome de "piratas japoneses". Na fronteira nordeste, pouco antes do nascimento de Zhang Dai, o imperador Wanli tomou uma audaciosa e, finalmente, bem-sucedida decisão de enviar militares chineses e forças navais à Coreia para ajudar o governante coreano a rechaçar uma invasão do exército japonês. Apesar do sucesso dessa intervenção militar, nos primeiros anos do século XVII uma coalizão de tribos da zona oeste da fronteira coreana começou a organizar um novo e potente estado rival na fronteira norte da China. Essas forças — trabalhando com colaboradores chineses e reunidas sob a bandeira militar de uma nova e híbrida organização — denominaram-se Manchúria, declararam a formação de sua própria dinastia (os Qing) e em 1644 tomaram Beijing e determinaram o fim da dinastia Ming.

Zhang Dai leu sobre tudo isso, ou aprendeu tais histórias em sua família, da mesma forma como conhecia os prós e os contras do vasto e complexo mundo da burocracia Ming em Beijing. De fato, muitos membros de sua família, entre os anos 1540 e 1640, serviram nos seis ministérios dessa burocracia, junto aos Grandes Secretários, em épocas e cargos de níveis diferentes. Outros parentes da família Zhang trabalharam em burocracias provinciais, um serviço integrado de gabinetes que emanava do poder central, de cidades grandes como Shaoxing, passando pelas capitais de província, até Beijing. Zhang Dai conhecia todos os caminhos intricados de comando, e também os perigos e as oportunidades que provinham de se trabalhar para o Estado. As muitas histórias que ouviu da experiência de sua família em Beijing e em outras partes estiveram presentes em sua mente desde a infância, e em seu próprio caminho Zhang Dai decidiu descrever os enganos e a desonestidade reinantes no coração do serviço estatal. Na busca de sua verdade, Zhang Dai não viu razão para isentar sua própria família. Na verdade, um dos pontos fortes dos escritos de Zhang é a aparente franqueza com que retrata o trabalho de seus familiares, uma franqueza que não poupou nem mesmo seu pai e sua linha ancestral.

Até os 40 anos, a vida de Zhang Dai estava entre dois polos: ensino e prazer — embora para ele as coisas não se colocassem dessa forma, já que encarava grande parte do aprendizado como atividade prazerosa. Isso não incluía, claro, a carga diária de preparação para os exames, nos quais fracassou, apesar de ter se esforçado durante anos. Mas incluía a ideia e o ato de ler, cogitar e lembrar-se, o fato glorioso e inelutável de que poderia seguir os mesmos passos dos mestres do passado. Para Zhang, os grandes historiadores, poetas e ensaístas do passado chinês nunca estavam muito distantes, e, mesmo que os padrões estabelecidos por eles fossem completamente inatingíveis, o mero ato de tentar alcançá-los era suficientemente desafiador.

Após a queda da dinastia Ming, em 1644, no entanto, quando Zhang tinha 47 anos de idade, ele teve de enfrentar a dura realidade de que aquele antes glorioso manto, sob o qual vivera tão bem, tinha chegado a um infame fim, despedaçado após tanta luta de poder, violência, ambição, desespero e mesquinharia. Em retrospecto, tudo ficou claro para ele: os sinais tornaram-se visíveis através das névoas que antes os tapavam; gritos esquecidos de problemas podiam ser perfeitamente ouvidos, como se fossem lamentos. Sua tarefa nesse momento, na segunda metade de sua vida, era recolher e organizar o mundo anterior às ruínas; ele perdera sua casa, as comodidades, seus livros, muitos parentes e amigos. Os conquistadores manchus agora governavam sua terra. Zhang estava velho para se manter como resistente ou fugitivo por muito tempo, então foi viver em uma antiga grande propriedade rural, antes conhecida como Jardim da Felicidade. Sua vida tinha de começar outra vez.

O ano de 1644 marcou um movimento sísmico na vida de Zhang Dai: seu antigo sonho de escrever a história dos Ming teve de ser substituído pela gélida realidade de explicar as razões por trás da queda da dinastia. Ele alega que nos anos de sua fuga das guerras civis e do caos que acompanhou a invasão manchu na China, quando ele se mudou secretamente de templo em templo pelas montanhas do sul, abrigado pelos monges, sempre carregou consigo o volumoso rascunho manuscrito de sua história dos Ming. Isso pode ser verdade, e ele completou o assombroso trabalho em algum momento dos anos 1670. Ainda assim, mesmo que a cópia sobrevivente demonstre provas de que estava sendo lida para impressão, o trabalho completo só foi disponibilizado na China nos anos 1990.* Em vez de alcançar a fama por seus trabalhos históricos, Zhang ficou mais conhecido por sua maneira muito peculiar de escrever, pela criação de breves ensaios aforísticos.

A escrita de tais ensaios foi parte central do universo criativo do final do período Ming. Concebidos para ser uma espécie de estilo altamente polido, a fim de demonstrar a versatilidade do autor, explorar um sentimento ou um momento com habilidade, rapidez, mas também para chocar o leitor com seus contrastes ou tons repentinamente alterados, tais ensaios alcançaram popularidade sem limites nos anos de formação de Zhang Dai, e ele se tornou um mestre no gênero. Em muitos casos, os mais admirados entre os praticantes do gênero eram escritores de relatos de viagens, famosos por suas peripécias, movendo-se de uma escola proeminente a outra, constantemente inquietos e alertas à tonalidade e ao paradoxo, às nuances de uma visão à fragmentação de um estado de espírito. Apesar de sua brevidade e forma compacta, tais ensaios também poderiam ser — e muitas vezes eram — densamente eruditos e alusivos.

Mas o que Zhang viu nos anos pós-conquista de 1645 e 1646 é que tais ensaios ofereciam uma oportunidade especial de memorializar o passado, salvá-lo da extinção recuperando cada sensação dos mundos que imaginava ter perdido. Dessa forma, a grande catástrofe de sua vida, a queda dos Ming perante os rebeldes do norte e os invasores da Manchúria, tornou-se a chave para abrir os compartimentos de sua mente e permitir que as memórias acumuladas escapassem. E, como seus amigos preservaram o curto mas apaixonado manuscrito que escreveu como fugitivo, conhecido como *As lembranças de*

---

*As obras completas de Zhang Dai só foram reeditadas em uma única coleção, em 1986-92, em Taiwan. [*N. do R.T.*]

*sonhos de Taoan*, podemos, de nosso ponto de observação privilegiado, compartilhar as inquietações de sua mente.

No entanto, é difícil alcançar a essência de Zhang Dai. Ele certamente viveu intensamente e sofreu muito, mas os vários escritos que sobreviveram ao tempo sugerem que estava mais feliz quando podia permanecer nos confins de sua mente. Escreveu para seus próprios filhos e seus amigos jovens tanto quanto para seus camaradas sobre o arruinado mundo dos Ming, e pode ser tanto felicitado quanto culpado por incutir mais nostalgia que preocupações práticas. Ele nasceu e foi criado na Montanha do Dragão, e para lá voltou na meia-idade para reavaliar o que imaginava saber.

É impossível dizer que se tratava de um homem comum, mas estava certamente mais próximo de uma vida comum que de uma celebridade. Era um amante da história tanto quanto historiador, um observador, ao mesmo tempo que um ator, um fugitivo e um lutador, bem como um pai. Era um apaixonado por muitas coisas e por muita gente, assim como muitos de nós, mas tentou entrar também nos locais mais profundos e escuros, tentou ser um escavador. Imaginava que nada deveria desaparecer, mesmo se apenas uma pessoa tivesse conhecimento, e estava determinado a resgatar do esquecimento tanto quanto pudesse a respeito dos Ming. Não podemos ter certeza de que tudo sobre o que fala é verdade, mas podemos estar certos: ele gostaria que gerações futuras conhecessem as coisas que dividiu conosco.

CAPÍTULO 1

# Círculos de prazer

Zhang Dai gostava de ver o momento em que a lua surgia e as lanternas reluziam. "Como um momento pode ser tão desperdiçado", ele perguntava, "quando temos tantas chances de nos alojarmos, tantos lugares para encontros amorosos, tantas chances de aventuras sexuais?" O custo não era um impedimento naquele mundo. Então, Zhang Dai saboreava as imagens e os sons do excesso, os barcos decorados que se entrecruzavam nos caminhos de água que perpassavam os quarteirões do prazer de Nanjing, ao som de flautas e tambores. Atrás dos balcões de madeira pintada e das sombras dos bambus, o cheiro de jasmim dos festejadores recém-banhados invadia o ar do verão. Era possível ver as cortesãs com seus leques arredondados, vestidas em seda leve, com os cabelos desalinhados em volta das têmporas. Sobre as águas luziam as lanternas recém-acesas dependuradas nos barcos, brilhantes como um colar de pérolas, "jovens homens e mulheres recostavam-se nas balaustradas entre sorrisos, as luzes e os sons embaçavam-se quando perdíamos os rastros de visão e olfato". Somente quando a noite já ia avançada, as lanternas se apagavam e "as estrelas se dispersavam".

Havia poucos limites para as esferas onde luz e água poderiam transportar Zhang Dai, e seus escritos sobre as memórias mais antigas ligavam-se a um ou outro elemento. Ele tinha apenas 3 anos de idade quando um dos criados mais antigos da família o levou para ver uma exposição de lanternas dependuradas do lado de fora da casa de uma amiga de sua mãe, uma mulher de bom gosto e colecionadora de arte chamada Wang. Zhang ainda era pequeno o suficiente para seguir o caminho nos ombros do criado, e desse ponto de vista privilegiado pôde ver um bom panorama: lanternas de cristal translúcido, lanternas adornadas com contas, lanternas de papel cobertas com chifres de carneiro, lanternas destacadas com pinturas em ouro, lanternas com franjas, num total de mais de cem. Ainda assim — pelo menos na memória do adulto Zhang Dai, registrada muitos anos depois —, apesar do esplendor da cena, algo parecia errado aos olhos do pequeno menino. As lanternas não brilhavam o bastante nem estavam juntas o suficiente umas das outras; havia espaços escuros entre os iluminados, por isso as pessoas tinham de seguir seus caminhos com cuidado ou mesmo carregando uma lanterna própria para ver as lanternas dispersas com mais nitidez. Era possível ouvir reclamações de certos espectadores sobre tal inconveniente, apesar dos momentos de êxtase.

Os que, como Zhang Dai e sua família, viviam na cidade de Shaoxing eram em sua maioria conhecedores natos da arte das lanternas, pois Shaoxing era uma cidade confortável e próspera, repleta de artesãos e consumidores em potencial. Como Zhang Dai escreveu mais tarde, não havia nada de espantoso sobre a paixão dos locais pelas lanternas: "Apenas porque o bambu era algo barato, lanternas eram baratas, velas eram baratas. Por causa dos baixos preços, cada família podia ter suas próprias lanternas; e, por isso, qualquer família que não exibisse suas lanternas se sentia envergonhada." Na época dos festivais de outono e primavera, as lanternas adornavam todas as ruas, dos mais amplos bulevares às mais estreitas ruelas. Os moradores de Shaoxing normalmente se dependuravam em pesadas, porém simples, armações, compostas de duas peças de bambu em cada ponta e uma terceira peça firmemente apoiada entre as duas. Nessa peça central, sete lanternas podiam ser penduradas ao mesmo tempo — uma grande no centro, chamada "lanterna de neve", e mais três lanternas redondas em cada lado, chamadas "lanternas globo".

Tais imagens permaneceram vivas na memória de Zhang Dai: "Do extremo de cada rua, caso nos voltássemos e olhássemos à distância, poderíamos ver as fileiras bem fechadas se acumulando em ordem, beleza fresca, comovedora e tremulando ao vento; e isso era capaz de emocionar." Nas principais encruzilhadas de Shaoxing uma única grande lanterna era dependurada em uma enorme moldura de madeira pintada, a própria lanterna era adornada com cenas de exaltação de textos bem conhecidos da história e da poesia chinesa, e estampada com charadas que a multidão, em círculos em volta da lanterna, tentava desvendar. Lanternas também pendiam nos monastérios e templos, dependuradas em traves, iluminando as inscrições religiosas nas vergas de portas e dando brilho extra às flores de lótus de papel vermelho e às fileiras de pequenas lamparinas de vidro entrelaçadas por guirlandas e por efígies de Buda. Camponeses vestindo suas melhores roupas vinham em bando das áreas rurais circundantes, enchendo as ruas residenciais e as zonas de comércio, enquanto as mulheres e meninas locais caminhavam vagarosamente, de braços dados, entre os visitantes, ou se sentavam na entrada de suas casas ou barracas, mordiscando sementes de melão e doces feitos de pasta de feijão, até bem avançada a noite.

A mais remota lembrança de água de Zhang também vem de sua primeira infância. Ele tinha mais ou menos 5 anos quando sua mãe o levou com ela para oferecer preces a Buda num templo a leste da cidade de Shaoxing. O templo estava assentado sobre um lago que fora escavado e povoado de peixes pela avó materna de Zhang Dai, trinta anos antes. O dia estava quente, e, enquanto mãe e filho cruzavam o lago num barco, mantinham uma cesta de bambu com quatro melões mergulhada na água, para que as frutas se mantivessem frescas. Sem aviso, um peixe — "grande como o barco", segundo as memórias de Zhang — deu golpes no barco, quase inundando-o, agarrou a cesta de melões e desapareceu, com uma ondulação de sua cauda, tão subitamente como havia chegado, deixando os fiéis e os homens do barco chocados, estupefatos.

Muito tempo depois, quando Zhang Dai tinha 41 anos, o momento se repetiu, porém de forma mais impressionante. Zhang estava no funeral de um amigo da família, próximo à cidade de Hangzhou, quando alguém chamou, do ponto mais alto do quebra-mar, dizendo que poderia ver a crista do macaréu vindo do estuário que ficava no lado oposto. Zhang Dai escutara essa mesma história antes, pois o macaréu era uma vista famosa naquela zona, muito celebrada por poetas e ensaístas locais, mas até aquele momento ele sempre se desapontava. No entanto, ele voltou à costa e subiu ao ponto mais elevado, seguido por dois amigos. E dessa vez era verdade — o sólido muro de água se lançava com força pela baía na direção deles.

Zhang Dai descreveu o momento desta forma: "Vimos a linha de água levantando-se em nossa direção, vinda de Haining, seguindo caminho reto em direção à costa. Enquanto se aproximava, era possível ver uma massa branca e turva, como uma enorme manada de pequenos gansos batendo suas asas num voo assustado. Ainda mais próximo, flocos de espuma como gelo triturado lançaram-se sobre nós, como se inúmeros leões de neve recobrissem completamente a superfície, incitados por um trovão retumbante, empurrando tudo. Quase sobre nós, um enorme vendaval levou as ondas adiante, determinado a bater-se contra os muros e pular sobre eles. Nós, que assistíamos, não poderíamos esperar mais, e buscamos posição segura escondendo-nos sob a proteção do quebra-mar. Ao alcançar o obstáculo, a enorme onda chocou-se com toda a força, com a água alcançando vários metros, encharcando nossos rostos. Adernando para a direita, a onda golpeou a Pedra da Tartaruga com fúria progressiva — um rugido de canhão na caverna do dragão, uma dança de flocos de neve no espaço semivazio. Nós, que assistíamos, estávamos amedrontados e mareados, e permanecemos sentados por um longo tempo até o momento em que a nossa cor voltou ao normal."

Lembrado de repente, qualquer momento do passado poderia atrair a atenção de Zhang Dai, pelo menos até que ele o tivesse investigado em sua ampla gama de possibilidades. "Foi no verão de 1614", disse em uma de suas notas informais, "passando pelo santuário do Bambu Manchado, que eu peguei um pouco de água da fonte e a provei. Tinha o amargor do fósforo e me assustou. Ao olhar com mais cuidado a cor da água, era como se uma lua de outono num céu congelado esguichasse sua brancura, ou como se a mais luminosa das névoas envolvesse uma montanha, retorcendo-se pelos pinheiros e pelas pedras antes que tudo se esfumaçasse ao mesmo tempo." Curioso sobre qual seria o gosto dessa água após ser transformada em chá, Zhang Dai descobriu, após algum experimento, que o gosto de pedra desapareceu após deixar a água da fonte parada por três dias, e que então o aroma completo do chá se mostrava acentuado. Se alguém agitasse a água contra uma bochecha, ao mesmo tempo que pressionava a língua contra o palato, o gosto especial seria inconfundível.

O inteligente e mundano terceiro tio de Zhang Dai compartilhava o mesmo bom gosto do sobrinho, e entre eles exploravam um mundo de possibilidades, vendo que chá de que região célebre funcionava melhor com certos tipos de água. A conclusão a que chegaram foi de que a água da fonte do santuário do Bambu Manchado, quando deixada parada por recomendados três dias, revelava os melhores aromas das folhas mais seletas, e que, quando era preparado nas porcelanas brancas mais finas, a cor da mistura — o mais puro e pálido verde — era incomparável. Os dois homens discutiam sobre quando adicionar uma ou duas pétalas de jasmim às folhas, e concordaram que adicionar água recém-fervida a um pouco da mesma água antes deixada para esfriar no mesmo recipiente era o método perfeito: observar as folhas esticando e se desdobrando era como "ver cem flores brancas de orquídea abrirem suas pétalas numa onda de neve", e por isso nomearam seu descobrimento de chá Orquídea de Neve.

Animado em seguir expandindo a cartela de sabores, Zhang Dai experimentou outros usos para seu chá Orquídea de Neve. Por algum tempo, explorou maneiras de preparar queijo após obter um suprimento de leite de vaca e deixar o creme desprender-se durante a noite. Em aproximadamente meio quilo desse creme ele misturou quatro xícaras de Orquídea de Neve e ferveu a mistura por um bom tempo numa panela de bronze, até que o caldo se tornasse pegajoso e denso, "como uma pedra de jade ou pérolas líquidas". Já frio, o sabor e o aroma eram para Zhang "suntuosos como neve", delicados como um odor de orquídeas, "sedosos como a geada". Outros experimentos mostraram uma variedade de usos para essa sedutora mistura: poderia ser cozinhada a vapor com o ótimo vinho local em louças de barro, misturada a farinha de soja e fermentada, moldada em rolos e fritada, guardada em álcool ou preservada em vinagre. Também poderia ser fervida com cana-de-açúcar, estirada e moldada em delicadas formas de concha. Provado da maneira que fosse, escreveu Zhang, seria algo tão saboroso que as receitas "deveriam ser guardadas sob chave, trancadas, escritas em folhas de papel escondidas, que não deveriam ser passadas adiante sem justificativa, nem de pai para filho".

Em cinco anos, por volta de 1620, esse chá que Zhang e seu tio nomearam Orquídea de Neve superou seus rivais nos círculos de apreciadores. Mas não demorou muito até que inescrupulosos homens de negócios começassem a comercializar chás inferiores sob o nome de Orquídea de Neve, e os que os bebiam pareciam não notar o engano. Pouco tempo depois, a própria fonte de água se perdeu. Primeiro, empreendedores de Shaoxing tentaram usar a água para manufatura de vinho ou inauguraram lojas de chá ao lado da fonte. Depois, um ambicioso político local tentou monopolizar a água da fonte para seu próprio uso e interditou-a por um tempo. Mas isso elevou a reputação da fonte a tal nível que multidões começaram a se dirigir ao santuário, pedindo comida, lenha e outros donativos aos monges e fazendo tumulto quando não eram atendidos. Para ao menos recuperar sua antiga tranquilidade, os monges poluíram sua fonte enchendo-a de estrume, raízes de bambu e restos de seus esgotos. Por três vezes, Zhang Dai foi até lá com seus empregados para tentar limpar a fonte, e por três vezes os monges voltaram a contaminá-la assim que ele se retirou. Até que desistiu, ainda que anotasse com divertimento mordaz que muitas pessoas comuns, ainda lembrando-se da magia do antigo nome, continuavam a fermentar seus chás com a incrivelmente contaminada água do santuário do Bambu Manchado, e seguiam declarando que o sabor era muito bom.

Mas Zhang era realista sobre tais assuntos, e sabia como a água circulava. Como escreveu de outra fonte famosa por sua pureza: "A água da fonte borbulha em seu caminho; das origens segue em direção ao riacho, do riacho à baía, da baía ao lago, e depois às cozinhas, ao banheiro público, à limpeza dos pátios, das sujeiras, serve para regar os jardins, para o banho, para limpar os contentores de excrementos noturnos." E, como tinha de ser, Zhang conclui: "Os que vivem num jardim dão peso igual às delícias e às cruezas."

Outros aspectos de seu gosto foram alterados para casar-se às oportunidades de aprofundar uma sensação particular. Assim, era coerente que à sua procura pela luz perfeita se seguisse a busca pelo perfeito artesão de lanternas. A busca levou o adulto Zhang Dai a um escultor de estátuas budistas em Fujian, província distante, ao sul. O escultor era um homem de habilidade extraordinária que fora persuadido por um cliente do governo a preparar dez lanternas, o que tardou dois anos para ser feito. Como o cliente morreu antes de a tarefa ser terminada, um dos funcionários públicos menores da área — um homem chamado Li, também nativo de Shaoxing — levou as lanternas de volta a Shaoxing em uma caixa de madeira. Conhecedor do fascínio de Zhang Dai por lanternas, ofereceu-as como presente. Mas Zhang, no entanto, fez questão de pagar, dando a Li só taéis de prata. Era uma soma considerável para aqueles dias, quando um tael de prata pesava 30 gramas, mas tal valor era visto por Zhang como sendo um décimo do valor real de cada peça. As lanternas do artesão budista se tornaram, para Zhang, a pedra angular de sua coleção, que cresceu rapidamente.

Outros artistas ajudaram para que a coleção de lanternas de Zhang chegasse ao seu apogeu. Um artesão de Shaoxing chamado Xia era especialista em costurar flores recortadas de sedas coloridas em finas peças de sedas cor de gelo. O efeito parecia maravilhoso aos olhos de Zhang, "como ver uma peônia na neblina". Xia também criou modelos em metal moldado, em várias formas curiosas, que depois cobriu com sedas multicoloridas de Sichuan, uma terra longínqua ao oeste. Para os festivais religiosos mais importantes do ano, Xia criava pelo menos uma lanterna perfeita, e depois que a cerimônia terminava ele a vendia a Zhang por um preço que o comprador considerava "agradável". Para sua exibição na Montanha do Dragão, Zhang comprou outras peças de artesãos famosos como Zhao, em Nanjing, cujas telas de seda e suportes de lanternas eram sem rival na região. Conforme a coleção aumentava, Zhang encontrou a pessoa ideal para conservar as lanternas, um jovem empregado de sua casa "com o dom de cuidar das coisas: mesmo de lanternas feitas de papel, que poderiam ser usadas por dez anos sem sofrer qualquer dano, e assim minha coleção de lanternas cresceu ainda mais rica".

Os entusiasmos de Zhang Dai eram muito fluidos, e Zhang escrevia sobre eles como se fossem intensos o suficiente para dar sustento a sua vida. Exatos dois anos após seus experimentos com a Orquídea de Neve, desenvolveu uma paixão pela forma da longa cítara conhecida como *qin*. Em 1616, aos 19 anos, convenceu um grupo de seis jovens parentes e amigos com gostos semelhantes para que estudassem o instrumento com ele. A premissa de Zhang Dai era de que bons instrumentistas eram escassos em Shaoxing, e que se alguém não se dedicasse a tocar regularmente por um ano nunca alcançaria níveis mínimos. O objetivo dos membros do clube do *qin*, como deixou registrado num documento de prosa elegante, deveria ser o de se encontrarem três vezes ao mês — o que seria muito melhor para cada um deles que "se sentarem em círculo, sem fazer nada, aproveitando o bom tempo". Se praticassem regularmente, sua música formaria uma tríade com os outros sons comuns de Shaoxing, o vento nos pínus e a corrida das águas. Caso tivessem sucesso, eles "engrandeceriam seus próprios espíritos" e fariam disso "sua maior ambição, deixando que seus corações fossem levados por suas mãos nas cordas".

Nem todos estavam preparados para padrões tão elevados. O primo de Zhang Dai, Yanke, que se uniu ao grupo por um tempo, não era bom músico. Assim como seu amigo, o criador de orquídeas Fan Yulan, embora este fosse ao menos interessante em sua falta de habilidade. Por um tempo, Fan seria devoto passional de um professor em particular, tentando captar todas as suas nuances, até que outro professor chamou sua atenção. Nesse momento ele desaprendeu tudo o que aprendera e começou do zero, repetindo padrões de acordes. "Como Fan tinha estudado tais peças antes", escreveu Zhang, "ele trabalhou tanto para esquecê-las que seria incapaz de recuperar qualquer coisa; e finalmente não era capaz de tocar nada. Durante as noites, ele simplesmente pegava seu *qin* no colo e afinava as cordas, isso era tudo." Zhang Dai dizia fazer melhor, aprendendo as técnicas de seus professores até o momento em que já podia ensinar a eles, quando estava preparado para "voltar a um tom mais natural", cultivando deliberadamente um som levemente mais rude. Com um professor predileto e dois dos amigos que melhor tocavam, Zhang Dai formou um quarteto que se apresentava de tempos em tempos: "Nossos quatro instrumentos soavam como se tocados pela mesma mão. Nossa audiência ficava fascinada."

Por volta de 1622, aos 25 anos, Zhang Dai adicionou a rinha de galos entre seus interesses, fundando um clube de entusiastas. A luta de galos era popular na China há pelo menos dois milênios e construíra uma mística completa de treinamentos e coragem. As lutas eram geralmente de três *rounds* e só terminavam com uma morte. Histórias contam que célebres donos de aves do passado treinavam seus melhores galos para controlar seus reflexos, demonstrando uma calma exterior e nenhuma resposta ao som e à escuridão, revelando pouca emoção diante de seus antagonistas. O galo de briga ideal seria uma máquina, "um galo de madeira", da qual todos os galos menores dariam meia-volta e escapariam. Como um texto antigo dizia, as aves mais bem treinadas "faziam suas penas ficarem rijas e abriam suas asas, afiavam seus bicos e seus esporões, continham sua raiva e esperavam pela vitória". O galo de briga ideal poderia ser facilmente identificável por algumas características: penas "esparsas e curtas", cabeça "forte e pequena", patas "planas e grandes", olhos "firmes" e pele "grossa".

Assim como havia feito com o clube de música, Zhang Dai escreveu um manifesto para os membros do clube da luta de galo, embora dessa vez tenha usado um modelo antigo, escrito no século VIII pelo poeta Wang Bo. Entre os regulares no clube estava o segundo tio de Zhang, Zhongshu, que, ainda mais jovem que o pai de Zhang Dai, já era famoso na região como conhecedor e colecionador de arte. Tio e sobrinho apostavam pesado nas rinhas — suas apostas incluíam "antigos objetos de arte, caligrafia, pinturas, brocados, leques" —, e, de acordo com Zhang Dai, seu tio perdia continuamente, ficando cada vez mais nervoso. Finalmente, o tio Zhongshu chegou ao ponto de atar esporões de metal às patas de seus galos de briga e passar mostarda em pó sob suas asas — práticas conhecidas e condenadas nas rinhas desde tempos antigos. O tio Zhongshu rondou a região buscando descendentes dos grandes galos de briga do passado, mas a busca foi infrutífera. Somente quando Zhang Dai abandonou o clube que fundara, dizendo que os presságios eram desfavoráveis — o imperador Tang, que adorava rinhas de galos, nascera sob os mesmos signos astrológicos de Zhang e, subsequentemente, perdeu seu reinado —, os dois voltaram a ser amigos.

Por um tempo, desde 1623, lutou pelo fim das rinhas de galos, levando seus irmãos mais jovens e um seleto grupo de amigos para assistir a partidas de futebol.* Não era futebol como um esporte de contato, mas uma arte que demonstrava destreza e graça, na qual cada jogador, individualmente, tentava manter a bola em contato com o seu corpo pelo maior tempo possível. Mais uma vez, havia uma longa tradição de tais habilidades sendo praticada tanto por homens como por mulheres, por cortesãos e plebeus, algumas vezes em conjunto com outras formas de esporte e jogos. Como Zhang escreveu sobre um especialista contemporâneo, "chutando a bola com seus pés, ele começou a passá-la por todo o seu corpo, como se estivesse atada a ele com cola, ou presa em algum ponto com uma corda". Entre os melhores jogadores estavam também atores profissionais, alguns das trupes do próprio Zhang Dai, que estava se transformando num amante do teatro, integrando suas habilidades de voz, gestos, vestimenta e movimento.

Um dos grupos com maior longevidade foi um clube de poesia composto por amigos e parentes de Zhang Dai. Eles se encontravam de tempos em tempos para escrever versos sobre um mesmo tema e para conjurar nomes eruditos e adequados a raros objetos de arte e coisas curiosas que tinham comprado. Quando isso perdeu a graça, havia um grupo que se encontrava para jogar, usando cartas de papel flexível idealizadas pelo próprio Zhang, em vez das pesadas variantes feitas de ossos comumente utilizadas. Esses jogos de cartas eram focados em temas: aspectos da vida sob a dinastia Ming, a vida de sábios ou de extrovertidos militares. O primo de Zhang Dai, Yanke, que fora um fracasso na música, era um imaginativo, e mesmo brilhante, inventor de novos jogos de cartas, desenhando incontáveis elementos a partir do repertório familiar, criando novos padrões competitivos de incrível complexidade.

Zhang Dai mencionou outros clubes e grupos que seus parentes reuniam: seu avô tinha um grupo de história, um de seus tios tinha um clube de humor

---

*O futebol existia na China desde o século IV a.C. (pelo menos) com o nome de *cuju*, que significa literalmente "chutar a bola". Começou como um treino físico militar, depois virou esporte. [*N. do R.T.*]

e o pai de Zhang adorava se encontrar com um grupo seleto para discutir etimologias de antigos nomes de lugares e resolver enigmas geográficos. E, embora Zhang não nos diga quando primeiro se reuniu, sabemos que um de seus clubes preferidos era o de comedores de caranguejo. Esse seleto grupo de homens se encontrava apenas em certas tardes, no décimo mês do calendário unar, no local perfeito, durante a temporada de caça a caranguejo, quando as garras desses animais estavam púrpuras e gorduchas. O que atraía Zhang Dai aos caranguejos nessa época do ano era que eles continham cada um dos cinco sabores básicos, sem a necessidade de acrescentar nenhuma pitada de sal ou vinagre. As regras eram que cada membro do clube receberia seis caranguejos, cozidos a ponto de enfatizar o sabor de cada parte: o suculento "creme de jade", as longas e violentas garras, as brilhantes e pequenas patas, a carne "doce e aveludada". Mas, por medo de que requentá-los pudesse arruinar o sutil gosto e o aroma, cada caranguejo era cozinhado separadamente e, em sequência, por cada membro do clube.

Zhang Dai dedicou-se de forma similar às incríveis transformações geradas pela neve. Raramente nevava em Shaoxing, mas, quando isso acontecia, Zhang ficava maravilhado. Ele adorava tanto o que a neve fresca causava às paisagens quanto o que fazia com as pessoas. Rastreou o efeito da neve no humor das pessoas descrevendo tanto as mudanças que acompanhavam o movimento de um pequeno grupo para o observador solitário quanto o seu oposto, no qual o observador solitário encontra seu conforto no pequeno grupo.

O primeiro registro desses momentos para o qual ele deu uma data foi no final de janeiro de 1627. Quase noventa centímetros de neve cobriam a cidade de Shaoxing, e, quando o céu abriu à tarde, Zhang Dai convocou cinco atrizes da cidade, de sua pequena trupe dramática, para virem e se sentarem com ele na plataforma lisa em frente ao portão principal do Templo de Deus, de onde poderiam olhar a paisagem nevada. "Todas as montanhas estavam cobertas de neve", ele escreveu, "e o brilho da lua guarnecia tudo, de modo que a própria luz da lua não poderia ser vista dado o brilho da neve. Após um tempo sentados, estávamos congelados, e um de meus serventes mais antigos nos trouxe vinho quente. Eu me forcei a tomar uma boa dose, para espantar o frio. O vapor quente do vinho era engolido pelo grande acúmulo de neve, e por isso não fiquei bêbado. Ma Xiaoqing cantou-nos uma ária, enquanto Li Jiesheng acompanhou-a com uma flauta. A música, subjugada pelo frio extremo, ficara muda e áspera, e quase não a podíamos escutar. Após a terceira volta do relógio fomos para casa, dormir. Ma Xiaoqing e Pan Xiaofei, agarradas firmemente uma a outra, rolaram montanha abaixo pela estrada dos Cem Passos, até o ponto mais baixo. Quando voltaram a si, estavam completamente envoltas em neve. Eu contratei uma pequena carroça e voltei a casa arrastando um grande torrão de gelo."

Seis anos depois, também no décimo segundo mês lunar, houve outra grande nevasca, com grandes flocos que caíram por três dias. Dessa vez, Zhang Dai estava do outro lado do estuário, na cidade de Hangzhou, onde sua família e vários amigos e parentes tinham *villas*, num dos extremos do lago Oeste. Já anoitecia quando, envolto num casaco de pele e carregando um aquecedor portátil equipado com carvão, ele subiu num barco e disse ao condutor que seguisse para o Pavilhão do Lago do Coração. Não se ouvia qualquer voz humana, nem mesmo um pio de pássaro. Com a névoa fria envolvendo o lago, o céu, as montanhas, e mesmo a água, tudo era branco, e o mundo estava transformado da forma que mais agradava Zhang Dai: "As únicas formas sombrias que poderíamos observar na superfície do lago eram a cicatriz saliente do grande cais, o solitário ponto do Pavilhão do Lago do Coração, a semente de mostarda que era o nosso barco e os dois grãos de arroz que estavam no barco." Quando chegaram ao pavilhão, para a surpresa de Zhang dois homens estavam por lá, sentados em tapetes, enquanto seus criados aqueciam vinho. Eram viajantes de Nanjing, que ficava a uns 250 quilômetros dali, e persuadiram Zhang a que tomasse três taças de vinho antes de sua partida. Quando o condutor do barco partia da ilha, Zhang Dai foi capaz de ouvi-lo murmurar: "Não podemos acusar este jovem mestre de ser um total idiota, pois aqui estão dois ainda mais idiotas que ele."

Criados e condutores de barcos eram muitas vezes parceiros silenciosos nas buscas de Zhang Dai, que reservava sua comunicação para seus amigos e parentes. Mas algumas vezes, mesmo não verbalmente, essas figuras quietas e altamente trabalhadoras eram parte integrante do evento, inseparáveis à maneira como um momento surgia e se desenvolvia. Quando era estudante, Zhang tinha um estúdio próximo a um local de Shaoxing conhecido como lago do Senhor Pang, e ali, ele nos diz, sempre mantinha um barco atracado para que pudesse ir aonde tivesse vontade. O pequeno lago desembocava na complicada rede de canais que cortavam a cidade, por trás das casas e becos. Estivesse a lua brilhando ou o céu escuro, e, sem pensar na hora, Zhang Dai teria a companhia de seu condutor de barco em circuitos de mil a dois mil metros, enquanto olhava com lentidão as casas apagadas e a paisagem que escorregava a sua volta.

Ele descreve uma dessas saídas, com estas palavras: "Nas encostas das montanhas, os portões das casas estavam todos fechados e as pessoas dormiam profundamente, era impossível ver a luz de uma única lâmpada. Na escuridão silenciosa, o humor era sombrio. Estendi uma esteira limpa no barco para que pudesse me deitar e olhar a lua; na proa do barco, um jovem criado que me acompanhava começou a cantar uma canção. A bebida que tomei se esfumaçou com o sonho que estava tendo, o som da música parecia distanciar-se, a própria lua também parecia um pouco mais pálida. De uma hora para outra, eu estava adormecido. A música cessou, eu despertei rapidamente e murmurei algumas palavras de agradecimento, mas quase ao mesmo tempo voltei a roncar. Meu pequeno cantor também bocejava de cansaço e se espreguiçava, e dormimos um encostado no outro, nos servindo mutuamente de travesseiros. O condutor do barco nos levou de volta a terra, ditando um ritmo que nos demonstrava que era hora de ir para a cama. Nesse momento, minha mente estava tão inchada quanto o oceano, e eu era incapaz de sentir qualquer traço de ressentimento." Mesmo após "dormir todo o dia seguinte", Zhang escreveu, "ainda não consigo entender o que significa essa coisa que as pessoas chamam sofrimento".

Fora a aparente intimidade desse momento tranquilo, Zhang sempre carregava a convicção de que as pessoas se mantêm semiconscientes mesmo quando parecem estar completamente absorvidas. Ele sabia que em nossas mentes nunca deixamos de examinar a imagem que passamos aos outros, e o ato de observar a lua não era exceção a essa regra da vida. Certa tarde, caminhando sem rumo no lago Hangzhou Oeste, na época das festas da lua de setembro, apesar das variadas delícias da ocasião, não havia nada mais absorvente para Zhang do que observar as outras pessoas que também estavam no lago olhando a lua.

Zhang categorizava os observadores da lua em cinco classes, e para cada uma delas traçou algumas palavras. Havia os muito ricos, em suas roupas formais, entretidos por atores enquanto comiam seus banquetes. Distraídos por seus muitos prazeres, imaginando que realmente flutuavam sob a lua, "eles nunca realmente chegavam a vê-la, pois se bastavam com olhar a si mesmos". Havia os que se distraíam em seus esforços de sedução, buscando a atenção das cortesãs e dos meninos bonitos que se agrupavam nos conveses de seus barcos: "Ainda que seus corpos estivessem sob a lua, eles nunca a viam realmente, pois eles mesmos mereciam ser observados." Havia os que se recostavam em seus barcos e sorviam o vinho na companhia de mulheres e sacerdotes budistas, conversando baixo enquanto a música tocava suavemente. "Eles realmente olhavam a lua, mas queriam que os outros os olhassem enquanto olhavam a lua." Depois vinham os brutos que permaneciam em terra firme, que não tinham barco, mas desvairavam pela borda do lago, repletos de comida e fingindo estar mais bêbados do que realmente estavam, gritando e cantando fora de tom. Esses eram os ecléticos, olhavam a lua por alguns instantes e também olhavam aqueles que a observavam, "sem deixar de olhar para os que não olhavam a lua, e eles mesmos não vendo nada". Por fim estavam os estetas propositalmente elegantes, que viajavam em pequenos barcos, com suas figuras abrigadas atrás de finas cortinas, sorvendo chás em delicadas porcelanas brancas com suas companhias femininas, observando a lua quietos, mas de forma que os outros não os pudessem ver. Pois "não olhavam a lua de forma consciente, já que também eles valiam ser olhados".

Zhang também escreveu sobre os que buscavam prazer de forma esotérica. Um amigo de seu avô, Bao, criou três barcos de vários andares para o seu prazer pessoal e o de seus convidados: um dos barcos era para sua trupe de cantores, outro para sua coleção de artes e um terceiro para divertir-se com acompanhantes de sua preferência. De tempos em tempos, Bao saía para navegar com um grupo de convidados por dez ou mais dias, sem que ninguém soubesse quando ou onde voltaria a tocar a terra. Esse mesmo Bao, segundo Zhang, construiu um pavilhão octogonal, que ele chamou de Câmara dos Oito Trigramas. O quarto de Bao ficava no centro, e os oito quartos eram dispostos em volta. Cada um deles era fechado por cortinas que Bao poderia levantar ou abaixar quando quisesse, para olhar as beldades enquanto descansavam. Em seu quarto, o velho Bao podia recostar-se em sua almofada, acender um incenso e brincar com as cortinas. E assim passou seus últimos vinte anos.

Brincar de caça era outro prazer de Zhang, que descreveu nos termos mais ébrios um de seus passeios em 1638: como ele e seus amigos saíram cavalgando pela cidade em trajes de caça, com cinco cortesãs que escolheram para acompanhá-los, as mulheres "vestidas como arqueiras, em brocados vermelhos guarnecidos com pele de raposa, seus cabelos presos em faixas de pele, montadas a cavalo". Com suas escoltas carregando as armas de caça, cães farejando em sua trilha, falcões pregados a luvas de couro, eles podiam fingir estar caçando cervos e lebres, faisões e raposas, antes de descansar suas pernas assistindo a uma peça teatral, passando a noite num templo de área rural e voltando no dia seguinte para uma nova rodada de festa na casa do clã Zhang.

Zhang Dai também conhecia bem as sombras escuras dos becos noturnos, que com seu sobrinho mais novo, Zhouru, percorreu em áreas de bordéis de Yangzhou, encruzilhada de viajantes que vinham ou voltavam de Beijing, seguindo o Grande Canal e o centro do vibrante (e dominado pelo governo) comércio de sal na China. Havia, escreveu Zhang, quase cem pequenas ruelas que serpenteavam entre si. Apesar da estreiteza dos becos, algumas das casas, especialmente as das cortesãs mais célebres, eram bem grandes, e o acesso só poderia ser conseguido com os serviços de um guia local contratado. Tal caça a mulheres nunca se dava nas ruas, como acontecia com as prostitutas comuns em Yangzhou, que eram umas quinhentas ou seiscentas, pelas contas de Zhang. Usando linguagem militar, essas mulheres da rua se descreviam como se estivessem "montando guarda" no momento em que trabalhavam. Penteadas, banhadas e perfumadas, elas saíam no alvorecer de cada manhã e paravam em suas casas de chá ou tabernas preferidas. Quando lanternas muito brilhantes permaneciam acesas, ou se a lua estivesse muito clara, as mulheres que tinham imperfeições escondiam-se nas sombras, onde a escuridão ajudava o trabalho de suas maquiagens. Algumas iam além, escondendo suas falhas entre cortinas ou ocultando seus pés de mulheres do campo sob os altos portais. Homens subiam e desciam as ruas, buscando suas parceiras noturnas. Logo que eram vistas, os observadores gritavam "grande irmã fulana de tal tem um convidado". De dentro da casa vinha uma resposta, e algumas pessoas vinham ao lado de fora com lanternas para receber o casal antes de seu breve encontro.

E isso seguia noite adentro, até que restassem apenas vinte ou trinta mulheres ainda em seus postos nas ruas. Era a essas mulheres que Zhang Dai dava maior atenção em suas palavras. Ele observava essas mulheres enquanto a escuridão se tornava mais espessa. As lanternas ficavam mais fracas, as casas de chá e as tabernas apagavam suas luzes, o som de vozes se acalmava. Ele notou como as mulheres — já que os garçons não as mandavam embora — pegavam parte de seu escasso dinheiro para pagar por um pouco mais de luz, na esperança de que surgisse um cliente de última hora. Notava os bocejos cada vez mais abertos dos garçons, e como as mulheres tentavam cantar ou contar histórias, intercalando sorrisos falsos que logo desembocavam em silêncios. "Ao se aproximar a meia-noite", escreveu Zhang Dai, "elas não tinham outra saída a não ser ir embora, em silêncio, e seguindo seus caminhos, como fantasmas. E quando chegavam a casa, junto a seus cafetões, poderiam não receber comida, ou ser estapeadas — não temos como saber exatamente."

Entre os barcos de luxo e os becos havia outra área, a de um mercado humano a longo prazo, no qual jovens consortes ou concubinas eram vendidas a ricas famílias locais. Zhang Dai escreveu sobre esse mundo com seu detalhismo habitual, num tom que misturava inquietação e compaixão. Mais uma vez, usou como cenário a cidade de Yangzhou. Intitulou seu trabalho "As Éguas Magras de Yangzhou",* usando a gíria local corrente para mercado de carne

---

*Referência às meninas negociadas como animais. [N. do R.T.]

Os que faziam suas vidas aproveitando-se de tais meninas somavam cem ou mais, segundo os cálculos de Zhang. Tais predadores pareciam estar em todas as partes — eram "como moscas em carne podre, e não havia maneira de espantá-los". Uma vez sabendo que você estava interessado em conseguir uma mulher, eles batiam em sua porta à noite e o levavam a casa de "éguas" mais próxima. Com você já sentado e com uma xícara de chá nas mãos, a primeira mulher ou menina chegava para sua análise. Seguindo as instruções de seu dono ou madame, inclinava-se diante de seu potencial cliente, dava uma volta, colocava o rosto sob a luz, levantava as mangas para mostrar as mãos e a textura da pele de seus braços. Depois dizia a idade, para que o cliente pudesse julgar a delicadeza de sua voz, e dava alguns passos para que ele pudesse ver o tamanho de seus pés. Após a primeira mulher deixar a sala, uma nova pretendente se aproximava — a maior parte das casas tinha cinco ou seis em oferta, escreveu Zhang —, e a sequência de inspeção recomeçava.

E assim poderia seguir, dia após dia, inspecionando mulher após mulher, visitando casamenteiro após casamenteiro, até que as meninas com seus rostos cheios de pó e seus vestidos vermelhos se mesclassem numa sombra invisível na qual seria impossível discriminá-las. Era como escrever os mesmos exercícios num caderno cem, mil vezes, escreveu Zhang, até o momento em que se torna impossível reconhecer os caracteres que escreve. Quando, por acaso ou por uma boa razão, era feita uma escolha, garantias eram oferecidas: primeiro, um alfinete de ouro ou prendedor ornamental para seus cabelos. Depois, um inventário em papel vermelho para que o homem preenchesse com tinta e pincel — muita seda colorida, joias, dinheiro, rolos de roupas. Caso o cliente tivesse assinado por itens suficientes no inventário, uma procissão de puxa-sacos alegres seguiam dos aposentos da mulher à casa do orgulhoso comprador. Eram músicos e tocadores de tambor, criados carregando vinho, carne condimentada e doces, bem como a própria "noiva", numa carruagem de quatro portas, com sua escolta de lanterneiros, "damas de honra", cantores e cozinheiros carregados com mais carne, vegetais e doces, e toda a parafernália de um banquete — toldos, toalhas de mesa, almofadas, talheres e dosséis. As celebrações eram barulhentas e animadas, mas também rápidas e eficientes, pois não se tratava de um casamento de verdade nem acontecia no tempo justo, como Zhang Dai não deixa de nos avisar: antes que o sol atingisse o seu clímax, os ajudantes estavam arrumando tudo e se preparando para seguir a outra casa, outro cliente, onde repetiriam a mesma performance.

Zhang Dai nos deixou sem explicação sobre as rotas variáveis pelas quais os jovens consortes ou concubinas chegavam ao serviço de sua família, e é mesmo raro que mencione seus nomes. Mas não há dúvida de que estava intrigado com o fato de aquelas mulheres misteriosas saberem como fazer seu papel e ao mesmo tempo deixar viva uma promessa de surpresa sexual, mesmo quando pareciam vir de lugar nenhum e não demonstrassem qualquer ponto a que teriam de voltar. Entre elas, estavam as mulheres que, nas festas de lanternas promovidas por seu avô na Montanha do Dragão, deixavam seus pequenos sapatos balançando nos galhos das árvores, como se demonstrassem em um gesto nostálgico os prazeres que experimentaram em suas vidas. E havia também seis ou sete mulheres que apareciam de repente na mesma festa, pedindo um garrafão destampado de vinho quando sabiam que não restava vinho nas jarras abertas, e bebiam todo o vinho ao mesmo tempo em que devoravam os melões e outras frutas que tinham escondidas em suas mangas, antes de desaparecerem na noite.

Em certa ocasião, Zhang Dai apresentou tais vinhetas com aparente precisão documentalista, como no caso da mulher que surgiu em sua vida por um momento em 1639. Zhang Dai nos diz que estava no lago Oeste de Hangzhou com um de seus tios-avós, bebendo num barco, quando o velho homem declarou seu desejo de voltar mais cedo para casa. Mas um amigo íntimo de Zhang Dai, o pintor Chen Hongshou, estava com eles. Vinha bebendo sem parar e protestou pelo fim abrupto da festa. Então, após chegar à casa do tio-avô, Zhang Dai alugou outro barco — menor, dessa vez — e voltou ao lago para observar a lua e deixar Chen beber um pouco mais. Um amigo os saudou da margem e ofereceu confeitos de laranja, que comeram com gosto. Chen Hongshou dormia e roncava profundamente quando o criado de uma jovem senhora os chamou da terra, perguntando se Zhang Dai poderia dar uma carona à sua senhora até a Primeira Ponte. "Claro", respondeu Zhang

Dai, e a mulher embarcou. Ela parecia feliz, amigável, delgada num leve vestido de seda, e Chen Hongshou, acordando, ficou encantado. Desafiou-a para uma disputa de bebida, que ela aceitou. Antes de meia-noite, chegaram à Primeira Ponte. Ela esvaziou sua taça de vinho e desembarcou. Zhang Dai e Chen Hongshou perguntaram-lhe onde vivia. "Como resposta, simplesmente sorriu", escreveu Zhang Dai. "Chen Hongshou desceu do barco e tentou segui-la, até o momento em que a viu passar pelas tumbas dos antigos reis de Yue. Mas nunca conseguiu alcançá-la."

O caminho chinês com o qual Zhang Dai estava mais bem familiarizado — que descia do ponto mais noroeste de Yangzhou, no Grande Canal, até o sudeste, na sua cidade natal de Shaoxing, tendo Naijing e Hangzhou no meio do trajeto — era naquele momento o coração econômico e cultural da China. Era também a região onde um virtual culto da cortesã erudita florescia, um culto que reconhecia mulheres especialmente talentosas e bonitas tanto por suas realizações intelectuais como por sua aparência sedutora. Para Zhang Dai, assim como para muitos homens de seu tempo, as meretrizes eruditas eram inevitavelmente tingidas com melancolia, pois uniam duas palavras que não estavam necessariamente em harmonia, e na verdade colidiam inevitavelmente de certa maneira. A cortesã erudita se tornou, por sua própria natureza, uma figura pública e objeto de escrutínios, bem como de desejo. Era tanto irresistível quanto remota, pois estava sempre sob a mirada pública. E, em consequência disso, era possível escrever sobre ela com tal liberdade impossível de ser praticada quando uma pessoa escrevia sobre sua própria mulher, concubina ou outros membros da família.

A mulher dessa categoria que Zhang Dai melhor conhecia, e que muitas vezes o acompanhava em suas excursões fora de Nanjing, para lugares bonitos como Pedra Tragada, era chamada Wang Yuesheng. Wang, escreveu Zhang, começou na área de bordéis mais pobre de Nanjing — área conhecida como Mercado Vermelho, onde pessoas de respeito teriam vergonha de ser vistas. Mas sua beleza era extraordinária, e Zhang fez uma rapsódia sobre sua compleição, fresca como uma orquídea recém-aberta, e seu pequeno e pontiagudo pé, "como os primeiros jorros da castanha".

Para Zhang, Wang Yuesheng sobressaía perante a todas as mulheres da área. Gradualmente, fez seu caminho a regiões mais elitistas, onde não apareceria em banquetes para cantar a menos que agendada com bastante antecedência, por escrito, e seu pagamento não poderia ser menor que cinco ou mesmo dez moedas de ouro. Encontros mais privados deveriam ser agendados em janeiro ou fevereiro, caso alguém quisesse seus favores dentro de um ano. Wang Yuesheng aprendeu a ler e escrever, e também a pintar, se sobressaindo em seus desenhos de orquídeas, bambus e narcisos; ela se transformou numa conhecedora de chás finos com a ajuda do maior *expert* da região, mestre Min. Era especialmente feliz ao cantar as melodias conhecidas como canções de Wu, da região costeira. Wang Yuesheng cultivava a imagem de um distanciamento refinado, mantendo o silêncio quando os demais faziam muito barulho, mantendo a sobriedade enquanto os outros gargalhavam. Zhang associava esse lado de sua natureza a "uma solitária flor de ameixa sob uma lua fria, fria e distante". Quando forçada a permanecer em companhia de alguém de quem não gostava, Wang permanecia em silêncio.

Zhang Dai resumiu seu caráter em uma simples anedota: "Um homem de alto nível certa vez pagou para que ela dormisse e comesse com ele por um período de duas semanas, mais ou menos, mas não conseguiu arrancar uma palavra de Wang. Certo dia, sua boca moveu-se como se estivesse a ponto de falar, e os que a viam correram para avisar ao senhor, gritando: 'Yuesheng está a ponto de falar!' Houve uma onda de excitação e o homem correu para junto dela. Sua face se engrandeceu, animada por um momento, mas logo voltou à calma anterior. O homem voltou a implorar para que falasse, e no final ela o agraciou com apenas duas palavras: 'Vou embora.'"

Certa vez, provavelmente em meados da década de 1630, Zhang Dai escreveu um poema para Wang Yuesheng, tentando abarcar o que a fez ser tão desejada por quase trinta anos. O título do poema era claro e franco — "Para a cortesã-cantora Wang Yuesheng" —, e Zhang avisou aos leitores que o exercício era perigoso: tentar reunir comparações adequadas para descrever os habitantes dos bairros de bordéis de Nanjing seria naturalmente visto como um objetivo impróprio, e o povo mais tradicional que ouvisse falar sobre isso rangeria seus dentes de tanto rir. Mas verdadeiros conhecedores talvez entendessem — especialmente o longevo instrutor de Zhang nos rigores da apreciação de chás, o mestre Min, de 70 anos. Após uma vida de experiências, Min poderia "invocar, no ar, o gosto de um chá em particular", assim como Zhang estava tentando abarcar a essência de Wang Yuesheng dos rastros de sua memória:

Da xícara de porcelana branca o aroma ascende como jasmim;
Tem a cor de uma flor de pera vislumbrada de uma janela de papel.
Como descrever esse gosto delicado na extremidade da língua?
Doçura e severidade são ainda melhores que o cheiro forte da oliva.
Então, quando estive pela primeira vez diante de Wang Yuesheng,
Era quase como se o chá falasse abertamente comigo.
Seu andar era delicado, três passos para um meu;
Mas tão contida era sua reserva, ela parecia gelo.

Esse sentimento desapareceu quando Zhang Dai deixou-se sucumbir à beleza de sua face, à frescura e fragilidade, à sedução de seu corpo sob o vestido. Eis as manifestações essenciais da beleza naqueles dias, mas Zhang não parou para zombar de si mesmo; seu objetivo era recapturar seu sentido de atordoamento no âmago da emoção que sentia. Essa paixão, esse *qing* na linguagem da época, era uma força pura que justificava várias ações e crenças humanas, e Zhang afirma que aceitara tudo isso, mesmo imaginando não ter encontrado a palavra exata para descrever o que sentia. Ainda contemplava, em silêncio, quando seu amigo Junmo lhe ofereceu a metáfora do chá com a qual poderia captar sua qualidade mais intrínseca.

Em sua última quadra, Zhang deu voltas à metáfora e trouxe a si mesmo de volta a terra:

Usar a excelência do chá para descrever uma mulher primorosa,
Quem nunca pensou em tal coisa, em algum momento de sua vida?
Mesmo dizer que a caligrafia de alguém "está recheada com o som
    de um rio"
Levará os que o escutam a cuspir sua comida com uma gargalhada.

Não havia como ocultar a teatralidade dos gestos e comportamentos de Wang Yuesheng, e sua combinação de distanciamento e acessibilidade fazia dela mais encantadora a Zhang e a muitos outros. Na realidade, o teatro nunca estava distante de seus pensamentos, e ele empregou muito dinheiro e esforço perseguindo a excelência no palco. Zhang Dai sabia que essa forma de arte estava em processo de crescimento e transformação — ele deve ter dito saber quais eram as regras, mas nem todos concordavam. A melodia e o encantamento do drama regional de Suzhou, conhecido como *kunqu*, ainda estavam se distanciando de especialidades locais como o teatro de Shaoxing, assim como mais tarde a "ópera de Beijing" cresceria e — para muitos conhecedores — vulgarizaria o drama *kunqu* em busca de audiência. Há pouca dúvida de que Zhang Dai, apesar de seu interesse em música, também soubesse que de formas importantes o drama que amava e as atrizes que admirava eram as demandas básicas para se contar uma história à perfeição. O contador de histórias Liu Marcas-de-varíola, por sua vez, com suas brilhantes improvisações e voz retumbante, marcou certa transição entre as mais antigas artes de narração e as novas e mais ricas técnicas teatrais. A base de operações de Liu era Nanjing, mas sua fama foi longe. Como Wang Yuesheng, deveria ser agendado com dias ou semanas de antecedência e cobrava uma taxa de reserva. Oferecia um recital por dia, não mais, e parava tudo caso fosse interrompido por cochichos de seus ouvintes — ou mesmo por bocejos. A aparência de Liu, ainda que estranha — era "moreno", e sua face "coberta de crateras e sulcos" —, não diminuía seus poderes. "Ele podia ser incrivelmente feio", escreveu Zhang. "Mas seus lábios são endiabrados, seus olhos animados, e se veste de forma elegante: e tudo isso o equipara a Wang Yuesheng, por tanta graça, e daí nasce o poder incrível dos dois como agentes de diversão."

A paixão da família de Zhang pelo drama operístico, como ele mesmo fez questão de assinalar, não estava nas origens das tradições familiares. Na verdade, surgiu com seu avô, mais ou menos na época em que Zhang Dai nasceu. Seu avô e um pequeno grupo de quatro amigos — todos da área de Hangzhou ou da fronteira norte com a província de Zhejiang, na rica porção sul de Jiangsu — foram os primeiros a dar passos em direção a formar sua própria trupe de cantores. Todos esses amigos eram portadores do mais alto título em literatura, e o fato de homens tão prestigiados estarem apoiando trupes de atores e "dando enorme atenção a eles" era, de acordo com Zhang Dai, "algo completamente novo". Em certo ensaio, mencionou seis dessas trupes — entre elas, duas deveriam ser compostas de meninos e homens, mas três certamente tinham mulheres e talvez fossem compostas exclusivamente de meninas e mulheres cantoras. A composição dos grupos mudava com o tempo, e em certa ocasião uma trupe mudou de nome, mas manteve alguns de seus membros originais. Atores do calibre desses encontrados nas trupes da geração do avô de Zhang tinham, na época da maturidade de Zhang Dai, "se transformado em peças tão impossíveis de ser encontradas como joias e objetos cerimoniais das Três Dinastias".

O pai de Zhang Dai teve várias trupes de atores próprias logo que abandonou sua busca compenetrada pelo sucesso nos exames e embarcou na vida ostentosa de um homem da cidade, assim como fizeram vários outros tios e primos de Zhang Dai. Seu irmão mais novo, Pingzi, também tinha uma trupe, cujos membros aparentemente vieram se juntar à de Zhang Dai quando seu irmão morreu precocemente. Zhang Dai tentou explicar essa paixão: "O mestre da trupe ganha em percepção dia após dia, enquanto as habilidades e o poder artístico de seus jovens se mostram mais notáveis a cada performance." Zhang Dai adorava observar as transições em suas próprias trupes, enquanto atores e atrizes ganhavam idade e poder, até que chegasse o tempo de se retirarem e serem substituídos por uma leva de novatos. Em algumas de suas trupes, esse processo respeitava cinco fases. "Eu", disse Zhang Dai, "ainda que tenha me tornado um homem velho que treme, com olhos tão verdes quanto os de um persa, ainda posso distinguir os bons dos maus atores. Quando um homem das montanhas viaja através do mar e volta a casa, seus olhos retêm todos os sabores do que viram. Venham todos e provem!" As alegrias do sucesso eram óbvias a Zhang: "Foi graças a mim que esses atores cresceram no mundo e se tornaram famosos. Mais tarde, por causa desses atores que se tornaram famosos, eu também me tornei famoso."

Havia, claro, várias maneiras de treinar um ator iniciante. Zhang Dai escreveu sobre um professor chamado Zhu, que nunca iniciou o aprendizado de meninas introduzindo-as à atuação. Antes, as ensinava a tocar vários instrumentos — de corda, sopro e percussão —, depois a cantar e finalmente dançar. O resultado era que algumas das atrizes de Zhu atingiam um "nível de perfeição que poderia ser sentido através dos poros". Havia, no entanto, dois grandes problemas em ter Zhu como professor. Ao montar uma performance, ele nunca sabia quando parar e apelava com números de dança redundantes e efeitos especiais. Zhu era também lascivo e possessivo, e seu trato com as mulheres ultrapassava os limites da decência. Zhang Dai escreveu que as pessoas podiam ouvir o choro de raiva das mulheres que Zhu trancafiava em salas especiais para que pudesse se servir delas.

Ainda que o professor Zhu confundisse as linhas entre treinamento artístico e demandas amorosas, Zhang Dai escreveu sobre famosas cantoras que começaram como cortesãs e fizeram a transição ao status de cantoras e atrizes capazes de superar os papéis mais difíceis e participar de várias montagens ao mesmo tempo, que poderiam seguir noite adentro. Se seus experientes e exigentes professores estivessem entre a audiência, algumas cantoras poderiam paralisá-las, deixando-as sem voz nem emoção. Elas comparavam tal experiência a "passar por uma muralha de espadas". Outras tinham preparações quase impossíveis para suas artes, como as atrizes que o pai de Zhang Dai reuniu para que oferecessem uma performance em um de seus recém-construídos "palcos flutuantes", que foi destruído por uma tempestade na frente do público. Mas, com tanta disposição para brilhar e por receber aplausos, muitos eram capazes de vencer as dificuldades dos cenários e suas confusões. As longas sessões de ópera levadas a cabo em casas luxuosas, como as dos Zhang, permitiam aos conhecedores avaliar as habilidades de professores e apadrinhar certa mobilidade entre as trupes de ópera ao mesmo tempo em que estetas desejavam recrutar talentos frescos para seus próprios grupos.

Ocasionalmente, no entanto, mesmo atrizes jovens se apresentariam na frente de plateias enormes. Zhang Dai estimava que no festival de outono de 1634 havia pelo menos setecentos convidados reunidos na montanha Ji. Todos levaram vinho e comida, e tapetes foram estendidos para que se sentassem sob as estrelas. Somando outros convidados e amigos em comum, o total chegava a quase mil pessoas espalhadas por setenta tapetes. Todas tinham bebido bastante por várias horas e cantavam juntas quando Zhang contou que suas jovens atrizes Liu Jiezhu e Ying Chuyan apresentariam uma seleção de interpretações — terminando de cantar por volta de dez. As duas jovens atuavam originalmente na trupe do irmão mais novo de Zhang, mas após a morte deste foram acolhidas pelo próprio Zhang Dai. Cantaram suas últimas músicas sob a luz da lua, o que fez os rostos do público "brilharem como se tivessem acabado de tomar banho"; e, enquanto as montanhas distantes desapareciam entre as nuvens, as vozes das meninas soavam de forma tão pura "que os mosquitos pararam de zumbir".

Em sua própria trupe, uma das atrizes preferidas era Liu Huiji, autodidata. Zhang escreveu sobre ela: "Para chegar ao público, uma atriz precisa ter charme, segurança e personalidade. Mas para Liu Huiji não é o caso. Liu Huiji é pura imaginação, e seu desejo é remediar as falhas dos atores do passado." Ainda que Zhang Dai não diga exatamente o que pretendia com essa descrição, está claro que Liu era especialmente brilhante em papéis masculinos, e Zhang registrou o que seu amigo Peng Tianxi havia lhe dito: "Com uma atriz como Liu Huiji, que necessidade temos de atores homens? Quem precisa de um velho Peng?" Peng Tianxi era conhecido como severo crítico e quase nunca oferecia elogios, escreveu Zhang, e por isso tais palavras eram especialmente valorosas.

Nativo da província de Jiangsu, ao norte de Shaoxing, Peng Tianxi era amigo de Zhang há muitos anos — e, também como ele, um refinado fidalgo amante de ópera, além de crítico, patrocinador, ator, professor e entusiasta. Num artigo admirável, Zhang resumiu sinteticamente o enorme perfeccionismo desse ator-diretor que imaginava ser "o melhor do mundo". As regras de Peng eram simples: ele nunca se desgarrava do roteiro para embelezá-lo com invenções suas; ao preparar uma performance, convidava todo o elenco à sua casa para ensaios, sem se preocupar com o custo, que seria de dúzias de taéis de prata a cada vez; aumentava constantemente seu repertório, o que o fez representar, ao longo dos anos, cinquenta ou sessenta espetáculos na casa de Zhang sem se repetir; e como ator se especializou, concentrando-se em apenas dois dos padrões mais comuns na maior parte dos dramas: o padrão do vilão e do palhaço. Ninguém era capaz de fazer o papel de um malvado ou cruel como Peng: "Quando ele franzia as sobrancelhas e nos encarava, era possível ver uma espada em sua barriga e uma adaga em seu sorriso; era tão demoníaco, tão assustador, que as pessoas gritavam de horror." Talvez, refletiu Zhang Dai, Peng tivesse em sua natureza tanto aprendizado, tantas grandes visões, tanta sutileza e energia, que apenas através do teatro poderia dar vida a tudo isso. As performances de Peng, concluiu Zhang, eram de tamanha qualidade e originalidade que "qualquer pessoa se arrependeria por não estar disponível para envolvê-las nos mais finos brocados, para que pudesse ser preservada para sempre".

A única atriz que chegou próximo ao poder de Peng, na visão de Zhang Dai, foi Zhu Chusheng. Ela havia sido treinada por um professor de ópera de Ningbo chamado Yao, e se transformou numa especialista no que ficou conhecido como escola Shaoxing de interpretação. Yao era um professor duro, buscando incansavelmente perfeição musical, e Zhu Chusheng era o modelo a partir do qual julgava os outros membros da trupe. Ela, por sua vez, devotou toda sua vida ao teatro e investiu toda sua energia nisso. Caso seu professor apontasse qualquer coisa que pudesse ser melhorada em seu canto ou em suas recitações do libreto, não descansaria até que a imperfeição fosse corrigida. "Não era especialmente bonita", registrou Zhang, "mas a mulher mais bonita do mundo nunca teria suas qualidades especiais. Era tocante e impetuosa; era possível ler sua independência em seu semblante e a densidade de seus sentimentos em seus olhos, o charme poderia ser visto em sua aparência sonhadora, no equilíbrio de seus movimentos." Mas, pelos olhos de Zhang, Zhu era dominada pelo excesso de suas emoções, "pelos seus sentimentos mais profundos, que era incapaz de controlar". Num crepúsculo, sentou-se ao seu lado próximo ao rio de Shaoxing. O sol esmaecia, uma névoa cobria as águas, as árvores ficavam escuras, e ela começou, silenciosamente, a chorar. Ao contrário de Peng, ela não conseguia liberar todas as forças turbulentas que a consumiam. Ela morreu, imaginou Zhang, "porque tinha muita tristeza em seu coração".

Muito da vida, para Zhang, era espetáculo, e as grandes verdades, para ele, eram verdades estéticas. No mundo dos espíritos, assim como no palco da vida, poderia não haver demarcações claras entre a impiedosa jogada dos deuses e as frágeis defesas do homem. O que chamamos mundo real era apenas um local de encontro onde os dois lutavam por atenção e competiam para ver como todos nós interpretávamos os nossos papéis. Zhang Dai viveu para explorar tais momentos. Era já tarde da noite quando ele escrevia, um dia após o festival do meio de outono de 1629, e ancorou seu barco na margem do rio, abaixo da Montanha de Ouro. Ele viajava em direção norte para visitar seu pai, seguindo a rota do Grande Canal, e acabara de passar pelo rio Yangzi, em Zhenjiang. Uma lua brilhante brincava nas águas, que estavam encobertas pela névoa. Entre as árvores que o circundavam, o Templo da Montanha de Ouro estava escuro e silencioso. Entrando no imenso hall, Zhang Dai sentiu o peso do passado, pois aquele fora exatamente o local onde o general Han Shizhong, com uma tropa de apenas oitocentos soldados, lutou por 18 dias contra os invasores Jin, vindos do norte, e finalmente os venceu, mandando-os de volta para o outro lado do rio. Zhang pediu aos seus criados que trouxessem lanternas e instrumentos musicais do barco, para iluminar o hall e tocar um acompanhamento enquanto ele cantava a história do general Han e da batalha pelo rio Yangzi.

Ao som da música, escreveu Zhang, "todos os monges levantaram-se de suas camas e deram uma olhada, os mais velhos entre eles espantando o sono de seus olhos com as palmas das mãos, bocejando, sorrindo, espirrando, enquanto olhavam atentamente... Mas nenhum deles", seguiu Zhang, "ousou perguntar que tipo de seres éramos, o que fazíamos ali e de onde vínhamos". A apresentação terminou, o alvorecer tingia o céu, Zhang Dai recolheu os instrumentos e as lanternas, o barco se afastou da margem e sua viagem foi retomada. Todos os monges, ele escreveu, desceram às margens do rio e o seguiram com os olhos até que não pudessem mais ser vistos. E Zhang Dai estava satisfeito: "Se éramos humanos, emanações ou demônios, eles nunca souberam."

## CAPÍTULO 2

## Mapeando o caminho

Nos dias comuns, Zhang Dai estudava. Nunca estava preparado, e nunca estaria, como bem sabia, já que estava preso num sistema do qual não havia saída garantida de sucesso absoluto. E mesmo sucesso absoluto mostrava-se um conceito frágil, uma vez que junto ao aparente sucesso sempre poderia estar escondida uma centelha de fracasso.

A herança escolar na qual Zhang Dai estava submerso consistia em muito mais que uma rotina de leitura de uns poucos textos. Em seu íntimo, repousava o potencial para uma vida imersa no âmago da escolaridade chinesa, proporcionada por bibliotecas privadas, e a oportunidade para membros de famílias devotarem uma boa parte de suas vidas e recursos ao ato de ler para os exames. Inspirado num currículo de obras clássicas desenhado com base no cânone confuciano, os pesados exames estatais aconteciam durante vários dias de intensa provação mental. O sucesso nesses exames era a promessa de entrada numa carreira burocrática, com o prestígio e os benefícios decorrentes. No mundo de Zhang, não era incomum ver membros de diferentes gerações estudando juntos, lado a lado: pais raramente já estariam aprovados nos exames seniores antes do nascimento de seus filhos mais velhos, e em alguns casos os mais novos conseguiam aprovação antes de seus pais ou tios. Para os ricos, os exames eram um simples fato da vida que deveria ser confrontado — normalmente em intervalos de três anos — uma e outra vez, por décadas: inicialmente, em suas próprias localidades, onde se realizavam os exames de qualificação; depois os exames passavam às capitais provinciais; e, finalmente, para uma restrita elite, os exames nacionais de Beijing, a cada três anos.

Em seu caso, Zhang Dai atribuiu tal sentimento de herança a seu bisavô Tianfu. Nascido por volta de 1513, foi o terceiro filho de um próspero ramo da família Zhang em Shaoxing. De acordo com histórias familiares, quando menino, Tianfu seguiu o sonho de seu pai de uma carreira nos negócios, já que os dois irmãos mais velhos tinham enveredado por carreiras acadêmicas. Mas após discutir entre lágrimas com seu pai que ser afastado dos estudos poderia ser uma catástrofe — "Não sou humano, por isso quer que eu seja um mercador?" — Tianfu venceu e começou o prolongado período de estudos que o levou ao sucesso no exame nacional de 1547.

Mesmo que esse pioneiro bisavô Tianfu tenha triunfado, havia uma sombra pairando sobre seu sucesso nos exames que tinham muito significado para ele. Nos relatos de Zhang Dai, após Tianfu ganhar o direito de estudar depois de implorar por isso, ele passou nos exames locais, depois recebeu a licenciatura e o direito de se apresentar aos exames de qualificação em Hangzhou. O examinador era um homem chamado Xu, que não apenas havia ensinado Tianfu na escola local de Shaoxing, mas também deu a ele a nota mais alta entre os alunos da safra do ano anterior. Esse mesmo Xu convocou Tianfu para ajudá-lo a avaliar os trabalhos de alunos de outras localidades, assegurando a Tianfu que ele já havia decidido classificá-lo entre os primeiros. Quando Tianfu se recusou, temendo fofocas, escândalo ou algo pior, e disse que preferia desistir, Xu o supervalorizou, com esta assustadora afirmação: "Seu trabalho será avaliado como o melhor; quanto aos que serão avaliados do segundo lugar para baixo, deixo a decisão nas suas mãos." Embora Tianfu tenha passado nos exames de mais alto nível de acordo com as regras, o episódio (mesmo se apenas a família Zhang o conhecesse) certamente pôs sua integridade em questão.

A família Zhang acreditava que a beleza do edifício onde Tianfu estudou foi um fator crucial para seu êxito, e ao jovem Zhang Dai também pareceu que tal ambiente tivesse sido realmente favorável. "Nenhum dos pavilhões de estudo construído posteriormente em nossa família foi tão bom quanto esse", escreveu Zhang após uma visita que fez em 1613. "O local era chamado Pavilhão do Bambu Longa Vida, e, ainda que mais tarde nossa família tenha construído prédios e salas de estudos, nunca foram como esse. Aumentar a construção a teria reduzido, assim como construir qualquer outra parede a teria desfigurado. O bisavô construiu esse pavilhão como um local perfeito, e não queria que ninguém inserisse uma mínima viga pintada ou telha de cerâmica no seu exterior, nem uma única porta no interior. Ele queria assim. Na frente do pavilhão, com suas próprias mãos, plantou árvores que cresceram bastante, fornecendo sombra e brisa fresca, que funcionavam como leques de plumas, como se uma delas voasse nas águas outonais."

Em contraste com a perfeição do pavilhão de estudos, Zhang Dai escolheu viver a realidade do processo de exames. Sua fonte foi um de seus contemporâneos, Ai, que tentou sem sucesso os exames provinciais por sete vezes entre os anos de 1600 e 1620. Numa breve lembrança registrada por Zhang, Ai recordou como se esforçou para passar nas provas a cada três anos, tentando adivinhar o tipo de conhecimentos preferidos de cada examinador, mapeando uma variedade de modelos estilísticos de diferentes períodos, dos mais clássicos à filosofia, da astronomia à geografia e mesmo às táticas militares e ao taoismo.

Ai escreveu sobre os desconfortos sem fim e as indignidades que sofreu nas salas de exame: misturado à multidão nervosa de jovens meninos ao amanhecer, assinando no portão de entrada, mexendo seus pés com pincel e tinta numa das mãos e uma prancheta na outra, aguentando as frias mãos que buscavam algum tipo de cola escondida nos corpos dos candidatos. Depois vinha a chatice de encontrar a sala correta e um mísero banco de madeira, suando com o calor da montanha enquanto o dia de verão avançava, cobrindo desesperadamente a folha de respostas com suas roupas caso uma chuva repentina desabasse pelo telhado furado. Até mesmo encontrar um momento e local para urinar era difícil, e o mau cheiro concentrado de centenas de corpos suados reunidos em um mesmo local era terrível. Uma salvação era que os examinadores passeavam por entre os candidatos cantando o tópico aos meninos cujos olhos — como os de Ai — eram muito fracos ou cansados para ler os papéis; para aqueles com problema de audição, outros examinadores escreviam as questões em caracteres grandes em quadros. Uma vez terminados os exames, escreveu Ai, os estudantes tinham de aguentar as incertezas de uma avaliação errática antes de serem informados de suas notas e classificações. Se falhassem, sabiam que teriam de enfrentar tudo aquilo outra vez. "As pessoas pareciam esposas ou escravos", registrou Ai, "despojadas de toda sua dignidade."

Zhang Dai incluiu seus próprios comentários ao relato de Ai. O sistema de respostas conhecido como "Ensaio de oito partes",* ele disse, foi imposto pelos reguladores Ming para "atormentar os estudantes e desencorajar os homens ambiciosos". Qualquer deslize mínimo no estilo ou no conteúdo levava a deméritos ou falhas. Mesmo os melhores alunos "não encontrariam uso para seu arsenal de talentos e conhecimento" a não ser que entrassem no esquema "submisso em modos, limitado em espectro, duro em palavras, com sentimentos internos desgastados". O resultado era ruim para o país como um todo: os que passavam eram "homens velhos esperando pela morte ou jovens ingênuos que não entendiam nada". Mas, curiosamente, tanto Ai quanto Zhang sentiram haver algo útil no sistema, apesar de todas as suas pressões e falhas: o estudo e o estresse criavam fortes laços entre alunos e professores; uma vida de diversão não era a única forma de passar o tempo; trabalho duro poderia levar a grandes coisas.

Não havia, claro, nenhuma garantia de que o êxito do bisavô se refletiria em outros membros da família Zhang. De fato, a saúde do filho mais velho de Tianfu, Wengong, era tão frágil em seus tempos de criança que sua mãe o proibiu de seguir a rotina intensiva de estudos necessária aos candidatos que pretendiam ser bem-sucedidos. Com medo de despertar sua ira, Wengong escondia uma lamparina em seu quarto. Quando percebia que a mãe tinha ido dormir, acendia a lamparina e começava a ler, o que se estendia por toda

---

*Método de redação que determina a divisão do texto em oito partes rígidas, com número de palavras contado e definido. [*N. do R.T.*]

a noite. Zhang Dai diz também que o estresse ao qual seu bisavô havia se sujeitado no campo político deixou seu cabelo completamente branco aos 30 anos. Então, quando o bisavô Wengong surpreendeu sua família e seus companheiros ganhando uma posição no topo dos exames de Beijing, em 1571, ganhou o apelido de "cabelos brancos número um".

Apesar da fama que a família Zhang ganhou graças ao incrível triunfo de Wengong, Zhang Dai sabia que a carreira subsequente do mesmo Wengong não foi especialmente feliz, e que seu sucesso nos exames pesaria para a família. "Por toda sua vida", escreveu Zhang Dai, "meu bisavô Wengong serviu aos conceitos de lealdade e obediência filial. Considerava ter alcançado o grau mais alto nos exames palacianos como consequência da lealdade de nossa família; por isso, sua conquista de uma elevada posição era um fundamento para todos nós, o que não deveria ser visto como 'mera sorte'. Os que viam em seu êxito apenas um bom exemplo de sorte eram pessoas com uma visão estreita da sorte; mas os que o viam não apenas como mera sorte, mas como um fundamento, eram o tipo de pessoas que poderiam encorajar o surgimento da boa sorte. Se não fosse o caso, por que Wengong não se empenhou em comer ou beber de forma luxuosa ou viver uma vida palaciana? E os seus descendentes que não são como ele, o que isso diz sobre nós?"

Mais enigmático era o retrato que Zhang Dai esboçou de seu próprio avô Rulin. Zhang Dai qualificava a caligrafia de seu avô como "feia e desajeitada" e sentiu certa "falta de regras" que afastava aquele homem de seus companheiros. Não que o avô fosse lento. Como muitos de sua família, era rápido em palavras e capaz de uma erudição incrível nas mais improváveis circunstâncias; um exemplo foi quando, ainda um menino, com seu "cabelo preso em tufos", foi levado para visitar o amigo de seu pai, Xu Wei, na prisão, após este ser condenado à morte por assassinato. Em poucos minutos de conversa, o avô encontrou tempo para fazer duas alusões eruditas que levaram o homem a murmurar: "Quase que uma criança me deixa sem graça." O grande problema era que o avô sempre queria fazer e expressar as coisas à sua maneira. Nas palavras de Zhang Dai, seu avô "esforçou-se para ser bom nos estudos clássicos, mas sempre relutava em seguir interpretações superficiais dos textos como condição para obter sucesso fácil". Mesmo comprando sua

MAPEANDO O CAMINHO • 59

entrada na academia imperial e desistindo de qualquer tentativa de ver as posses da família e outros assuntos importantes enquanto estudava sem parar, não foi capaz de suavizar o trabalho ou obter sucesso imediato nos exames.

Vovô Rulin finalmente sentiu-se pronto para os exames provinciais no final dos anos 1580, mas não pôde se apresentar por causa da morte de seu pai e de sua mãe, quase na mesma época (Wengong em 1588 e a senhora Wang em 1591). Por tradição, um filho deveria guardar luto de seus pais por um período de 27 meses após a morte. Durante o período de luto, não era permitido manter cargos burocráticos nem passar por exames de Estado. Mas era possível estudar, e foi o que o avô fez, primeiro nos pavilhões da família de Shaoxing, e depois, em 1594, num quartinho na montanha Chamado da Garça, em Nanjing. Mas nesse local o avô "sentiu-se mal com uma história que passou por seus olhos, e por isso teve de cobrir as janelas e sentar-se em contemplação por três meses". No entanto, Zhang Dai notou, a forçada mudança circunstancial não desviou o avô de seus principais objetivos. Seus amigos apareciam para discutir alguns temas dos clássicos em seu quarto escuro, "e, depois que as palavras entravam em seus ouvidos, ensaios inteiros entrariam em sua cabeça". O período de treinamento mental promovido pela escuridão artificial, diz Zhang Dai, ajudou o avô não apenas a passar nos exames provinciais do verão de 1594, mas também a levá-lo aos exames nacionais de Beijing, nos quais foi aprovado em 1595, aos 39 anos, não muito tempo depois do nascimento de Zhang.

Mesmo aí, Zhang Dai encontrou estranhas ambiguidades na forma como seu avô conseguiu obter seu grau provincial em 1594, e passou um tempo tentando recolher os dados exatos. De acordo com suas pesquisas, que Zhang incluiu em um pequeno trabalho biográfico, seu avô chegou pontualmente ao exame, escreveu suas respostas calmamente e terminou tudo antes do meio-dia. Os papéis foram entregues ao examinador-assistente, cujo trabalho era fazer uma seleção preliminar, e imediatamente colocou os trabalhos do avô na pilha de "rejeitados". Mais tarde no mesmo dia, o assistente mostrou ao examinador-chefe as primeiras das respostas que lhe pareciam melhores. "Mas Li repreendeu o assistente porque o lote era muito pobre, e pediu que lhe enviasse outro. Li continuou não gostando, então o assistente teve de enviar mais, o que se repetiu quatro ou cinco vezes até que não houvesse mais exames a ser entregues. O examinador-assistente chorava de raiva."

Voltando a checar os vários papéis que recebera, Li percebeu que não vira sete cadernetas de ensaios, e perguntou ao assistente o que tinha acontecido com tais papéis. "Esses sete não fazem o menor sentido", foi sua resposta, "e por isso os deixei aqui, separados, como uma espécie de divertimento." Li pediu os sete trabalhos e, outra vez segundo as palavras de Zhang Dai, "assim que os leu bateu palmas e declarou-os profundos. Ele usou cinábrio e cobriu os comentários negativos que foram escritos pelo assistente nos sete trabalhos. Entre todas as respostas à questão sobre *O tratado das mutações*, considerou a do avô a melhor, e a de um candidato chamado Gong Sanyi a segunda melhor. Todos os demais trabalhos [do mesmo lote] eram de alto nível".

Mas, apesar de estar inclinado a colocar o nome do avô no topo da lista de aprovados, escreveu Zhang, Li foi desencorajado por um "precedente acontecido no sul, no qual o filho mais velho de um funcionário sênior não poderia ser posto no alto das listas". Consequentemente, o examinador-chefe colocou o nome de Gong no topo da lista e o do avô alguns postos abaixo, ainda que Li mais tarde tenha contado a algumas pessoas que, agindo assim, "fiz algo contra meu coração". O processo completo de exames era cheio de protocolos, um deles era que os estudantes que alcançassem êxito deveriam agradecer formalmente aos examinadores que os aprovassem. Seguindo esse costume, "após a lista provincial ser publicada, o avô fez uma visita ao examinador-assistente. Mas o examinador-assistente fechou a porta e não o recebeu, dizendo: 'Você não é meu discípulo, não confunda as coisas'."

Como os exames nacionais, os exames provinciais trienais eram eventos complexos e formais que duravam vários dias e envolviam muitas centenas, ou mesmo milhares, de estudantes, e não há dúvida de que Zhang Dai não deixaria de fazer comentários sobre a história. Para ele, o ponto central estaria no fato de o examinador-chefe Li ser o tipo de homem com flexibilidade e graus de excelência, enquanto o examinador-assistente tentou jogar usando as regras e penalizou os que mantinham visões excêntricas ou independentes. No final, o avô teve sorte de ter suas ideias brilhantes percebidas e ter sofrido o corte inicial. Se todos os sete dos previamente descartados tinham realmente uma qualidade incrível, isso poderia significar que o examinador-assistente estava agindo contra os candidatos vindos de Shaoxing — que normalmente dominavam as listas na região — ou, ainda, que tivesse suas próprias preferências de candidatos, que estava tentando impor ao examinador-chefe. Quando, mais tarde, em sua carreira oficial, o avô tornou-se examinador, tentou buscar sinais de talento entre os nomes dos candidatos presentes nas listas de rejeições e em certo momento foi demitido por fazer tal trabalho com tanta frequência e de forma tão flagrante.

O mundo do ensino descrito por Zhang Dai estava cheio de contradições: por um lado havia lampejos de fama e oportunidade, mas por outro havia frustração e mesmo colapso físico. Comentando ainda outros exames realizados por familiares, Zhang Dai mostra-nos como seu próprio pai experimentou uma mistura algo similar de problemas e doenças. Como Zhang Dai resumiu em tons fortes, os primeiros anos de seu pai foram felizes, mas o declínio foi rápido. Zhang Dai escreveu que seu pai nasceu em 1574, em Shaoxing, e quando menino era "rápido e inteligente"; aprendera a ler cedo e "aos nove anos era capaz de entender a moral e pontos de lógica dos textos clássicos". Aos 14 anos, o pai recebeu aprovação nos exames preliminares, que o qualificaram para o título de "licenciado" e lhe deram o direito de apresentar-se aos exames provinciais. Mas depois passou quase quarenta anos em várias formas de estudo, seu amor de criança pelos livros foi transposto por momentos sombrios que trouxeram depressão intensa, úlceras e quase lhe custaram uma vista, talvez por algum problema congênito herdado do avô. Zhang Dai era um estudante quando a leitura constante quase cegou seu pai: "As pupilas dos seus dois olhos ficaram embaçadas", escreveu Zhang Dai. "O pai quase perdeu a habilidade de ler textos escritos ou impressos em pequenos caracteres." Aparentemente, foi uma tecnologia recém-importada que o salvou, pois, quando alguém trouxe ao pai "um par de lentes ocidentais que balançavam presas ao seu nariz", ele recuperou sua habilidade e continuou a ler e estudar. Mas apenas aos 53 anos conseguiu uma nota que garantiu sua aprovação na lista suplementar dos candidatos provinciais.

De acordo com Zhang Dai, seus tios passaram de todas as maneiras pelo sistema examinador. O sétimo tio, no entanto, vivia uma vida desordeira, de excessos e independente, e costumava encarar os currículos de exames dos antecessores com desprezo, comentando: "Isso não parece grande coisa. Por que fazer tanto alarde?" Apenas para provar que, se quisesse, seria capaz, por volta do ano 1605 o sétimo tio de Zhang "parou de falar e leu os livros; após três anos já tinha lido todos". Mas não fez qualquer esforço para apresentar-se aos exames, nunca. Mais complexas eram as relações entre outros dois irmãos, os tios nono e décimo de Zhang Dai. O décimo tio começou com claras vantagens: "Seu pai morreu quando era pequeno, e sua mãe, a senhora Chen, o amava profundamente. Por natureza, era extremamente obstinado e era difícil conversar com ele. Ao ficar mais velho, tudo se agravou. E gostava muito dos estudos, tanto que acabou se tornando bom escritor de ensaios e alcançou a licenciatura local ainda bem jovem." O examinador sênior destacou o décimo tio entre os outros alunos, oferecendo-lhe uma mesada vitalícia que lhe permitiu continuar seus estudos para os exames provinciais por trinta anos. Mas essa vida confortavelmente subsidiada não acalmou o temperamento notoriamente difícil do tio, e no ano de 1628 seu irmão mais velho, o nono tio, conseguiu o grau nacional *jinshi* e enviou uma flâmula e um título honorífico para ser pendurado na entrada da casa de sua família. O décimo tio foi intempestivo, dizendo: "Para que pendurar essa porcaria de título *jinshi* na frente dos meus olhos?" E seguiu, nas palavras de Zhang Dai, "rasgando a flâmula para que seus criados a usassem como remendos e reservando o mastro para queimá-lo nos fornos da cozinha; depois quebrou a placa e usou suas peças para reforçar a cerca".

Apesar dessa demonstração de raiva e ciúme aparentemente incontroláveis, o décimo tio claramente não tinha qualquer hostilidade contra o sistema de exames, apenas contra o êxito de seu irmão no mesmo sistema. Doze anos depois, em 1640, quando o imperador abriu espaço nos exames nacionais para homens ambiciosos e talentosos que gostariam de entrar no serviço público para resolver alguns problemas nacionais urgentes, o décimo tio se inscreveu, e num exame especial foi classificado em décimo nono lugar da segunda classe, garantindo o título de secretário no Ministério da Justiça.

Como o décimo tio poderia ser avaliado em termos escolares? Zhang Dai deu voltas ao assunto: "O décimo tio era teimosamente nervoso, a ponto de ser impossível falar com ele, algumas pessoas poderiam pensar que estava louco. Mas ele também amava seus estudos e nunca era visto sem um livro nas mãos; os ensaios que escrevia eram refinados, ricos e sutis, e desse ponto de vista o décimo tio não era um homem louco." Tais eram os paradoxos que poderiam ser apontados quando o aprendizado e a violência floresciam no mesmo homem, pelos mesmos canais.

Como pode ser visto pelo caso do avô e do pai de Zhang Dai, a ameaça de cegueira muitas vezes assombrou os homens da família Zhang durante seus estudos. O avô recuperou sua vista evitando qualquer sinal de luz, e o pai comprou um par de óculos, que nesse momento começavam a aparecer na China dos Ming. Mas no caso do primo mais jovem de Zhang Dai, Pei, não havia nada a ser feito, e ele perdeu a visão completamente aos 5 anos. Segundo Zhang Dai, a causa não foi muita leitura, mas a paixão de Pei por tudo o que era doce, agravada por parentes indulgentes que davam ao menino todo tipo de guloseima que pedia. Quando a rápida deterioração da vista de Pei foi notada, doutores eminentes foram chamados, mas não puderam fazer nada para reverter a doença, mesmo que a devotada mãe de Pei "gastasse centenas de taéis de prata com as contas".

De acordo com as admiradas notas de Zhang Dai, Pei ajustou-se à situação de forma simples e perfeita: "Ainda que já estivesse cego, era parte de sua natureza o amor à leitura de livros, então contratava pessoas que lessem para ele, e se lembrava perfeitamente de tudo o que ouvia. Não havia sequer um entre os cem ou mais títulos da lista histórica de Zhu Xi que ele não tivesse memorizado do início ao fim, fosse lista de nomes de famílias e genealogias, nomes de lugares e datas cíclicas, ou mesmo acontecimentos-chave. Do nascer do sol até próximo à meia-noite, Pei escutava atentamente sem demonstrar aborrecimento. Quando as línguas de seus leitores ficavam cansadas, uma série de novos leitores não era o bastante para ele. Os livros que ordenou para leitura eram de todas as categorias, de clássicos a históricos, ensaios e belas-letras, chegando às nove escolas básicas da literatura e filosofia, aos cem nomes, abarcando novelas históricas e romances. Ele absorvia tudo."

No caso de Pei, esse considerável ecletismo o levou a escolher sua carreira com cuidado, o que Zhang Dai, que era uns dez anos mais velho que o primo, lembrou com algum detalhe: "Pei desenvolveu um gosto particular pela discussão de textos médicos, e mais uma vez leu todas as coleções por completo: as linhas básicas da medicina do imperador Amarelo, o compêndio completo de botânica, o livro dos princípios básicos de medicina, o método básico de prescrição de cinábrio." Zhang descreveu como as estantes espalhadas por todo o escritório de Pei "estavam repletas de altas pilhas com centenas de textos médicos de todos os tipos", e, mesmo os que já tinha lido no passado, Pei voltava a ler com seus leitores, e assim era capaz de relembrar seus conteúdos por inteiro. Gradualmente, Pei encontrou uma área de concentração, o que os doutores do passado e do presente denominam "os princípios básicos da teoria da pulsação", e estudou com cuidado especial os trabalhos dos mais destacados analistas das pulsações, que dizem variar muito nas diferentes partes do corpo de um paciente, permitindo um correto e amplo diagnóstico de muitas doenças. Estudar a pulsação era um objetivo admirável a alguém que perdera a visão: "Quando Pei diagnosticava uma doença sentindo a pulsação, estava sempre sereno e atento; com um toque de suas mãos, o resultado era certeiro."

Pei ampliou o conhecimento básico estudando a eficácia de várias plantas medicinais, que algumas pessoas colhiam para ele, e instruiu seus assistentes a preparar remédios seguindo as fórmulas mais prestigiosas de doutores do passado: "Em todas as suas decocções, fervuras, vaporizações e evaporações ele seguiu os métodos antigos." Algumas das precauções de Pei impressionaram Zhang por serem tão especialmente meticulosas e admiráveis, como sua prática de nunca abrir um simples pacote de remédios "sem antes lavar as mãos". Pei era especialmente cuidadoso com a formatação de medicamentos em tabletes e pó, e com a prescrição de doses meticulosas. E sua generosidade era infalível, ainda que seu próprio pai tenha morrido jovem, deixando Pei com a obrigação de cuidar de muitos parentes. O resultado, como resumido por Zhang Dai, foi que "muitos doentes vinham aos abrigos de Pei em busca de tratamento e, mesmo que não pudessem oferecer qualquer pagamento em dinheiro, saíam com remédios nas mãos; mesmo se vários se alinhassem para ser examinados, custando a ele várias doses de remédio e muito dinheiro, ele nunca negava ajuda".

Talvez a vulnerabilidade desses membros da família tenha feito com que Rulin amasse acima de tudo seu neto mais velho, Zhang Dai, já que esse menino em especial era brilhante com suas palavras e muitas vezes estava doente. Zhang Dai mais tarde escreveu sobre várias viagens feitas com o avô, especialmente para visitar algumas das mais bonitas salas de estudos e jardins ao redor da Montanha do Dragão. Antes de mais nada, à frente deles estava o luxuriante "Jardim da Felicidade", construído ao pé norte da Montanha do Dragão. Certa vez foi o lar de um antigo governante, e, quando um membro da família Zhu casou-se com um membro da família desse homem, tal local se transformou em seu preferido para os estudos, um local onde a felicidade irradiava, como dizia seu nome.

As recordações de Zhang Dai eram precisas: "Quando eu era criança, muitas vezes acompanhei meu avô a esse lugar. A costa da montanha tinha centenas de pinheiros antigos, todos grotescos e entrelaçados uns nos outros como serpentes. No sopé, centenas de veados e corças, sentados ou seguindo os caminhos pela mata. Fosse pela manhã ou ao anoitecer, raios de sol penetravam entre as árvores, mudando de cor entre o amarelo e o vermelho-escuro. Fora do jardim, surgiam centenas de bambus; a face de qualquer pessoa se tornaria verde quando entre eles. Dentro, estreitos caminhos alinhados com pinheiros e gravetos de canela, que eram suficientes para bloquear a chuva. No pequeno lago antes do pavilhão havia luxuriantes lótus verdes e hibiscos. Uma mistura de branco e vermelho." Na memória de Zhang, a cena constantemente alterada nunca era tediosa: "Corpos de águas moventes se envolviam como intestinos, mas nunca estavam congestionados. As próprias casas eram como rolos de pergaminho maravilhosamente escritos. Abrindo a porta, era possível ver a montanha; abrindo as janelas, podia-se admirar a água. Na frente, havia canteiros ajardinados com solo rico e áreas elevadas, nos quais estavam plantadas muitas árvores frutíferas variadas. O jardim estava repleto de bambus, tangerinas, flores de ameixeira e árvores de damasco, bem como pereiras, pilriteiros, repolhos-chineses e melões. Parecia um mercado, mesmo com suas portas fechadas ao mundo lá fora." Como o avô disse a Zhang Dai, o Jardim da Felicidade na Montanha do Dragão "era um mundo inteiramente diferente, que fugia ao domínio humano".

A Montanha do Dragão, que dominava a porção noroeste de Shaoxing, dentro dos muros da cidade, era o foco de muitas das memórias mais antigas de Zhang Dai. Era uma montanha amigável, na verdade uma colina de altura mediana com pontas agudas, de mais ou menos 67 metros em sua altura máxima. Ninguém deveria se perder na Montanha do Dragão: era possível chegar ao topo em 15 minutos ou menos e circundá-la em 25. Era possível divagar ao mesmo tempo em que se percorria seus caminhos pavimentados e as pedras que surgiam entre as árvores, ou descansar nos vários pontos de observação, ou mesmo pagar uma visita a um dos muitos pequenos e superornamentados templos ou santuários. Da inclinação principal, debruçando-se de um dos terraços que surgiam entre as árvores, era possível olhar a cidade em todas as direções: nordeste, sobre os muros até as colinas que marcavam uma fronteira parcial entre Hangzhou e Shaoxing; noroeste, atravessando o rio Qiantang e o estuário em direção ao oceano; sul, em direção às fechadas linhas de casas que davam as costas aos muitos canais que garantiam as principais rotas de transporte da cidade, para bens e passageiros, e também aos pagodes que podiam ser vistos por toda a cidade, e mesmo além das muralhas, em direção às várias e bem mais altas colinas, onde a burocrática presença da cidade quase não penetrava. Como muitas outras famílias ricas de Shaoxing, os Zhang viviam em propriedades cujos fundos davam para a inclinação da Montanha do Dragão, com seus jardins espaçosos, pátios formais e bem-orquestrados quarteirões ordenados por geração, gênero e status. Zhang Dai era o mais velho filho do filho mais velho do mais velho filho; com o avô como guia e guardião, sua posição era incontestável.

O avô tinha claramente muitas e grandes ambições para Zhang Dai. E talvez com essas visitas ao Jardim da Felicidade estivesse ajudando o neto a superar a perda de seu próprio estúdio de infância, tão querido e que parece ter sido literalmente destruído pelo segundo tio de Zhang Dai, Zhongshu. Como mais tarde anotou Zhang Dai, ele viu pela primeira vez esse espaço de estudos tão perfeito aos 5 anos: era um pavilhão tão bem desenhado que parecia pairar sobre as árvores, e por essa razão ganhou o nome de pavilhão Suspenso nos Galhos, pedindo emprestada uma frase de um poeta do século VIII, Du Shenyan, avô do grande letrista da dinastia Tang, Du Fu. Então, para muitos dos meninos Zhang, a educação começava com viagem, jogo de palavras, e em honra ao passado. "Lembro-me de que o pavilhão estava situado aos pés de um precipício cortante", escreveu Zhang Dai, "debruçado em montes de madeira e pedra. Não foi pousado ao solo, era um espaço flutuante num prédio sem massa, com os beirais alinhados como os dentes de um pente. A beira do penhasco crescia sobre o teto, uma densa massa de folhagens e árvores, tudo emaranhado de forma confusa com os beirais e os ladrilhos do telhado."

Mas, como Zhang Dai sempre se apressava em dizer, tais momentos de deleite raramente se destinavam a durar. Nesse caso, foi o segundo tio Zhongshu — irmão mais novo de seu pai e amigo próximo na infância — que deu um fim à alegria. Zhang relembra: "Algum tempo mais tarde, tio Zhongshu decidiu construir uma casa aos pés do mesmo penhasco e foi persuadido por geomantes de que o pavilhão estava bloqueando forças naturais benevolentes. Fez arranjos especiais para comprar o pavilhão, e em apenas uma noite o demoliu, deixando nada além de uma confusão de vegetação selvagem. Meus deleites de infância estavam guardados nesse local; muitas vezes, em meus sonhos, tento refazer o caminho até lá."

O avô parecia ter planos ambiciosos para a educação do neto, e Zhang Dai deixou registros detalhados sobre a viagem que fizeram juntos para encontrar o célebre professor Huang Zhenfu. Huang, que atingira o mais alto nível em literatura no ano de 1598, mantinha uma espécie de escola informal no seu retiro, em uma montanha a oeste da cidade de Hangzhou. O avô deve ter imaginado que Huang aceitaria ser tutor de Zhang Dai em chinês clássico, mas, quando os dois chegaram à sua casa, souberam que estudos particulares estavam fora de questão. Como Zhang Dai mais tarde se recordou de sua visita de infância, "mil ou mais discípulos de todo o país iam estudar lá, e a entrada da casa era mais confusa que um mercado". O próprio Huang era um homem de aparência selvagem, olhos brilhantes, de sorriso profundo e com enorme capacidade de fazer mil coisas ao mesmo tempo: "Era capaz de ouvir o que diziam os visitantes, passar os olhos por uma pilha de cartas, escrever uma resposta urgente e dar instruções aos seus empregados. Apesar da confusão geral, nada parecia lhe escapar." Sua hospitalidade era sem limites, e sua generosidade inquestionável; qualquer visitante, estranho ou desconhecido, poderia ter a certeza de uma boa refeição e um lugar para passar a noite.

Zhang Dai nunca conseguiu estudar formalmente com Huang, mas por vinte anos os caminhos da carreira de Huang cruzaram os do avô de Zhang Dai, algumas vezes em harmonia e em outras de modo não tão amistoso; por um tempo, quando os dois foram enviados a Nanjing, participaram juntos de um grupo de leitura de história e trocaram ensaios. Em 1626, um ano após a morte do avô, Zhang Dai fez uma viagem nostálgica de volta à antiga casa frenética de Huang na montanha. Segundo a descreveu, tudo era desolação: Huang morrera pouco depois de seu amigo Rulin, e seu corpo jazia em seu caixão no grande hall, que em seu tempo era tão vibrante e naquele momento caíra em desgraça. Mesmo as pedras do lado de fora do escritório de Huang, que ao menino que o visitara muito tempo antes pareciam tão bonitas quanto camélias —, "castigadas pelo vento e pela chuva, mas emergindo da lama" e permitindo-se ser penetradas por qualquer visitante "como uma borboleta penetra o coração de uma flor, sem deixar nada intocado" —, agora pareciam, ao observador adulto Zhang Dai, um local escurecido. No entanto, Zhang Dai foi pego pela ideia de que poderia ser interessante alugar a desolada propriedade de Huang e viver ali, no hall arruinado, sozinho, "para empilhar pedras pelas soleiras, para dormir sob seu teto, para ficar dez anos sem nunca sair" e para viver a mais simples das vidas "usando roupas grosseiras, com um pote de *painço* e alguns poucos livros". Mas necessidades práticas da vida afastaram tal ideia.

Apesar do fato de Huang claramente não poder ser o tutor de Zhang Dai, o avô fez tudo o que pôde para ajudar em sua carreira. Há muito tempo, era um grande colecionador de livros e manuscritos, e Zhang escreveu francamente sobre como se tornou em parte dono da coleção familiar. "Por três gerações de nossa família, os livros eram empilhados, até totalizarem mais de trinta mil *juan*. [Um *juan* era uma medida de mais ou menos uma dúzia a sessenta páginas, número que era encadernado em volumes de tamanhos variados.] O avô me encorajava dizendo: 'Entre todos os meus netos, você é o único com paixão pela leitura. Se quiser ler algum desses volumes, faça a sua própria escolha.' Então eu selecionei volumes das coleções do trisavô Tianfu, do bisavô Wengong e do meu avô, escolhendo os livros que mostravam as marcas dos seus dedos e continham anotações suas, ou correções. Uma vez composta minha lista de livros, fui pedi-los ao meu avô. Feliz da vida, me emprestou todos. Um total de mais ou menos dois mil *juan*."

De acordo com anotações posteriores de Zhang Dai, foi dada a ele uma educação de grande flexibilidade por parte de seu avô. Pelos currículos estritos da época, os que se preparavam para o exame deveriam ler os "Quatro Livros",* como o cânone básico clássico fora classificado pelo editor Zhu Xi no final do século XII; um segundo campo de exames era devotado aos textos completos dos "Cinco Clássicos",** que dizem ter sido compilados pelo próprio Confúcio, no século quinto antes de Cristo. Cada estudante deveria escolher entre um desses Cinco Clássicos para um trabalho profundo, e, como comentários de Zhang Dai demonstram, o campo escolhido pelo avô — no qual claramente brilhou, mesmo que de forma excêntrica — foi o do *Tratado das Mutações*. O terceiro campo de exames era sobre análise política e econômica, também baseado em textos antigos, mas sem se esquecer das necessidades da China naquele momento.

Uma quantidade considerável do tempo dos mais avançados estudantes era dedicada a alcançar o domínio sobre os volumosos comentários em todos esses textos, mas, de acordo com Zhang Dai, o avô o aconselhava a não

---

*Lunyu (*Diálogos*), Daxue (*O Grande Estudo*), Zhong Yong (*O Justo Meio*) e Mengsi (*Livro de Mêncio*). [*N. do R.T.*]
**Shijing (*Tratado dos Poemas*), Shujing (*Tratado das Histórias*), Yijing (*Tratado das Mutações*), Liji (*Recordações dos Ritos*) e Chungiu (*Primaveras e Outonos*). [*N. do R.T.*]

tomar a rota costumeira: "Quando eu era jovem, segui as instruções de meu pai quanto a não ler as anotações de Zhu Xi, e portanto sempre que lia os clássicos eu tentava não ter as opiniões dos comentaristas em minha mente." Zhang Dai absorveu a ideia — comum entre alguns círculos escolásticos da China no final do século XVI — de que acreditar nos comentários era destruir 90% do sentido, e que o entendimento de tais textos antigos deveria vir em forma de uma iluminação repentina. Zhang relembrou essa fase de sua educação: "Com toda reverência e seriedade, recitava o texto várias vezes antes de, de forma repentina, entender seu significado e a significância do que estava cantando. Quando, ocasionalmente, chegava a um ponto no qual não poderia forçar-me inteiramente a entender, guardava as frases soltas em minha cabeça, desprovidas de todo o sentido e significância que poderiam ter. Um ano, ou talvez dois mais tarde, lendo outro livro, ou escutando argumentos de outros, observando as montanhas e os rios, ou os padrões das nuvens e das estrelas, o comportamento das aves, das feras, dos insetos e dos peixes; nesses momentos, o que agarrava meus olhos florescia em minha mente, e se tornava repentinamente iluminado pelo sentido do texto que estava lendo."

Tais momentos de entendimento não podiam ser antecipados, nem mesmo explicados ou aprendidos em comentários; apareciam "direta e inesperadamente pelo caminho", e formavam conexões até o momento impensáveis, como duas cobras entrelaçadas ao lado de uma estrada ou como uma deslumbrante dança de espada feminina é capaz de levar um calígrafo a entender plenamente sua arte. "A habilidade secreta de tais epifanias", escreveu Zhang Dai, "não é suscetível ao entendimento racional. Para levar este ponto um pouco além, quando a cor, o som, a fragrância e o gosto despertam e seguem adiante, nenhuma de tais impressões falhará ao encontrar seu receptáculo apropriado, por isso uma pessoa de profundo entendimento e clara percepção é capaz de encontrar uma epifania inesperada da forma mais inesperada, e assim uma afinidade para toda a vida é formada."

Apesar de todo o encorajamento do avô, Zhang Dai nunca foi aprovado nos exames provinciais que lhe teriam permitido chegar aos exames nacionais, em Beijing. (As repetidas falhas parecem, pelo menos por um período da vida de Zhang Dai, tê-lo levado a uma espécie de depressão profunda, da qual os esforços combinados de seu irmão mais novo e de um amigo querido, Qi Biaojia, o resgataram.) Mas, mesmo frustrado em seu objetivo, Zhang Dai continuaria a ser o leitor apaixonado que fora desde a infância. E, apesar de sua visão negativa do sistema de exames, parece ter se consolado com a excêntrica habilidade de seu avô de não abrir mão de suas arraigadas visões pessoais do sentido dos textos clássicos. Zhang Dai mantinha a esperança de que um examinador do futuro leria a forma de aprendizado dos Zhang na maneira livre como ele a expressava. Como disse Zhang Dai: "Os antigos, com suas mentes afiadas e entendimento contemplativo, empreendiam pesquisas demoradas e cuidadosas antes de, repentinamente, como um estampido de fuzil ou um *flash* de luz, alcançarem a iluminação, seus poderes intelectuais e espirituais se fundiam e eles já não eram capazes de dizer de onde tudo aquilo brotara. Da mesma forma, o candidato a exames mergulha em seus livros por, uma década antes de, trancado em sua cela de exames, exposto a elementos, e no intervalo de tempo mais curto possível mostrar seu domínio perfeito dos sete tópicos e apresentar uma composição em acordo com as opiniões do examinador que o preside, que, apesar de sua aparência de sono, será atraído como um ferro ao ímã, e, portanto, isso o agradará e o candidato será plenamente entendido e o examinador prosseguirá lhe devotando toda a sua atenção."

 O avô também tinha um lado despreocupado, que a intervalos dividia com seu neto. Zhang Dai gostava especialmente de um ensaio formal que o avô escreveu para o irmão mais novo, Rusen. Naquela época, Zhang Dai tinha 15 anos, e o avô e Rusen juntos devem ter oferecido a ele um lustroso retrato das alegrias da Montanha do Dragão e das recompensas do estudo. Nas palavras de Zhang Dai: "O tio-avô Rusen era um homem de constituição poderosa, com barba luxuriante, e por isso as pessoas o chamavam Zhang, o Barba. Ele adorava beber, e nunca estava sóbrio, fosse dia ou noite. Após o meio-dia, seu lenço estava desatado, seu colarinho aberto, sua barba trançada como um chicote, saindo de seu queixo como as penas do rabo de um pássaro. Saudava bruscamente todas as pessoas que encontrava, e as levava para casa com ele; depois, fechando os portões, ficava loucamente bêbado com essas pessoas. Não deixava que a festa terminasse até bem entrada a noite. Durante todo o ano, fosse no festival da lua ou das flores, estava sempre completamente bêbado. As pessoas ficavam assustadas e fugiam ao ver sua figura." Mas, acrescentava que Rusen também amava as montanhas e os riachos e "sempre que meu avô estava para fazer uma viagem reunia um grupo, calçava seus sapatos e saía em seu encontro. Já a caminho, ele se esquecia de voltar para casa".

A amizade entre os dois velhos homens era poderosa, e o avô de Zhang Dai era tolerante com os excessos de Rusen, chegando a dedicar a eles um elegante ensaio formal do tipo que ele adorava escrever, no qual a dignidade do estilo contrastava com o difícil tópico abordado. Como explicou o avô, ele escreveu essa peça em 1612, após Rusen ter construído um pavilhão especial para abrigar seus convidados que vinham à sua nova casa de Shaoxing para beber com ele. Rusen pediu ao irmão mais velho que desse um nome ao pavilhão, e o avô escolheu os caracteres *Yinsheng* (Chamariz para lugares famosos), e escreveu um ensaio explicando a escolha: "Meu irmão mais novo, Rusen, é um homem que ama beber. Quando instalou uma grande taça em sua barriga, apagou em sua cama, sem saber se o céu era seu capacho ou a terra sua cortina. Acredito que Rusen tem a mesma inclinação que Ruan Ji [poeta do século III famoso por suas bebedeiras]. Rusen usou a adivinhação para encontrar o local para uma casa no lado sul da Montanha do Dragão, mas, mesmo antes de terminá-la, construiu um pavilhão para abrigar seus hóspedes, declarando que 'não posso passar um dia sem beber'. Como me pediu que desse um nome ao local, escolhi 'Chamariz para lugares famosos'. Rusen me encarou e perguntou: 'Que tipo de nome é esse? Não entendo o que significa, e preciso de uma explicação.' Em tom sério, citei as palavras de Wang Weijun, que 'o objetivo de beber é atrair pessoas para ir visitar lugares famosos'. Mesmo antes que eu tivesse terminado essas palavras, Rusen pulou e replicou: 'Continuo sem entender sua explicação, mas quando mencionou beber eu peguei a ideia.'"

O avô adorava as palavras e seus significados, e foi nessa época, como Zhang Dai mencionou em outro lugar, que começou a compor um dicionário enorme organizado de forma misteriosa. O avô jogava com a interconexão entre lexicografia e álcool: "As pessoas no mundo estão muito amarradas ao significado exato das palavras; e balbuciando suas vozes deixam as coisas mais difíceis para si mesmas. Eventualmente, não conseguem encontrar uso para meia palavra e terminam presas na busca de um sentido. O conhecimento preciso das palavras é algo refinado; mas quando colocadas de maneira grosseira são reduzidas a [frases como] 'riquezas e honra' ou às chamadas 'grandes' questões da 'morte e da vida'. Tudo se emaranha com tudo, tudo está colado e nada pode ser separado. Indo além: algumas pessoas se preocupam tanto com suas riquezas e honra que arriscariam suas vidas para mantê-las; outras estão tão preocupadas com assuntos como morte e vida que se afastam da riqueza e da honra. Não entendem que os dois [pares] estão interconectados. Mas e os que são devotos da bebida, têm esses alguma dessas preocupações?

"Rusen certa vez disse a mim, seu irmão mais velho, 'que o governante pode fazer o seu povo ficar viciado na busca de riqueza e honra, mas eu não tenho postos de governo e estou bem esclarecido. Por que deveria temer o governante? E Yama, o velho deus do submundo, pode aterrorizar as pessoas com seu papo de vida e morte, mas, se tenho que ir, eu vou. Por que deveria temer Yama?' (...)

"Tais são as visões de alguém que se tornou completo através da bebida", seguiu o avô, parafraseando um antigo pensador taoísta. "Os que imaginam estar completos pela bebida não são atemorizados pelos deuses, não têm medo dos tigres, não se machucam se caem de uma carroça, e não atribuem à vida e à morte nenhuma consequência maior que uma semente de mostarda. O mesmo vale para as riquezas e honra. E não é menos verdade para o sentido das palavras?" O avô, intuitivamente, percebeu que, ainda que Rusen não entendesse o nome dado ao pavilhão, na verdade ele tinha entendido bem.

"Beber é o paraíso para Rusen", concluiu o avô. "Como podemos competir com ele nesse sentido? Além disso, ele realmente conhece os seus caminhos e sua maneira de beber, enquanto eu e você andamos às cegas nesses mistérios, mergulhados em nossos próprios pensamentos; submersos no mundo dos sentidos, nos encontramos numa armadilha... Minha capacidade de beber é pequena, e, comparado ao [poeta] Su Dongpo, que era capaz de secar quinze taças de vinho seguidas, sou um mero rato com as bebidas!"

Zhang Dai resumiu o resto da vida de seu tio-avô Rusen em duas frases curtas: "Meu barbudo tio-avô se divertiu em seu pavilhão *Chamariz para lugares famosos* por vinte anos. Então, a bebida o deixou doente, e ele morreu aos 67 anos."

O avô morreu em 1625, quando Zhang Dai — então com 28 anos — estava fora, em Hangzhou. Não havia nada que Zhang Dai pudesse fazer para manter a biblioteca do avô íntegra: "Meu pai e meus tios, junto com meus irmãos e seus empregados, e mesmo os menos importantes criados, apossaram-se dos livros de forma enlouquecida, e tão agressiva que a herança de três gerações se dissipou em apenas um dia."

Se os livros por si sós, cuidadosamente adquiridos, puderam ser tão rapidamente soltos ao vento, o que dizer dos processos de aprendizado que tais livros supostamente guiavam? Aqui, também, Zhang Dai ganhou em precauções enquanto ficava mais velho, e pensava, em seus escritos, sobre o tempo que passou entre tudo isso. Não que os exames talvez não valessem tanta confusão, despesas e aborrecimento. Mas também porque o âmago da vida acadêmica muitas vezes apresentava elementos de futilidade. De forma estranha, Zhang Dai seguiu esse tema em particular de forma mais cuidadosa com o exemplo de seu próprio avô, que ele amou e respeitou, ou mesmo reverenciou. Apesar de todo brilhantismo, o avô — segundo Zhang Dai — passou seus últimos anos de vida perseguindo algo realmente impossível, a compilação de um imenso dicionário que reuniria todo o conhecimento em categorias baseadas em uma série escalonada de classificações rimadas. Como Zhang Dai escreveu num ensaio intitulado "Montanha da rima", raramente via o avô sem um livro nas mãos, e pilhas de livros em desordem estavam espalhadas por todo o seu escritório, sob camadas de pó. Quando o sol brilhava, o avô levava os livros para a rua, e assim podia ler mais facilmente. Ao anoitecer, acendia velas e deixava o livro bem próximo à chama, "debruçando-se na mesa, aproximando-se do brilho". E assim permanecia até bem entrada a noite, sem mostrar qualquer sinal de cansaço.

Dizendo que todos os dicionários existentes eram pouco acurados, o avô determinou-se a criar o seu próprio, usando a ideia das montanhas como sua metáfora de organização: as palavras-chave eram chamadas de "altas montanhas"; as gírias eram "pequenas montanhas"; caracteres com ritmos variáveis, "outras montanhas"; provérbios eram classificados como "montanhas surradas"; e assim por diante. Em seu "Montanha da Rima", escreveu Zhang, as colunas de pequenos caracteres do avô eram seguidas de outras colunas finas "como pregas em uma camisa, em folhas de papel amareladas pelo calor da lâmpada"; assim, preencheu quase trezentos cadernos, "cada um deles grosso como tijolo". Alguns esquemas de rimas eram capazes de preencher dez ou mais volumes.

Um triste dia, um velho amigo levou ao avô uma parte do manuscrito de uma grande enciclopédia, que pegou na biblioteca do palácio, em Beijing, provando que tudo aquilo já havia sido feito antes, mais bem organizado ou em maior escala. Suspirando, o avô disse: "O número de livros é infinito, e eu tenho sido como um pássaro buscando preencher o mar com pedrinhas. Qual a finalidade disso tudo?" Então deixou de lado trinta anos de trabalho e nunca mais voltou à "Montanha da Rima". E, mesmo que tivesse terminado seu trabalho, escreveu Zhang Dai, "quem no mundo publicaria tal coisa?" Não sobrou nada desse trabalho de trinta anos, além de "uma pilha de escovas desgastadas para madeira" e "pilhas de papéis úteis apenas para selagem de potes de armazenamento".

Zhang Dai deve ter aceitado a ideia de que a tenacidade intelectual de um homem nunca poderia se emparelhar aos vastos recursos escolares do Estado, e, mesmo que por um tempo ele tivesse lamentado os esforços inúteis do avô, em outro nível respeitava e admirava o que esse homem tentou fazer. Após a morte do avô, escreveu Zhang Dai anos depois, nunca pensou em destruir o longo manuscrito. Ao contrário, manteve as pilhas de páginas em sua própria casa, na Montanha do Dragão. E quando a violência da guerra civil e a invasão estrangeira ameaçaram Shaoxing, na década de 1640, Zhang Dai empacotou todo o manuscrito da "Montanha da Rima" e o escondeu todo o tempo que pôde em trouxas deixadas num templo campestre. Dessa forma, disse Zhang, gerações futuras poderiam ao menos ter uma chance de ver o que seu avô tinha imaginado, por tantos anos, realizar.

## CAPÍTULO 3

# Em casa

O pai de Zhang Dai gostava de dizer que o nascimento de seu filho mais velho provou a eficácia da divinação: Zhang Dai registrou essa informação de forma enigmática, como se sua própria vida na verdade dependesse disso: "O espírito da divinação da família Zhang residia num santuário especial dentro da Casa da Longevidade; uma pena de escrever foi deixada ali, na parede, e, se algo estivesse a ponto de acontecer, ela começava a se mover. Assim que alguém tocasse a pena, ela passava a escrever, e suas previsões eram incríveis. Era possível pedir por um filho homem quando alguém tinha a mulher grávida, a cura de um doente, a localização de um elixir, caso fosse necessário, e a pena respondia no mesmo instante. Quando o pai perguntou a ela se teria um herdeiro, o espírito lhe disse que encontraria o elixir dentro de uma certa caixa de penas *linquan*. A chave da tal caixa estava perdida há muito tempo, mas, quando o pai a examinou, o parafuso desenroscou e restou uma única pastilha dourada. A mãe a engoliu, e dessa forma ficou grávida de mim."

A mãe de Zhang Dai, no entanto, tinha sua própria versão do momento no qual seu filho foi gerado. Quando Zhang Dai estava se formando em seu ventre, ela estabeleceu o hábito de cantar um texto budista intitulado sutra "Guan Yin vestida de branco", para conquistar a proteção da Deusa do Perdão. O parto foi difícil, mas ainda assim ela cantou, e por isso na mente de Zhang sua entrada ao mundo veio ao som das preces da mãe. E ele sentia que as rezas não foram em vão mesmo após a morte prematura de sua mãe, em 1619: "Nem mesmo o terrível fogo da má sorte poderia apagar essa calidez." E, como anotou em sua velhice, "algumas vezes, quando os sons que assolam meus ouvidos dão um breve descanso, em minha mente ainda posso ouvir minha mãe entoando aqueles sutras". A história de sua mãe se tornou parte dele, "como ser provocado pelo som das ondas do mar, como ter um trovão posto nos ouvidos de alguém". E, ouvindo a voz da mãe em sua cabeça, ele poderia invocar sua imagem, atravessando o grande panorama dos anos.

Um outro tipo de momento passado com a mãe era também muito querido por Zhang Dai. Ainda bem pequeno, ela o levou numa viagem para queimar incenso num dos templos budistas mais conhecidos de Hangzhou, a capital provincial, que ficava a uns sessenta quilômetros ao noroeste de sua casa. O jovem Zhang Dai ficava doente com frequência, com uma espécie de líquido em seus pulmões, e tinha de tomar um remédio oferecido pelos pais de sua mãe. Talvez fosse esse o motivo da viagem. Construído no século X, o templo era conhecido no local como Templo Coreano, em honra de um doador da família real coreana, que ofereceu uma coleção de sutras budistas. Por muitos anos, esses textos foram guardados em grandes caixas octogonais, que giravam em torno de um eixo central: quando postas em movimento pelos devotos, acreditava-se que os sutras lhes trariam mérito da mesma forma que se fossem recitados em voz alta. Zhang Dai foi capaz de refazer a sequência de ações de sua mãe por toda a sua vida: "Ela tirava um cordão de trezentas moedas e instruía os carregadores da liteira a colocarem as caixas em movimento. Num primeiro momento, soava um rangido, como se fosse um instrumento de música tocado por um iniciante. Depois, ao começarem a girar com mais facilidade, os sutras pareciam voar, e nesse momento quem revolvia as caixas não podia continuar com o trabalho."

A mãe de Zhang Dai vinha da família Tao, cuja casa estava na ponta leste da cidade de Shaoxing, numa área chamada Kuaiji; para seu casamento, ela apenas teve de atravessar a parte noroeste da cidade, conhecida como Shanyin, onde as residências dos Zhang rodeavam a Montanha do Dragão. Tal procedimento parece ter sido comum entre os homens da família Zhang. Shaoxing era uma cidade grande e rica, e por isso havia várias famílias em Kuaiji com as quais poderiam ser arranjados casamentos com benefícios mútuos. Casando seus homens com mulheres de Kuaiji de sobrenomes diferentes, os Zhang evitaram os perigos do casamento na mesma família e ao mesmo tempo construíam uma série de conexões sociais e financeiras em sua localidade. Tais contatos eram importantes para todos os membros da família, pois pela lei chinesa nenhum homem poderia ocupar cargo público em sua província natal, para evitar trocas de favores, nepotismo e influência econômica indevida: por isso nenhum membro da família Zhang poderia ter cargo na província de Zhejiang, nem na cidade de Shaoxing.

Por uma extensão da mesma lei, nenhum estudante poderia ter seus exames avaliados por um examinador de sua mesma província natal, mesmo que tal examinador tivesse deixado sua casa décadas antes. Mas os residentes em Shaoxing poderiam, é claro, ter como tutores pessoas nascidas no mesmo local; da mesma forma, quando viajavam para outras províncias, poderiam socializar ou fazer negócios com oficiais e mercadores de Shaoxing ou pernoitar em hotéis cujos donos eram provenientes de Shaoxing, onde podiam comer comida de Shaoxing, beber vinho de Shaoxing e ter certeza de que seu sotaque de Shaoxing seria perfeitamente entendido. Muitas vezes, também, podiam ser acompanhados por mulheres de Shaoxing. Mas durante tais ausências, que algumas vezes duravam anos, suas mulheres, parentes mais velhos e filhos jovens deveriam permanecer em suas cidades natais.

Zhang Dai conhecia muitos detalhes sobre os principais papéis que as mulheres locais, ao se casarem com homens da família Zhang de Shanyin, teriam de seguir nos vários estágios de suas vidas e das vidas de seus progenitores, e tentou registrar tudo isso com o mesmo cuidado que teve ao mapear as batalhas de seus ancestrais masculinos nos exames. Seu trisavô Tianfu, por exemplo, casou-se com uma mulher da família Liu. Ainda que ela se regozijasse pelo sucesso de seu marido nos exames — ele recebeu o grau provincial em 1543 e o nacional em 1547 —, a senhora Liu era cuidadosa com as vicissitudes de sua carreira oficial e cautelosa sobre o seu destino. Ela acreditava que uma vida modesta era o suficiente para qualquer família, e que era crucial "saber quando o bastante era o bastante".

Para ela, esse momento veio em 1558, quando seu marido estava trabalhando em seu primeiro posto provincial sênior, como supervisor-chefe da educação para a província de Hunan, e seu filho mais velho, Wengong (então com 20 anos), passou de forma brilhante pelos exames da província de Zhejiang. Para a senhora Liu, esse era o sinal de que seu marido tinha alcançado o suficiente, e por isso lhe pediu, polida, mas decididamente, que se retirasse. Ele se recusou e ganhou outra promoção, dessa vez para a distante província de Yunnan. Mas na nova posição, em decorrência de seu inflexível posicionamento moral, sua carreira começou a retroceder, e ele teve de enfrentar uma sentença de morte por suposta corrupção, sendo salvo apenas pela habilidade de seu filho Wengong de manipular o sistema legal. Pouco tempo depois, em 1571, Wengong assombrou sua família ao conseguir o primeiro lugar nos exames nacionais de Beijing. Longe de expressar alegria, a senhora Liu repetiu, "nossa sorte agora é excessiva, nossa sorte agora é excessiva". E, como que para provar que ela estava certa, seu marido voltou para casa em desgraça e entregue à bebida, enquanto seu filho encontrou inimigos ciumentos em Beijing e foi forçado a retornar. Como lembrete das ironias da vida, de acordo com Zhang Dai, foi na grande celebração do triunfo de seu filho nos exames, um evento de grande escala em Shaoxing, sob chuva fina, que seu marido contraiu a doença — talvez algum tipo de infecção glandular que se espalhou por seu pescoço — que, dizem, o levou à morte aos 62 anos.

Foi em 1558, exatamente na época do seu sucesso nos exames provinciais, que o filho mais velho da senhora Liu — o bisavô de Zhang, Wengong — se casou com uma mulher da família Wang. A senhora Wang era "por natureza, frugal e contida", nas palavras cuidadosas de Zhang Dai, mas só assim poderia sobrevir à austeridade do lar de seu marido. Enquanto seu sogro normalmente estava longe, absorvido por sua carreira, seu marido, Wengong, era um disciplinador rígido. Contava-se em família que mesmo com o nascimento de várias crianças a postura de Wengong se manteve inalterada. "O bisavô administrava sua casa com severidade", escreveu Zhang Dai. Impunha regras rigorosas aos seus dois filhos, a suas esposas e mesmo aos seus meios-irmãos mais jovens e suas mulheres. "A cada momento do dia eles tinham de estar em acordo com certa conduta ritual. Ao amanhecer, um sino de ferro era tocado três vezes, e toda a família deveria estar reunida na entrada da casa para cumprimentá-lo. Suas noras muitas vezes não tinham tempo para fazer as abluções a essa hora, então a cada noite amarravam seus cabelos com panos para prevenir que estivessem desgrenhadas pela manhã. Todos na família estavam cansados disso." Apontando ao sino usado por Wengong, diziam: "Isso é como seu coração de ferro!"

Ao entardecer de cada dia, quando toda a família estava reunida, seus dois filhos deveriam estar em sua presença para assegurar que o incenso permanecesse aceso e para sentar calmamente em contemplação. Somente tarde da noite eram liberados para ir dormir. Algumas vezes, o bisavô era surpreendentemente vingativo. Em uma de suas celebrações de aniversário, sua nora mais velha e outra jovem de sua geração vestiram roupas com brocados especiais e algo de joias, pérolas e jade. Vendo-as assim, o bisavô ficou furioso, ordenando que trocassem de vestidos e retirassem todas as joias. Depois mandou que tudo aquilo fosse queimado ao pé da escadaria principal. Apenas quando as jovens estivessem vestidas com suas roupas de algodão, ele aceitaria seus cumprimentos de aniversário.

A esposa do bisavô, senhora Wang, respondia ao extremo rigor do marido com rigor próprio. Para que não houvesse argumentos de que ela estaria gastando mal o dinheiro da família, passava, todos os dias, algum tempo tecendo e costurando lenços, e, quando tinha reunido uma boa quantidade deles, enviava um dos criados ao mercado, onde cada um dos lenços podia ser vendido por um punhado de cobre. De acordo com lendas familiares, sempre que pessoas da cidade viam um de seus criados se aproximando do mercado, gritavam: "Essas coisas foram feitas pela esposa do candidato número um", e lutavam por comprá-las.

O intenso moralismo do bisavô afetou não apenas os membros de sua família, mas também sua carreira como burocrata em Beijing. O mundo político no final da dinastia Ming era frequentemente agitado por tensões entre a imperatriz e as demais esposas sobre a determinação do herdeiro aparente. Funcionários que esbarravam nesse mundo perigoso, onde eunucos também desempenhavam um papel poderoso, faziam isso arriscando a própria vida. Ainda adolescente, pelos anos 1550, o bisavô fez seu nome ao bravamente protestar — com uma placa escrita que mostrou em público — contra a execução ilícita de um ministro leal. Quando conquistou o primeiro lugar nos exames, Wengong assumiu uma série de postos políticos em Beijing e foi nomeado para a prestigiosa Academia Confuciana de Estudos, na capital. Em 1573, enviou uma petição especial ao imperador, obviamente pretendendo dirigir-se ao faccionismo entre as mulheres da corte e seus vários apoiadores, a quem pediu permissão para oferecer leituras, em seus próprios palácios, sobre "Biografias de nobres mulheres do passado", um texto motivador, escrito quase um milênio antes, sobre os corretos papéis das mulheres em tempo de dificuldade ou perigo. Também pediu que lhe fosse concedido que as duas primeiras partes, chamadas "As coleções sulistas", do *Clássicos da poesia*, fossem editadas e circulassem entre as mulheres palacianas. Os poemas dessas duas seções — muitos datados de bem antes de Confúcio, talvez do século VIII a.C. — lidavam com o sentido e os rituais do casamento, bem como com as expressões (e o controle) da paixão sexual entre homens e mulheres. Mais de dois milênios de análises por estudiosos chineses deram à óbvia sensualidade desses poemas interpretações que ligavam seus conteúdos à ação moral do governo e nas esferas domésticas. A oferta do bisavô foi rejeitada pela corte, mas mais tarde lhe foi pedido que servisse como tutor ao recém-empossado herdeiro do trono. A morte de Wengong, de acordo com a história oficial, foi o resultado direto de sua angústia ao ter falhado em conseguir com que seu pai falecido, Tianfu, fosse completamente inocentado de todas as acusações perpetradas contra ele anos antes, durante as campanhas militares na província de Yunnan.

O casamento mais importante, econômica e politicamente falando, feito pela família Zhang foi o que os conectou ao poderoso e rico clã Zhu, de Kuaiji. O que surgiu de circunstâncias curiosas, que Zhang Dai se deu ao trabalho de registrar com detalhes. A data-chave foi 11 de agosto de 1556. Naquela época, Zhang Wengong ainda era um estudante de 18 anos, em Shaoxing, preparando-se intensivamente para seus exames provinciais na sala de estudos da família, na Montanha do Dragão; seu colega de estudos, Zhu Geng, era um amigo próximo e vinha da mesma cidade do clã Zhu. E foi no dia 11 de agosto que os dois jovens fizeram um pacto: se em algum momento, no futuro, suas mulheres lhes dessem filhos de sexos diferentes, essas crianças se casariam para que fosse mantida a proximidade entre as duas famílias. O pacto foi selado não apenas com palavras, mas com pedaços de pano cortados de seus mantos de estudos de verão, guardados com cuidado. Mais tarde, Zhang Dai escreveu: "Certa vez, vi um dos retalhos de roupa que cortaram da lapela de seus mantos: estava cinza, e um pouco carcomido, mas era possível conseguir de volta sua brancura original." Foi o bisavô de Zhang Dai quem primeiro conseguiu seu diploma provincial, nos exames de 1558, e logo após os exames se casou com a senhora Wang, que imediatamente lhe deu um filho. Zhu Geng se casou mais ou menos ao mesmo tempo e teve uma filha (que mais tarde seria conhecia por Zhang Dai como vovó Zhu). Assim, o pacto entre os dois homens transformou-se numa viva realidade. Os dois estudantes mantiveram sua proximidade ao seguir adiante em seus exames estatais, e os dois alcançaram suas carreiras na administração pública. Seus filhos efetivamente se casaram no início da década de 1570, e o pai de Zhang Dai, fruto dessa união, nasceu em 1574.

De acordo com Zhang Dai, seu companheiro de estudos, Zhu Geng, era excêntrico e se imaginava a reencarnação de Zhang Jucheng, um estudioso da dinastia Song e estadista, uma alegação que justificava com uma série de histórias. Por meio de divinação, o estudioso do século XII teria compartilhado suas histórias e várias encarnações com Zhu Geng e chegou a dar-lhe instruções sobre como localizar a cópia de um sutra budista deixado incompleto em certo monastério. Indo ao monastério, Zhu Geng realmente encontrou um sutra numa das vigas. O texto estava escrito em caligrafia masculina do período Song, mas faltavam as duas últimas seções. Cuidadosa e devotamente, Zhu Geng completou o trabalho usando uma caligrafia "tão parecida a essas de sua encarnação anterior que ninguém poderia distingui-las". Terá Zhang Dai registrado essa estranha história apenas para menosprezar o mais influente dos ancestrais de Zhu? Isso parece improvável. Talvez, no entanto, fosse apenas uma maneira de Zhang demonstrar a natureza imprevisível da vida.

Assim que seus filhos tiveram filhos, Wengong resolveu estabelecer suas vidas. Zhang Dai descreveu certa intervenção sobre o pequeno menino que mais tarde se tornaria seu segundo tio, Zhongshu: "Ao nascer, a cabeça de Zhongshu estava inclinada para a esquerda, e seu avô Wengong ficou preocupado com isso. Pegou um peso e amarrou-o a um tufo de cabelo do neto, para que a cabeça pendesse para o lado direito. E, quando Zhongshu foi para a escola local, seu avô disse aos jovens que lá trabalhavam para que acendessem incensos próximo a Zhongshu, e sempre do seu lado esquerdo, para que, se inclinasse sua cabeça para esse lado, sentisse uma queimação em sua testa. Após seis meses, a cabeça [de Zhongshu] nunca mais pendeu."

Outra das intervenções do bisavô foi arquitetada para corrigir o mau comportamento de outro neto (o terceiro tio de Zhang Dai, Sanshu): "Sanshu era um menino travesso, gostava de brincar com um grupo de crianças. Sempre que via Wengong se aproximando, dava um salto e corria para se esconder nos aposentos de sua mãe, onde não poderia ser apanhado. Wengong ficou tão aborrecido com ele que tirou telhas do telhado, cortou-as modelando como se fossem calçados e colocou-as na sola dos sapatos [de Shanshu]. Quando [Shanshu] voltou a ver Wengong se aproximando, ele correu e as telhas se quebraram em seus pés, fazendo com que fosse agarrado e levasse uma surra."

Tais exemplos mostram que as mulheres na família Zhang muitas vezes davam guarida segura às crianças quando seu irascível avô Wengong estava à espreita. Em algumas ocasiões, elas alterariam o curso dos eventos. Certo caso envolveu o pai de Zhang Dai e seu querido irmão Zhongshu. O incidente deve ter acontecido por volta de 1578, época em que os dois já eram nascidos, mas antes da morte da senhora Liu (que ocorreu em 1582). Naquela época, o pai de Zhang Dai tinha 4 ou 5 anos, e o bisavô Wengong acabara de ser chamado para seus deveres em Beijing. Como nos conta Zhang Dai: "Zhongshu era apenas um ano mais novo que meu pai, e os dois irmãos eram inseparáveis. Quando o período de licença de Wengong terminou, e ele voltou à capital, Zhongshu tinha quatro anos de idade. Wengong adorava meu pai e decidiu levá-lo junto em sua viagem ao norte. Zhongshu perdeu sua companhia mais adorada, chorou compulsivamente e se recusou a comer por vários dias. Naquela época, a senhora Liu vivia em casa [com Zhongshu] e enviou um mensageiro para que os alcançasse e trouxesse [meu pai] de volta. Apenas quando meu pai retornou, Zhongshu voltou a comer. A partir daí [os dois meninos] levantavam e iam dormir juntos, comiam e brincavam juntos; eram chuva e vento, noite e manhã, e assim se passaram quarenta anos, como se fosse um dia."

A nora de Wengong (vovó Zhu, como a chamava Zhang Dai) trouxe novos recursos e horizontes ao mundo dos Zhang. Seu pai, Zhu Geng, transformou-se em um funcionário do governo poderoso e de êxito, passando de uma posição de destaque entre os estudantes de elite na Academia Confuciana de Estudos a presidente do ministério de rituais e grande secretário, e por isso ela teve de abrir seu caminho nos mundos supervalorizados dos Zhang e Zhu com tato e tenacidade. Sua tarefa não foi facilitada pelo pacto firmado em seu nome e em nome de seu marido, em 1604, pelo seu próprio pai. Preocupado com as muitas histórias que ouvia de Beijing sobre os excessos de sua família, Zhu Geng instruiu o casal prometido a identificar e mantê-lo informado sobre os membros da família que se comportavam de forma ultrajante. Como Zhang Dai registrou mais tarde, as cicatrizes seriam profundas: "Muitos dos filhos e netos de Zhu Geng eram arrogantes e desobedientes. Quando recebeu o pessoal de seu gabinete, escreveu uma carta ao avô listando uma série de regras, item por item. Autorizou o avô a punir os filhos de Zhu como se fossem seus próprios. O avô ordenou aos serventes da família que se impusessem [diante dos membros errantes da família Zhu] e pediu a sua esposa, vovó Zhu, que o ajudasse a identificar os arrogantes e provocadores. A custo de enorme dor, ele não mostrou indulgência. Aqueles filhos e netos [da família Zhu] ainda se ressentem do que passaram nas mãos deles."

A despeito de tais tensões familiares, o irmão da vovó Zhu, Zhu Shimen, era um dos grandes intelectuais e colecionadores de arte da região de Zhejiang.

Seus gostos e hábitos extravagantes tiveram um grande impacto na família Zhang como um todo. Em comentário enviado a alguns biógrafos da família, Zhang Dai fez um resumo negativo desse impacto: "Nós, os Zhang, vivemos numa família longeva graças aos hábitos simples e tiranias de meu bisavô Wengong. Nossas primeiras aprendizagens dos modos palacianos e vestimentas gloriosas tiveram início verdadeiramente com meu tio materno Zhu Shimen, que meu pai e meu tio paterno primeiro imitaram e depois superaram de tal forma que se tornaram incapazes de parar."

Especialmente entre os Zhang que imitaram os modos extravagantes de Zhu Shimen estava o segundo tio de Zhang Dai, Zhongshu, o menino que teve sua cabeça pendente consertada pelo bisavô, muitos anos antes. Zhongshu, por sua vez, se transformaria num apaixonado e extravagante colecionador de antiguidades, e seu bom olho também lhe proporcionou ganhos de vulto graças aos tesouros que comprava e vendia. Num esquete apaixonado, Zhang Dai deu detalhes sobre a carreira de Zhongshu como colecionador e vendedor de obras de arte.

Uma vez inseparável amigo do pai de Zhang Dai — tinham apenas um ano de diferença — o tio Zhongshu personificava essa atração e tensão entre arte e dinheiro que muitas vezes roçava o dia a dia da família. Como escreveu Zhang Dai: "O tio Zhongshu amava literatura e filologia antiga, e ao mesmo tempo estudou a arte da pintura. Ainda jovem, Zhongshu tornou-se favorito de seu tio materno [Zhu] Shimen, e dessa forma desenvolveu sua capacidade de examinar pinturas antigas. Aos 16 ou 17 anos, já era especialmente bom em pinturas sobre a natureza e em estimar o valor dos objetos; mais tarde, observou todos os grandes mestres e familiarizou-se com a pintura de nomes como Shen Zhou, Wen Zhengming, Lu Baoshan, Dong Qichang, Li Liufang e Guan Si. O tio Zhongshu tinha uma agudeza particular ao valorar obras de arte, e junto a [Zhu] Shimen trabalhou na montagem de sua coleção — juntos, os dois viajaram por todo o país."

Assim como o mundo político em Beijing, o mundo artístico tinha seu quinhão de barganhas e perigos. Compradores maliciosos podiam fazer fortunas, bem como artistas contemporâneos de talento pouco comum; ao mesmo tempo, o número de falsários competentes e falsificadores era crescente, e conhecedores dos verdadeiros artistas, capazes de dar pareceres acurados e honestos, estavam em alta demanda, em posição de exigir pagamentos substanciais. Zhu Shimen deve ter sido um ótimo professor para o segundo tio de Zhang Dai, uma vez que tinha contatos impecáveis no mundo da arte e reunira uma incrível coleção particular, com obras que Zhang Dai catalogou de forma preciosa. No ano de 1603, após falhar nos exames provinciais, o tio Zhongshu fez uma viagem a Huaian. Um caixeiro-viajante estava vendendo uma mesa de ferro forjada naturalmente, e o governador local tinha feito uma oferta de 100 taéis por ela. Mas Zhongshu comprou-a oferecendo a metade, colocou-a num barco e despachou-a para sua casa. O governador mandou alguém persegui-lo, mas, quando o homem descobriu que Zhu Shimen era o patrocinador de Zhongshu, ele não ousou questionar o jovem e voltou sem o objeto de arte tão valorizado.

Zhang Dai retrata em detalhes a ascensão de seu segundo tio à eminência no mundo rico da região do delta de Yangzi, no final da dinastia Ming. "Desse momento em diante, a coleção de arte [de Zhongshu] cresceu de forma mais esplendorosa a cada dia, e ele foi considerado um dos cinco maiores colecionadores ao sul de Yangzi." No ano de 1606, diz Zhang Dai, o segundo tio Zongshu "construiu para si mesmo uma elegante *villa* aos pés da Montanha do Dragão e manteve suas mais finas antiguidades e peças favoritas por lá. Estava repleto de objetos." Talvez Zhang Dai estivesse se referindo ao seu local de estudos de sonho que esse mesmo tio destruiu sem perdão, mas, se foi esse o caso, ele não revelou nada. Ao contrário, elogiou o tio ao igualá-lo ao maior colecionador de arte da dinastia Yuan: "Nem o pavilhão Bosque Nublado de Ni Zan era páreo para ele." Zhongshu também mantinha sua confortável casa flutuante, talvez especialmente para visitar coleções de arte no delta do Yangzi e na região de Hangzhou e adquirir novas peças, bem como para fugir rapidamente de ávidos competidores. Ele apropriadamente nomeou tal embarcação como "Barco de caligrafia e pintura", e Zhang Dai costumava dormir nesse barco em algumas de suas viagens. Talvez antes de construir sua *villa* na Montanha do Dragão, o tio Zhongshu também mantivesse alguns de seus tesouros nele.

Algumas das compras do jovem Zhongshu já indicavam sua destreza como negociador: Zhang Dai menciona especialmente três peças da dinastia Song do século XI, de excepcional beleza e muito raras — um porta-incenso de porcelana branca de Dingzhou, uma caneca de vinho de porcelana manufaturada na região de Hangzhou e um vaso de porcelana Ru —, peças pelas quais um conhecedor local ofereceu quinhentos taéis, para ver a tal oferta recusada por Zhongshu, que disse pretender guardar tais peças até sua morte. Em 1610, Zhongshu obteve uma incomparável peça de jade verde de sessenta quilos: checou sua cor colocando-a, primeiro, em água limpa e depois sob um sol brilhante, e, ficando satisfeito com sua incrível pureza, a confiou a um conhecido lapidador de jade, com a instrução de que lhe fizesse uma xícara decorada com um dragão e uma xícara cerimonial de casamento. Apenas para a xícara do casamento, Zhongshu pagou 3 mil taéis, e — segundo Zhang Dai — essa soma não incluiu a xícara com o dragão esculpido ou as pequenas peças de jade restantes, que sozinhas já valiam uma pequena fortuna.

Mesmo após 1628, quando Zhongshu finalmente iniciou sua carreira na administração pública, nunca deixou de buscar objetos de arte, mantendo seus olhos bem abertos. Ele sabia, por exemplo, quando nomeado para um cargo na região Menjin, da província de Henan, que aquela fora um dia a sede dos últimos reis Zhou do primeiro milênio e por isso deveria ser um ótimo local para a busca de bronzes antigos. Ao terminar seu serviço na região, de acordo com Zhang Dai, o tio Zhongshu tinha adquirido "várias carroças cheias de bronzes antigos, incluindo um conjunto completo de 16 ou 17 depósitos de vinho para rituais de diferentes tamanhos, todos com a mais pura e atraente pátina verde". Com esses vários "negócios", como observou Zhang Dai, seu tio Zhongshu "conseguiu lucros colossais, e sua coleção tornava-se mais valiosa a cada dia". Zhang Dai não comenta se qualquer desses bronzes chegou a Zhongshu por vias irregulares. Mas em algum lugar Zhang Dai anotou que alguns dos mais bonitos e raros objetos que jamais vira — um conjunto de três elegantes depósitos de vinho de bronze e duas vasilhas ritualísticas, também de bronze, cada uma delas com noventa centímetros de altura e decoradas com entalhe de animais — chegaram à família de sua mulher graças a um funcionário atento que interceptou um ladrão que escavava itens de uma sepultura antiga, do período das Três Dinastias. Ao interromper o furto, o funcionário que fez a apreensão aparentemente manteve em segredo os objetos, para depois vendê-los ao sogro de Zhang Dai.

A mãe de Zhang Dai vinha da família Tao, de Kuaiji, no lado leste de Shaoxing. Os Tao, como os Zhu e os Zhang, eram bem conhecidos no mundo intelectual e tinham um histórico de bons desempenhos nos exames. Seu próprio pai recebera o diploma provincial e serviu por vários anos em Fujian, como funcionário encarregado do monopólio estatal do sal. Mas era também um homem austero e apegado ao dinheiro, seguindo os passos de seus parentes da família Tao, que gostavam de se definir "incorruptíveis e pobres". Como explicou Zhang, tal parcimônia explica por que, por volta de 1596, sua "mãe foi enviada para casar-se sem qualquer dote, e assim perdeu a afeição de sua sogra [vovó Zhu]. Com o passar do tempo, minha mãe devotou suas energias à tarefa de administrar bem a casa; como forasteira, comia apenas as comidas mais baratas; jamais pegava coisa alguma para o seu próprio proveito e nunca negligenciou suas responsabilidades perante o marido. Então, minha avó Zhu, que era por natureza uma mulher irritável e tratava minha mãe com severidade, percebeu que minha mãe seguia o caminho correto do comportamento de uma esposa, e pouco a pouco passou a respeitá-la".

Sendo ou não respeitada, a vida não era fácil para a mãe de Zhang Dai, mesmo que, dando à luz um filho em 1597, logo após seu casamento, ela tenha conseguido elogios da família Zhang. Outro assunto de Zhang Dai são os problemas de seus pais com dinheiro e as dificuldades que enfrentaram no início do casamento. Um dos dilemas deve ter sido que, mesmo após uma década de casados, bem entrado nos trinta anos, com vinte anos de aulas em suas costas, o pai de Zhang Dai ainda não tivesse passado nos exames provinciais, e por isso necessitava do apoio financeiro da família. Em face de tais necessidades, a família Zhang parece ter guardado certo ressentimento. O avô paterno de Zhang Dai era uma figura formidável, e seu braço da família Zhang tinha considerável fortuna, bem como a família Zhu, pela qual estava ligado por casamento. Mas seus gastos eram muitos, e o avô não era homem de aceitar subornos como forma de aumentar seus ganhos de oficial de meia patente. Zhang Dai observou que, mesmo após seu avô ter passado pelo grau mais alto dos exames estatais e recebido uma posição como magistrado do condado em 1595, deu ao seu próprio filho e a outros parentes apenas o mínimo para suas despesas, deixando-os livres para vender suas propriedades se tivessem necessidade. Então, apesar da influência e do prestígio da família, escreveu Zhang Dai, "as condições de vida do meu pai eram as de um pobre sovina, e ele nunca tinha iniciativa de sair com planos alternativos. Ele deixou a tarefa de suprir as necessidades básicas com minha mãe. Ela vivia em dificuldade, sempre com poucos recursos, mas, economizando por debaixo dos panos por vinte anos, ela foi capaz de melhorar as condições da família".

Zhang Dai parecia ter uma ideia bem flexível sobre o sentido de economia, pobreza e extravagância, pois em outros registros menciona uma festa oferecida pelos Zhang em 1601 que teria sido absolutamente impossível para uma família pobre e teria levado mesmo os recursos de uma família rica ao limite. Como tinha apenas 4 anos na época, provavelmente colheu os detalhes junto a seus pais ou tios. Como Zhang a descreveu, a extravagância começou com vários tios seus, junto com seu pai, que decidiram iluminar a Montanha do Dragão, em Shaoxing, com um espetáculo que deixaria todas as outras famílias envergonhadas. Cortaram e afiaram centenas de galhos de árvores, que pintaram de vermelho brilhante e uniram em postes. Cada um desses andaimes triangulares foi enfeitado com cetim e ganhou uma lanterna. Sob os galhos das árvores que cresciam em profusão pela montanha — também repletos de lanternas —, molduras laqueadas reluziam ofertas brilhantes "pelos caminhos da montanha, subindo a montanha íngreme e vestindo os vales com seu brilho". Como Zhang Dai relembrou, cerca de 16 anos depois, "dos portões do templo da Cidade de Deus às gaivotas nos cumes de Penglai, não se via nada além de lanternas. Qualquer pessoa que deixasse seus olhos passearem pela paisagem da base da montanha imaginaria que o estrelado rio da Via Láctea estivesse correndo para trás, brilhante e luminoso".

O luxo da festividade era tão exagerado que as autoridades locais de Shaoxing tiveram de enviar reforços para controlar os abusos que poderiam surgir do entusiasmo do público. No portão do templo da Cidade de Deus, na ponta sul da Montanha do Dragão — que era a entrada usada pela multidão antes de alcançar a montanha brilhante que se alçava atrás —, vários cartazes foram pendurados: a partir daquele ponto, ninguém poderia andar de carroça ou a cavalo, apenas a pé; nada de bombinhas ou qualquer outro artifício que causasse tumulto; nem as famílias poderosas da cidade poderiam manter seu hábito costumeiro de enviar empregados para abrir caminho entre a multidão. O pai e os tios de Zhang Dai erigiram uma plataforma de madeira sob um dos grandes bosques de pinheiros, espalharam esteiras e ali relaxaram, comendo, bebendo e tocando música. Quanto às outras pessoas da cidade, "os que tinham tino comercial venderam vinho, e esteiras abertas para que o povo relaxasse estavam estendidas por todos os lados. Não havia trecho de montanha sem lanternas, e não havia qualquer lanterna onde não houvesse também uma esteira. E em cada esteira havia gente sentada. E não havia ninguém que não estivesse cantando ou tocando um instrumento". Assim que os homens ou mulheres que vinham ver as lanternas passavam pelos portões do templo da Cidade de Deus, "não havia espaço sequer para virar a cabeça e olhar para trás, nem espaço para mudar o curso de seus pés. Tudo o que podiam fazer era seguir o fluxo, como a subida das marés e a vazante, sem saber em que margem terminariam, apenas seguindo adiante, sem se preocupar". A cada dia trabalhadores subiam a montanha para limpar o lixo da noite anterior: "pilhas de cascas de frutas, talos mastigados de cana-de-açúcar, restos de ossos e espinhas de peixe, pilhas de conchas de mariscos". A cada noite, por quatro noites seguidas, as lanternas voltaram a brilhar com força.

Quando Zhang Dai tinha por volta de 8 anos de idade, recebeu uma nova lição sobre como as obrigações e o amor poderiam tão facilmente se combinar ou colidir. Por volta de 1605, quando sua mãe estava no sexto mês de gravidez, a família inteira reuniu-se para festejar o aniversário de vovó Zhu. Determinada a não ser culpada por preguiça e consequentemente não se sentir mal diante da família Zhang, sua mãe, apesar da gravidez, insistiu em verificar cada detalhe da festividade, planejando as comidas, a lista de convidados e os presentes. Exaurida pelo trabalho, deu à luz três meses antes do previsto um menino chamado Shanmin. Ele era pequenino, com menos de trinta centímetros de comprimento, e pesava muito pouco; ficava sem fôlego ao lutar por cada respiro. De forma incrível, o bebê sobreviveu, e veio a ser o mais querido entre os irmãos mais jovens para Zhang Dai. Mas, como sua mãe não tinha expectativa de que o bebê vivesse, não perdeu tempo nisso — havia muitas outras crianças para amar e cuidar, crianças com mais chances de chegar à idade adulta. Na região de Shaoxing, recém-nascidos com remotas chances de sobreviver eram chamados "bebês almofada de lírios". O termo sugere o grau em que tanto o seu nascimento e como sua sobrevivência dependiam de milagres, já que almofada de lírios era o símbolo da pegada de Buda.

O pai estava igualmente desinteressado: "Quanto a meu pai", escreveu Zhang Dai, "ele estava exausto por suas tentativas de passar nos exames, e não tinha motivação para ensinar seu filho, por isso meu irmão mais novo perdeu a chance de receber qualquer educação. Mas meu irmão empenhou todos seus esforços, dizendo: 'Uma pessoa pode ser completamente humana sem receber qualquer educação?' Então ele aprendeu sozinho a ler e seguiu firme por toda a sorte de livros." Ao perguntar se alguém poderia ser humano sem educação, Shanmin — talvez conscientemente — ecoava o comentário de seu trisavô, proferido cem anos antes. Mas Zhang Dai concordava que as chances de sucesso de seu irmão mais novo eram pequenas: "A julgar pelas aparências, era possível imaginar que meu irmão nunca seria bom nos estudos."

Mas Shanmin, mesmo sem a ajuda dos pais, foi capaz de alcançar o sucesso em muitas esferas: como estudante, poeta, conhecedor de arte e colecionador, sendo o último membro da família Zhang a alcançar os níveis de Zhu Shimen e do segundo tio Zhongshu. Zhang Dai resumiu os componentes do sucesso do irmão mais jovem: "Em caráter, meu irmão mais novo era receptivo e rápido; adquiriu perspicácia logo cedo, e considerava as coisas com cuidado e comedimento. Em suas leituras, demonstrou grande inteligência, era refinado sem excessos, tinha ampla visão sem precisar galopar por todas as partes, e era meticuloso sem precisar conduzir pesquisas intermináveis."

Shanmin tampouco era esnobe sobre onde procurar seus tesouros: "Se algum vendedor itinerante ou alguém no mercado local tivesse um objeto especial, ele se focava em tal objeto com concentração completa: tinha de ser antigo e tinha de ser refinado, era crucial que revelasse a habilidade com que fora feito. Se visse que era bom, sempre tinha de comprar; se comprava, tinha de ser o melhor. Uma vez com o objeto em suas mãos, ele o acariciava dia e noite, até que um brilho incomum emanasse dele; ele o envolvia em raros brocados, e o guardava numa arca de madeira de canforeiro; buscava pessoas habilidosas com as mãos e escrevia louvores aos seus trabalhos. À noite, queimava incenso e fervia água para o chá, andando por entre os seus tesouros à luz de vela; quando lhe ocorria um poema bonito, cerrava seus lábios, com medo de que fosse embora." Claramente, com seu irmão mais novo Shanmin, como no caso de seu primo cego Pei, Zhang Dai explorava como a força de caráter pessoal poderia impulsionar o indivíduo a superar barreiras que teriam deixado a maior parte das pessoas no chão.

A mãe de Zhang Dai enfrentou um outro tipo de teste quando, em 1611, vovó Zhu morreu repentinamente, durante uma visita a um de seus filhos — o terceiro tio de Zhang Dai, que vivia um pouco distante de Shaoxing. O problema agora era de rituais e propriedade, misturado a medo: não era considerado ritualmente correto entrar na casa de outra pessoa para retirar o corpo de um parente e trasladá-lo à sua própria casa, nem era correto levar a cabo os ritos funerários longe da casa ancestral que fora adotada pelo falecido. As superstições populares da região alertavam que qualquer das duas ações levaria a terríveis consequências. De acordo com Zhang Dai, o problema era muito grande para seu avô recentemente enlutado: "O avô entrou num turbilhão de indecisões. A minha mãe insistiu veementemente que retornassem [o corpo] à casa ancestral para um enterro decente, dizendo que se encarregaria de atrair todas as forças malignas para si mesma. O avô ficou maravilhado, e disse: 'Minha nora é uma Zengzi ou Min Ziqian entre as mulheres.' Mais tarde [minha mãe] realmente teve de suportar várias calamidades, mas nunca se arrependeu de suas atitudes." O comentário do avô era deliberadamente lisonjeiro, pois Zengzi e Min Ziqian eram conhecidos no cânon como dois dos mais meticulosos discípulos de Confúcio, homens nos quais sempre se podia confiar em um comportamento correto na condução de rituais.

Para o garoto Zhang Dai, de 15 anos, os tempos eram difíceis, e em 1612 ele reagiu invocando a ajuda de Nanzhen, a fada do espírito dos sonhos. Uma crença local diz que Nanzhen vivia em Kuaiji, local de nascimento da mãe de Zhang Dai, e ele chegou a escrever uma petição formal ao espírito, pedindo que enviasse a ele sonhos mais ricos, que estivessem mais de acordo com o tipo de sonhos variados que se encontram registrados na história e literatura. Com as coisas como estavam, Zhang disse à fada que ele não se sentia capaz de entender completamente as sutilezas de premonições e intuições. Voltando das experiências de sonho à existência mundana, era possível "sentir que uma pessoa pode ser digna de pena, mas a quem se poderia dizer isso? Se as pessoas zombam muito de mim, como posso suportar isso?" E Zhang retornou às questões ainda mais profundas que o inquietavam aos 15 anos de idade. No mesmo pedido a Nanzhen, perguntou: "Para que você, o espírito, possa ser meu professor, eu deveria ficar acordado ou dormir? Tive premonições sobre minha partida e destino. (...) E estou ansioso por ganhar mérito e glória. É o que espero, enquanto coço minha cabeça em perplexidade, questionando os céus. Rezo para você com convicção plena, e me prostro, com a testa pegada à terra."

A morte da vovó Zhu não provocou qualquer transformação milagrosa na situação difícil da família, e mais tarde Zhang Dai escreveu francamente sobre os problemas e sobre a abordagem franca e pouco comum de sua mãe: "Conforme passava o tempo, a ansiedade constante do meu pai sobre os exames o deixou descontente e depressivo, e surgiram úlceras em seu estômago. Mamãe afligia-se por isso, e me disse: 'Seu pai está envelhecendo como um Feng Tang. É duro esperar que os rios [cheios de sedimentos] se movam de forma clara. Seria melhor deixá-lo fazer o que o agrada em seus jardins e pavilhões, deliciar-se com músicas de todos os tipos e dar uma trégua em sua vida reclusa.' A referência de sua mãe a Feng Tang era espirituosa, como Zhang Dai perceberia imediatamente. Feng Tang é uma figura histórica da dinastia Han, que havia reinado mil e quinhentos anos antes, e descendia de uma ilustre família de administradores de centros de estudos. Feng Tang ficou famoso pelo espaço de tempo de que precisou para fazer alguma coisa com sua vida. Quando finalmente conseguiu seu primeiro emprego, como assessor palaciano, o reinante desceu de seu trono para perguntar como alguém tão velho poderia estar trabalhando para ele no terreno do palácio. E, quando Feng Tang tinha 90 anos, seu nome ainda circulava como possível candidato a um cargo público, para depois ser rejeitado pelo sucessor do trono com o argumento de que sua idade era muito avançada.

Então estava de acordo com a decisão de sua mãe que, nos anos que se seguiram a 1610, o pai de Zhang Dai tenha começado a satisfazer suas paixões: "Criar projetos paisagísticos, construir barcos de passeio com múltiplos conveses, treinar seus jovens criados domésticos, tocar música em apresentações teatrais — não importava o grau de extravagância, ao pai estava permitido perseguir o que lhe desse prazer. Minha mãe não se deixaria abater pelas angústias, mas fez o melhor para ajudá-lo a conseguir o que queria." Mas para Zhang Dai, ainda que também conseguisse alcançar seus próprios prazeres ao mesmo tempo, os resultados iam se tornando menos felizes à medida que as extravagâncias do pai iam se ampliando: "Assim foi nos últimos anos de vida de minha mãe, o meu pai sugou da família muitos recursos para que pudesse viver como um homem rico. Minha mãe morreu em 1619, e meu pai contraiu uma doença rara; tudo ficou cada vez pior, e em menos de três anos a família entrou em decadência."

Num comentário conclusivo sobre a estrutura da vida de seu pai, Zhang aumentou sua crítica dando graças a sua mãe por tudo o que o pai foi capaz de conseguir: "Quando meu pai era jovem, nunca se preocupou realmente em ganhar a vida; e depois ficou obcecado pela questão da longevidade. Os meios pelos quais minha mãe transformou meu pai são estranhos, parecem um sonho. Eu, Zhang Dai, seu filho indigno, tive um pensamento presunçoso: o fato de o meu pai ter conseguido encontrar um lugar para si entre os imortais talvez se deva à ajuda que recebeu de minha mãe."

Em meados da década de 1620, como Zhang Dai enfatizou várias vezes, seu pai ainda não tinha trabalho e engordara muito — traço compartilhado por vários membros dos clãs Zhang e Zhu, e provavelmente exacerbado por suas paixões por competições de comida, nas quais consumiam incríveis

EM CASA • 95

quantidades de alimentos. Zhang Dai não fez qualquer tentativa de apresentar com graça as comilanças de seu pai. Na verdade, preferiu enfatizar o lado nojento. "O corpo de meu pai era de estrutura forte, se parecia ao tio materno Zhu Shimen, ainda que um pouco mais baixo. Em sua juventude, participou de competições de comida com o irmão de sua mãe, Zhu Chiaofeng. Certa vez, cada um deles comeu um ganso carnudo de mais de cinco quilos, e o meu pai retirou o caldo do ganso e o despejou sobre macarrão, engolindo mais de dez cumbucas em seguida. O tio Zhu, apertando sua barriga, deixou a competição."

Como se tais detalhes não fossem suficientes, Zhang Dai, em separado, escreveu um relato minucioso sobre as sérias doenças que afetaram seu pai após outra comilança de gansos gordos em 1620, no qual incluiu um passo a passo da terrível desordem estomacal e dos sucessivos tratamentos em vários e caros médicos. O tratamento que alcançou sucesso fez uso de *dihuang* (*Rehmannia glutinosa*), que um doutor local conhecido por suas excentricidades prescreveu após todos os outros médicos terem desistido do caso, "cobrado por seus serviços e desaparecido".

Por volta de 1616, Zhang Dai casou-se com uma jovem chamada Liu, de uma família de moderada erudição, mas ele não nos conta nada sobre sua esposa, omissão que se apoia nas convenções da época, e praticamente nada sobre os filhos que teve com essa mulher. No entanto, Zhang escreveu algo sobre mulheres que, de tempos em tempos, entravam em sua família, vivendo com as esposas mais velhas trazendo e criando seus filhos na mesma família, ainda que nunca estivessem inteiramente em casa e sempre temessem pelo seu próprio futuro e pelo de seus filhos. Zhang Dai teve ao menos duas concubinas, e ambas continuaram vivendo com ele após a morte de sua esposa. Seu pai teve várias, antes e depois da morte da mãe de Zhang Dai, assim como seus tios. Nas descrições familiares, tais mulheres estavam sempre tentando conseguir algo das propriedades familiares, e, segundo Zhang Dai, algumas conseguiam: "Minha mãe devotou toda sua firmeza para manter nossa família forte, mas [após sua morte, em 1619] as concubinas, os filhos e filhas sobreviventes, junto com criados e escravos, destrincharam tudo em três partes." O resultado foi que em seus últimos anos o pai de Zhang Dai "não tinha mais nada de valor em seu poder". Mas também era possível que as concubinas fossem despejadas de casa num acesso de moralidade do homem já idoso — tal, dizem, foi o procedimento do avô de Zhang Dai em seus últimos dias: "Em 1611, após a morte de sua mulher, vovó Zhu, o avô expulsou todas as suas concubinas e viveu em reclusão no jardim Céu Brilhante, onde armazenara uma coleção de centenas de volumes."

Também podia acontecer de a esposa mais velha ser aplacada por um marido engenhoso, e a espécie de harmonia obtida assim deixava todas as partes satisfeitas. Esse foi, ao menos segundo Zhang Dai, o caso de Zhu Geng, companheiro de estudos de seu bisavô, pai da vovó Zhu. Zhu Geng, como já foi dito, encontrou-se em apuros em casa quando introduziu ali várias jovens concubinas: em vez de aceitar a situação passivamente, sua mulher ficou raivosa e "uivou como um leão" ao saber da novidade. Alarmado, Zhu Geng foi perguntar ao oráculo da família Zhang se poderia conseguir um elixir para contra-atacar tamanho ciúme. O espírito respondeu que a tarefa era "verdadeiramente difícil", mas que encontraria o comprimido requisitado dentro de seu travesseiro. Zhu Geng o encontrou e o entregou a sua mulher. Ela o tomou e disse a todos que quisessem ouvir: "Meu velho homem tem um elixir mágico, mas, em vez de dá-lo às outras mulheres, entregou-o a mim. Claramente, ainda me favorece." O plano do espírito foi um êxito, pois, como relatou Zhang Dai, "ela passou a viver tão bem com o marido como quando eram recém-casados".

Algumas vezes, depois da morte do pai, um filho, agindo rapidamente e talvez maldosamente, expulsava a concubina mais amada. Em um de seus esquetes biográficos, Zhang Dai trata a campanha inicial de sobrevivência e do destino final de uma dessas mulheres. Era uma concubina do segundo tio Zhongshu, o mesmo Zhongshu que havia sido o companheiro favorito de jogo do pai de Zhang Dai. O segundo tio morreu, muito rico, em 1644, deixando uma enorme coleção de arte e quase tudo o mais para seu filho Yanke. Aparentemente, no passado, essa mulher convenceu Zhongshu de sua devoção, mas os parentes mais jovens não se impressionaram. Muitos anos antes, desde que o segundo tio "não precisava dela", nas palavras de Zhang Dai, passou a pedir ao tio que a mulher fosse afastada. Mas ela clamava por permanecer ao lado do segundo tio, suplicando ao perguntar: "Por que um escravo seu deveria querer ir embora? Tudo o que quero é morrer como um membro da família Zhang." Quando o segundo tio revelou essas palavras a Zhang Dai, ele não pôde fazer nada além de congratulá-lo por sua sorte, por ter uma mulher tão leal e amorosa.

Ao saber da morte de Zhongshu, Yanke e Zhang Dai correram à casa do homem morto para os rituais funerários. Ali encontraram a tal concubina entre a multidão. Vendo Zhang Dai e Yanke por ali, a concubina falou o seguinte a eles: "Se me deixarem sair e me casar, minha sorte estará completa!" Zhang Dai sorriu e a fez recordar-se de seu declarado desejo de morrer como um membro da família Zhang. "Ah, isso eu disse apenas aos ouvidos do mestre", replicou a mulher. "Ainda sou jovem, e não estou pronta para me tornar um fantasma. E, mesmo que me tornasse um fantasma, podem ter certeza de que não ofereceria meus serviços à família Zhang." Sua honestidade não a levou a nenhum lugar: os dois homens riram e se recusaram a conceder seu pedido.

O próprio pai de Zhang Dai tinha uma companheira particular, Zhou, que o filho chamava de "concubina de cama", mulher que buscou com afinco a garantia de sua posição na família após a morte da mãe de Zhang Dai, e quis ter certeza de que os filhos que pariu ganhariam uma fatia decente dos bens familiares. Zhang Dai descreveu uma franca conversa que teve com seu pai sobre as ambições dessa mulher: "O meu pai gostava de piadas e sarcasmo, e nunca deixou de brincar com seus filhos e parentes jovens. Certo dia, Zhou ficou doente, e meu pai teve medo de que morresse. Eu lhe disse: 'Ela não vai morrer.' E ele me perguntou: 'Como você sabe que ela não vai morrer?'. Respondi: 'Os céus deram à luz Bo Pi, para destruir o reino de Wu. Enquanto o reino de Wu não for destruído, Bo Pi não morrerá!' Meu pai me repreendeu, mas depois de pensar um pouco não conseguiu conter um sorriso." O pai sorriu porque a alusão tinha fundamento, referia-se à determinação do conselheiro Bo Pi, quase duzentos anos antes, em manter-se vivo até que sua missão estivesse cumprida. Tal erudição histórica, casualmente compartilhada entre pai e filho graças à sua educação, deu ao momento um toque de leveza, mas a fragilidade econômica e moral de mulheres como Zhou era algo bem real.

Zhang Dai também escreveu longamente sobre sua sogra, a quem chamava "segunda mãe". Descendente de outra família local, viveu exatamente 19 anos a mais que a mãe de Zhang, e, claramente, preencheu o vazio emocional deixado na vida dele pela ausência da mãe. Eis o que Zhang Dai escreveu sobre sua segunda mãe, senhora Liu, num ensaio funerário após sua morte: "Ela me apoiou, educou e disciplinou como uma verdadeira mãe. Ao me apoiar e educar, teve medo de me roubar; ao me disciplinar e repreender, tinha medo de ferir meus sentimentos. Fazendo isso, suas cautelas e considerações eram as de uma verdadeira mãe. Agora minha mãe postiça morreu, e eu perdi todo o amor materno em minha vida." A estranha coincidência de que as duas mães de sua vida tivessem morrido no mesmo dia, no mesmo mês — o quarto mês lunar, dia 20 —, ainda que com 19 anos de diferença, deixou na mente de Zhang Dai um sentimento de que os destinos de suas duas mães estavam interligados: "Como os funerais de minha mãe e minha sogra apresentam coincidências, ao ficar de luto por minha sogra é como se ficasse de luto por minha mãe de verdade. Tentei me exaurir para demonstrar gratidão à minha sogra até o momento de sua morte; como se o fizesse para minha mãe verdadeira. Nesse mesmo dia, quando não a pude seguir, e meus sentimentos se confundiam em pensamentos e lamentos que me consumiam, foi como se perdesse minha mãe verdadeira, e chorei por ela também."

Nos últimos cinco dias de vida de sua sogra, nos quais ela enfraquecia constantemente, Zhang buscou os melhores médicos e remédios, e também tentou uma mistura de intervenções espirituais: diante dos santuários familiares, invocando os poderes divinos do monte Tai — região que percorrera em uma espécie de peregrinação turística poucos anos antes. Tudo em vão. Treze dias após sua morte, convidou um grupo de sacerdotes para visitar sua câmara mortuária, onde eles realizaram os rituais dos 12 livros do *shuichan*\* para dar a ela bênçãos após a morte. No dia seguinte, Zhang Dai reuniu a

---

\*Ritual de preparação do morto, algo como "lavar o defunto". [*N. do R.T.*]

família — uma filha e vários netos, alguns dos quais casados — para que prestassem suas homenagens.

O perfil que Zhang Dai traçou de sua sogra foi o mais longo que escreveu para uma mulher de sua família. Suas palavras denotavam afeição, mas eram inóspitas: "Ainda que nascida numa família rica", começou, "minha sogra não viveu um único dia de sorte ou paz em sua vida, seja como menina, esposa, nora, mãe ou tia." Ao contrário, encarou as misérias de perder seus amados e da solidão. Em todos os anos que conviveu com ela, escreveu Zhang, viu seu sorriso não mais que três ou quatro vezes, e a maior parte do tempo estava entregue a lágrimas e desapontamentos. A história de sua vida poderia ser contada como um relato de perdas. A sogra de Zhang Dai casou-se aos 16 anos, mas seu marido morreu apenas 11 anos depois, em 1605, quando ela tinha 27 anos, deixando-a com duas filhas e grávida de uma terceira criança. Ao longo de seu curto casamento, o marido sofreu com inúmeras pequenas doenças; após sua morte, o filho que esperava tornou-se inteiramente dependente dela. Pouco tempo depois, seu sogro, que ela amava profundamente, afogou-se num terrível acidente. De suas duas filhas, uma morreu logo após casar-se, sem deixar herdeiros. Apenas sua segunda filha, casada com Zhang Dai, foi capaz de estender a linhagem familiar e assim acalmar o marido morto de Liu no mundo das almas: mas, mesmo nesse momento, escreveu Zhang Dai cheio de pena, o esperado neto "demorou para ser feito", deixando-a ainda mais angustiada e suas "sobrancelhas preocupadas". Em seus piores momentos, escreveu Zhang Dai, sua segunda mãe não chegou a sentir nem mesmo a alegria de uma "velha senhora guardiã do portal", que, apesar de sua pobreza, teria seus filhos e netos ao redor enquanto trabalhava. Como se não fosse suficiente, Liu também tinha de cuidar de um "tio severo e exigente" e de sua própria sogra viúva, mulher "de temperamento tão forte, com quem mesmo seus próprios parentes declaravam impossível manter uma conversa", mesmo se tivessem que "acalmá-la de todas as formas e aguentar todos os seus insultos".

Quando Zhang Dai finalmente teve um filho, seu bebê também quase morreu — de varíola. Zhang Dai atribuiu a sobrevivência de seu filho a um conhecido médico local de Shaoxing, amigo desde a juventude. Zhang Dai descreveu esse médico, Lu Yungu, como um excêntrico com paixões pelos mais finos chás e por tocar flauta, bem como por uma habilidade incrível em fazer crescer orquídeas raras. O doutor Lu também tinha três fobias: odiava pessoas que fumavam, odiava pessoas que bebiam muito e não aguentava pessoas que cuspiam nas ruas. Mas o mais importante, para Zhang Dai, era que o doutor Lu tinha um conhecimento detalhado das plantas medicinais que cresciam na região, e aparentemente de forma intuitiva e profunda entendia o funcionamento do corpo. Como o doutor Lu "nunca aprendeu medicina de qualquer professor nem de um compêndio clássico", escreveu Zhang, "mas confiando apenas em sua própria inteligência e observações, ainda que muitas vezes curasse casos aparentemente sem solução com seus métodos experimentais, não eram poucos os que não confiavam nele, e só recorriam aos seus serviços quando absolutamente desesperados". Mas o que verdadeiramente importava, escreveu Zhang Dai num poema de agradecimento, era que o doutor Lu "usava a medicina como se comandasse tropas, atacando a morada das doenças com cautela". E sua habilidade não era meramente intuitiva: "No sangue e carne de qual o corpo é composto", seguiu Zhang, "ele podia claramente traçar todas as interconexões; era como se os órgãos internos falassem por ele." Cedo em sua carreira, o doutor Lu começou a especializar-se em doenças que afetavam bebês e crianças pequenas, e tinha certa habilidade para tratar varíola, deixando as crianças sem marcas. Assim a viúva Liu conseguiu um neto saudável para ao menos manter algumas das tradições familiares.

Na mente de Zhang, a incrível força de sua sogra vinha de ela ser ao mesmo tempo "forte de caráter e tolerante". Não importava quão difíceis estivessem as coisas, ela tentava manter as pessoas que a rodeavam satisfeitas. Nisso está baseado seu obituário: "Ela não depende de filhos e noras de luto, pois muitos outros também o farão; ela não precisa que sua família a homenageie, pois viajantes pelas estradas farão o mesmo; não apenas os que receberam sua ajuda a homenagearão, mas mesmo estranhos desconhecidos. Então como eu, Zhang Dai, poderei transmitir meu respeito à minha sogra? Tudo o que posso dizer é que por toda sua vida, como filha, sempre foi responsável; como esposa, casta; como nora, respeitosa; como mãe, trabalhadora; como tia, generosa. Sendo assim, apesar dos inúmeros sofrimentos que experimentou em sua vida, ainda é capaz de entrar no mundo das almas sorrindo."

Ainda que viúva aos 27 anos, a sogra de Zhang Dai tinha certas coisas a agradecer. Não há nenhuma evidência de que qualquer pessoa na sua ou na família Zhang a tivesse pressionado para casar-se novamente, como era muito comum em outras linhagens, e após a morte do marido ela parece ter sido deixada livre para educar seus filhos da forma que preferisse. A riqueza de sua família e a dos Zhang obviamente ajudaram, mas também foram importantes sua habilidade e paciência para viver os papéis designados a uma mulher na sua posição. Quando colocamos sua história lado a lado com as histórias das mulheres que se casaram com membros do clã Zhang, como a pessimista trisavó Liu, a parcimoniosa senhora Wang, a difícil vovó Zhu e toda uma série de concubinas rejeitadas, podemos entender melhor por que a mãe de Zhang buscava apoio nos santuários budistas locais e levava seu pequeno filho junto com ela nas visitas. E por que, uma vez no local, depositava o dinheiro que cuidadosamente separara e pagava aos que levaram a ela e a seu filho ao templo para girar as grandes caixas de orações, rodando-as uma e outra vez em velocidade cada vez maior, até que perdessem o controle do mecanismo e as incontáveis rezas neles contidas jorrassem dos locais sagrados em direção ao céu de Zhejiang, e depois à presença dos deuses silenciosos e observadores.

CAPÍTULO 4

# Mais além

Zhang Dai estava entrando nos 30 anos quando finalmente decidiu deixar o conforto de sua família na região do delta do Yangzi e seguir em direção ao desconhecido território do norte da China. Estava casado naquela época, sua mãe e avô já haviam morrido, e talvez por isso tenha se sentido atraído por ampliar seu mundo. Mas o evento-chave deve ter sido o tardio êxito — após tantos fracassos — do pai nos exames provinciais. Foi, para dizer a verdade, uma conquista limitada, que o levou a ser nomeado candidato "suplente" nas listas subsidiárias de 1627. Mas, ainda assim, foi por causa dessa classificação tão frágil que aos 53 anos o pai recebeu sua primeira nomeação, junto a uma das casas dos príncipes herdeiros da dinastia Ming. O governo desses postos era privilégio dos descendentes masculinos do imperador que fundou a dinastia Ming no século XIV, mas os postos administrativos eram abertos a forasteiros. O título do pai era "superintendente auxiliar do serviço doméstico do príncipe de Lu" e exercia seu mandato no palácio principesco de Lu, ao sul da província de Shandong, na jurisdição da cidade de Yanzhou. Para lá viajou Zhang Dai, em seu aniversário, no outono de 1629.

A situação do pai na corte principesca era estranha: a sucessão do mando nos domínios Lu vinha sendo conturbada há muitos anos, começando com uma série de mortes prematuras de alguns herdeiros e a falta de descendentes de outros, fazendo com que gerações fossem ultrapassadas, deixando a herança na mão de jovens irmãos. O príncipe Xian, para cuja corte o pai de Zhang Dai foi nomeado no final de 1627, era apenas o irmão mais novo de um irmão mais novo, e filho de uma humilde concubina, feito príncipe em 1601. (Ele morreria sem filhos em 1636.) Inicialmente, o pai imaginou compartilhar uma afinidade com o príncipe Xian, pois, como notou Zhang Dai, o príncipe era "um entusiasta da visão taoísta da imortalidade. E o pai tinha bons conhecimentos das técnicas [taoístas] de controle da respiração, fazendo com que governante e governado seguissem os mesmos passos; o pai era constantemente convocado à câmara pessoal [do príncipe] no palácio, onde ficava até bem tarde da noite. Todos, do príncipe aos residentes em seus domínios, vinham à residência do superintendente auxiliar para consultar-se com ele, e sua casa estava sempre cheia de gente". As maneiras do príncipe nem sempre eram razoáveis. Por exemplo, ele muitas vezes levava consigo "um ramo de pinheiro cortado pontiagudo, que carregava nos braços e mantinha ao seu lado na hora de dormir; com o tempo, o galho ficava flexível e suave, e parecia conter sangue".

Baseado em experiências em Shaoxing, Zhang Dai passou a considerar a si mesmo um conhecedor de exposições de lanternas. Mas, como escreveu sobre sua visita de 1629, o que encontrou em Yanzhou o maravilhara além de que qualquer coisa que pudesse ter imaginado ou experimentado antes. No espaço aberto em frente aos portões principais do palácio do príncipe Xian, oito seções de andaimes foram montadas, das quais pendiam cortinas de seis metros de altura. Em cada cortina, em caligrafia gigante, estavam escritos caracteres de vários tratados morais exemplares: devoção filial, respeito, lealdade, confiança e assim por diante, tudo brilhando sob a luz. Nesse anfiteatro acortinado, grandes modelos de animais em cera e resina — leões, elefantes, camelos — pareciam mover-se, mas na verdade eram carregados por homens que empurravam tais criaturas por trilhos. Nas costas de cada criatura, estava outro homem, vestido como um guerreiro bárbaro, com sacos de marfim, cornos de rinocerontes, corais e jades, e desses sacos derramavam flores de cores vivas, algumas com aparência de gansos selvagens ao voar e outras como um enxame de vespas amarelas. A fumaça invadiu toda a ala sul do palácio, "de modo que a lua não podia ser vista, nem mesmo o orvalho pousado no chão". Mas não foi apenas a grandiosidade do espetáculo que comoveu Zhang Dai, pois ele sabia como a aparência de esplendor pode facilmente transformar-se em vulgaridade. Foi a intensidade da luz que aproximou o que ele sonhava encontrar, uma forma de perfeição que abala as expectativas e o equilíbrio de qualquer pessoa.

Sobre tal experiência, escreveu: "Nós, aqui na terra, que olhamos uma lanterna, olhamos essa lanterna desde o exterior. Os que olhamos fogos de artifício, também o observamos do exterior. Nunca antes imaginei que o observador poderia penetrar no centro da lanterna, poderia estar no centro da própria luz, entrar nas áreas nebulosas e na fumaça, entrar no fogo, metamorfoseado, sem saber se eram fogos de artifício lançados do palácio do príncipe ou se o próprio palácio do príncipe era construído de fogos de artifício." Era, escreveu Zhang, como se "o príncipe e seus parentes, suas serviçais e governantas, dançarinos e músicos se transformassem, *eles mesmos*, em meio a lanternas, em um elemento a mais na decoração".

Numa visita subsequente, em 1631, ao pai nesse mesmo palácio, Zhang Dai fez uma pequena viagem ao famoso local sagrado do monte Tai. As ricas associações históricas com o passado da China e a profusão de santuários budistas e templos davam ao monte Tai uma fama especial entre toda a gente; os caminhos que subiam a montanha estavam normalmente repletos de peregrinos, entre 8 e 9 mil a cada dia, pelas contas de Zhang, com mais de 20 mil no auge da alta estação. A vista do topo era tida como uma das grandes experiências que a vida tinha a oferecer. Mas, como Zhang Dai logo descobriu, eram poucas as chances de se conseguir concentração espiritual entre tantos peregrinos, pois o comércio no local era intenso. Não era apenas que a administração provincial de Shandong tirasse lucro dos peregrinos que se amontoavam no local, ainda que esse fosse um fator: Zhang notou que a "taxa para subida da montanha" era próxima a um quinto de tael de prata por pessoa, o que, com as centenas de peregrinos que chegavam a cada dia, facilmente gerava duzentos ou até trezentos mil taéis ao ano. Os ganhos eram divididos entre os funcionários do governo provincial e as três famílias Ming proprietárias da região. Havia também o fato de que a estrutura inteira de cada peregrinação individual fosse supervisionada pelos guias profissionais instalados nas áreas ao longo da base da montanha, de onde partiam as trilhas para o topo.

Antes mesmo de encontrar o alojamento que escolheu, Zhang viu as construções destinadas a atores e profissionais do entretenimento, para o abrigo de cavalos e mulas dos peregrinos e para as prostitutas. Em volta do templo, abria-se uma vasta área onde dezenas de artistas competiam com as imagens sagradas pela atenção dos peregrinos: milhares de barracas vendiam de tudo, especialmente a mulheres e crianças, e em todas as partes, em meio à barulheira dos cantos e tambores, era possível ver lutadores, jogadores de futebol, cavaleiros e contadores de histórias, bem como rinhas de galos e representações teatrais em grande escala.

As acomodações básicas nos alojamentos saíam por uns trinta taéis por pessoa, e a isso se somavam taxas pelos extras. Havia três diferentes menus de alimentação, com várias gradações de luxo em cada hospedaria: um café da manhã bem cedo, antes de sair para a montanha, um almoço no meio do caminho ao topo e um "banquete de parabenização", quando os peregrinos faziam um retorno seguro. Antes de subir, a alimentação era vegetariana, com frutas, frutos secos e um pouco de vinho para acompanhar. O mais caro dentre os banquetes de parabenização, no entanto, eram refeições complexas, com até dez pratos de carne, doces e bolos. A categorização dessas refeições envolvia desde o nível do serviço, os planos de distribuição de lugares à mesa e o entretenimento: a mais alta classificação fornecia mesa separada para cada peregrino e uma apresentação dramática e música à escolha do freguês; o nível intermediário acomodava dois por mesa; e os que faziam a opção pelo mais barato eram amontoados em três ou mais por mesa, e tinham direito a música, mas não a teatro. As prostitutas eram um extra.

No dia programado para subir ao topo da montanha, Zhang Dai despertou numa manhã chuvosa. Seu guia já havia providenciado uma cadeira coberta na qual ele foi carregado pelos íngremes caminhos ao passo cambaleante de seus carregadores, que tinham a liteira amarrada a seus corpos com tiras de couro. A rota estava lotada de pedintes, e os carregadores de Zhang Dai os dispersavam jogando muitas moedas de caridade com o nome do Buda, moedas que também foram pagas por Zhang durante a negociação para a subida.

E foi uma longa subida, durante a qual Zhang Dai pôde apreciar o incrível fato de que, entre o alojamento e o cume, passou pelo que poderia ser literalmente chamado de as sete "mudanças de clima". O aguaceiro sob o qual deixou o alojamento abriu espaço para um céu encoberto quando chegaram a Hongmen; na cova de Chaoyang fazia sol, embora tenha escurecido outra vez no penhasco Yuzhang; em Yitianmen ("primeiro portal para o céu") um vento forte começou a soprar, em Santianmen ("terceiro portal para o céu") havia névoa e cerração, e, no topo, neve e gelo. "Se o próprio céu não consegue entrar em acordo", escreveu Zhang, "como se pode esperar isso de nós, humanos?"

A essa altura, as mãos e os pés de Zhang Dai estavam congelando, e seu guia o levou até uma cabana simples com paredes de terra que tinha erigido ali, onde acendeu um pequeno fogo para aquecer seu cliente. Mas, quando Zhang estava aquecido e deixou o abrigo, o denso nevoeiro voltou a atacar, e não restou nenhuma nesga da vista. Tateando o caminho, "sentindo-o com as mãos para que os pés as seguissem", o grupo foi capaz de alcançar o santuário do topo da montanha, conhecido como palácio Bixia, casa da divindade guardiã da montanha, Yuanjun, conhecida como "Deusa das Nuvens Verdes, Celestial, Imortal, Donzela de Jade". Dentro do santuário estavam três imagens suas: nenhuma delas era grande, mas todas tinham fama de poderosas. A imagem da esquerda era adorada pelos que queriam filhos, a da direita, pelos que tinham sido ameaçados com a perda da visão. A imagem do centro, marcada com uma moeda especial de ouro, era para os que buscavam uma infinidade de outras bênçãos. Os peregrinos jogavam moedas de cobre e mesmo pedaços ainda menores de prata pelas grades do templo, em direção à moeda de ouro. Se conseguissem atingi-la, poderiam receber bênçãos extras. O resultado, escreveu Zhang Dai, era que as ofertas formavam uma camada espessa no chão, em volta das imagens. Alguns peregrinos deixavam moedas de prata em agradecimento às bênçãos recebidas: pequenos modelos de prata de meninos, oferecidos por casais que tinham tido filhos, e pequenos olhos de prata enviados pelos que recuperaram a visão. Outros deixavam sedas ou bordados, tapetes, pedras preciosas e semipreciosas, e mesmo roupas e sapatos. A cada noite, um esquadrão de soldados da base campal aos pés da montanha subia para patrulhar o santuário e guardar as oferendas, que eram coletadas a intervalos e vendidas para suplementar a receita obtida com as taxas de acesso à montanha.

Com a esperança de que as nuvens se dissipassem, Zhang Dai queria permanecer no topo, mas seus guias e carregadores se mostraram inflexíveis sobre a necessidade de voltar antes que o frio se tornasse mais intenso e mais perigosas as condições para a descida. Zhang não conseguiu dissuadi-los e teve de concordar, pois não era capaz de enxergar qualquer trilha ou alojamento no local onde estavam. A dura viagem de volta foi assustadora: "Meus carregadores me ajudaram a subir na cadeira e começaram uma rápida descida a partir do portão do Sul do Céu. Suas pernas se moviam rapidamente, fazendo com que eu tivesse a sensação de estar em queda livre. Se pisassem uma vez em falso, acredito que a morte seria certa. Fechando meus olhos, tentei imaginar o sentimento de ser esmagado em pequenos pedaços. Muitas vezes, em meus sonhos, voltei a experimentar tal sensação, caindo livremente no ar, com um suor frio cobrindo meu corpo."

Mas, no alojamento, o guia de Zhang Dai preparara sua festa de boas-vindas, um banquete completo, com entretenimentos teatrais e vinho. Para a satisfação do responsável, Zhang tinha cumprido sua peregrinação: fama, vista fortalecida, riqueza e herdeiros masculinos, tudo isso seria alcançado por ele. Mas para Zhang a peregrinação até então tinha sido frustrante, e tomou parte das comemorações de forma tímida. Como o céu estava claro naquela noite, e as estrelas brilhavam fortemente, resolveu tentar outra vez no dia seguinte. Quando fez sua proposta, o organizador da escalada se opôs firmemente: ninguém jamais fizera uma segunda tentativa; isso que não traria nada além de desgraça. Zhang foi avisado e demorou um bom tempo para encontrar carregadores dispostos a levá-lo outra vez ao cume, pois os locais sabiam que estivera por lá no dia anterior, e por isso apontavam para ele e riam de sua loucura. Mas dessa vez a viagem foi recompensadora, o tempo estava bom e as vistas, espetaculares. Zhang Dai teve tempo de visitar vários outros templos e santuários no monte Tai, para estudar a pedra com textos sagrados budistas e uma seleção de inscrições dos clássicos de Confúcio, e para entender — nesse momento em que o tempo lhe permitiu ver com mais clareza — o quão verdadeiramente perigosa havia sido a descida da montanha envolta em tanta névoa, empreendida no dia anterior.

As reflexões de Zhang sobre a experiência não foram positivas. Dois aspectos foram especialmente tristes para ele: um foi o incrível número de pedintes em cada estágio da subida e a aura em grande parte mercenária que envolvia toda a empreitada. A outra foi a inadequação das inscrições entalhadas na rocha ou guardadas nos vários santuários. Alguns visitantes simplesmente cobriam as antigas e mais elegantes caligrafias superpondo suas caligrafias desajeitadas diretamente sobre as originais. Outros, que clamavam certa pretensão erudita, escreveram mensagens incrivelmente banais. Havia dois que Zhang, com especial desdém, citou: "Venerado por dez mil gerações" e "Remanescente de forma contínua por toda a eternidade". Os pedintes e visitantes entre eles, escreveu Zhang, "dessacralizaram cada parte do anteriormente sagrado solo do monte Tai: seus crimes são comparáveis aos daqueles que, em busca de fama e riquezas, contaminaram o mundo inteiro".

Tal ambiguidade sobre o significado das manifestações religiosas de todos os tipos (bem como sobre lugares sagrados ou reverenciados) ecoa pelos escritos de Zhang Dai. Poucos lugares na China eram encarados como mais inspiradores em suas implicações históricas e simbólicas que a morada original de Confúcio, em Shandong, província da cidade de Qufu, mas Zhang discorreu sobre o local sem qualquer reverência. Os curadores da casa de Confúcio cobraram uma taxa de ingresso quando Zhang a visitou em 1629, e todo o local estava coberto com etiquetas de explicações loucas e impróprias preparadas para visitantes ingênuos, e mesmo Zhang Dai parece ter acreditado que a velha e torta árvore de junípero na qual deu umas leves batidas era a original, plantada pelo próprio Confúcio: "Senti seu tronco. Era liso, úmido, firme e lustroso. O padrão da casca se torcia para a esquerda. Quando recebia uma batida, produzia um som como de metal ou pedra." Ele notou, também, que, por medo de ladrões, os objetos ritualísticos de vários altares estavam presos com pregos.

Ainda que Zhang Dai tenha viajado muito mais, visto muitos outros santuários e conversado com muitos autoproclamados sábios, poucos realmente entraram em seu imaginário. Alguns tentaram, mas Zhang Dai resolveu não seguir seus rastros. Num dia de inverno de 1638, ele nos diz ter escolhido um criado e uma cesta de viagem de bambu "e caminhado a um santuário ao sul de Nanjing, no topo de uma montanha. Entre rochas de desenho estranho e picos afiados, e arbustos densos e cheios de galhos, vivia um monge louco — ele falou comigo, com palavras loucas e desordenadas, baseadas em princípios morais bizarros — e senti pena de não ter tempo para realmente falar com ele a fundo". Mas esse desapontamento não impediu que dois pensamentos contrastantes ocorressem a Zhang Dai ao mesmo tempo: um, que esse monge vivia numa montanha onde cada pedra estava completamente coberta com imagens entalhadas do Buda, então, como os criminosos encontram suas culpas sob o antigo código legal, cada rocha estava igualmente "tatuada ou sem nariz". E ainda, ao mesmo tempo, era impossível para Zhang Dai negar o sentimento sublime que jorrava nele ao olhar fixamente as sombras das embarcações no distante rio Yangzi, que não era nada menos que a ideia do "silêncio, sob o qual uma pessoa pode sentir a total imensidão das montanhas e lagos".

Quando Zhang Dai preparava a volta a Nanjing, naquele dia de 1638, passou à sua frente um velho conhecido, o estudioso chamado Xiao. Sentados em outro monastério próximo e bebendo um chá preparado para eles por um dos monges, os dois amigos conversaram sobre muitas coisas envolvendo peregrinações religiosas. Xiao estava interessado no santuário do monte Putuo, próximo à costa de Ningbo, um dos santuários budistas mais importantes de toda a China. Acontece que poucos meses antes, entre final de março e início de abril, Zhang Dai havia empreendido uma jornada marítima em direção ao famoso santuário de Putuo sobre a qual escrevera um ensaio; revirando sua cesta de viagem, encontrou uma cópia, que os dois examinaram juntos. Deliciado com o ensaio de Zhang Dai, Xiao escreveu um prefácio. Voltaram juntos sob as luzes das tochas e passaram toda a noite conversando, antes de partirem.

A ilha de Putuo, de mais de dez quilômetros de extensão e três de largura, está no oceano a mais ou menos 112 quilômetros a leste do próspero porto da cidade de Ningbo. Ganhou fama como santuário, alegando que fora a morada terrestre da deusa do perdão, Guanyin, e, como Nangbo ganhou fama como entreposto comercial, a fama de Putuo cresceu ao longo dos séculos graças aos navios que cruzavam o oceano e ali atracavam, muitas vezes descarregando suas encomendas para que elas entrassem no Grande Canal via Hangzhou ou outras vias aquáticas que ligavam o oceano ao rio Yangzi.

Zhang Dai estimou haver pelo menos 57 monastérios de vários tamanhos e duzentos pequenos santuários ou templos na ilha, e inúmeros locais pitorescos. O auge para a peregrinação era no décimo nono dia do segundo mês lunar, aceito como a data exata do nascimento de Guanyin. Em 1638, ano da viagem de Zhang Dai à ilha, esse dia caiu no mês solar equivalente ao 3 de abril. Para chegar a Putuo a tempo das maiores celebrações religiosas, Zhang pegou um barco no dia 31 de março, já sabendo do louco frenesi comercial que tomava conta de Hangzhou ao aproximar-se a data solene: semanas antes do aniversário de Guanyin, peregrinos ansiosos convergiam a Hangzhou de todas as partes da China, especialmente do norte; e todos os espaços disponíveis na cidade e nos jardins do templo ficavam repletos de barracas vendendo de tudo. Zhang cuidadosamente citou grampos e maquiagem, loções e brincos, presas de elefantes e facas, artefatos religiosos e objetos de madeira, imagens sagradas, brinquedos e bugigangas de todo o tipo.

Zhang não era um amante das viagens marítimas e fez anotações dizendo que, quando convidara amigos para viajar ao seu lado, todos recusaram o convite com uma desculpa ou outra, exceto Qin Yisheng, com quem Zhang Dai já visitara vários outros santuários e templos na região de Ningbo. Um antigo visitante da região conhecido de Zhang foi seu avô materno Tao Lanfeng, cuja caligrafia ainda resistia em um dos muitos templos da ilha. Zhang sentia que as pessoas não podiam ser culpadas por esquivar-se de tal viagem. Putuo não tinha nada a oferecer além de seus santuários e memórias sagradas, com milhares de crentes "se curvando a cada três passos e se prostrando a cada cinco" enquanto "juntavam suas mãos em oração e entoavam seus sutras".

Além disso, chegar a Putuo não era um prazer. Os mares geralmente estavam agitados, os ventos eram violentos. Os marinheiros eram bruscos e supersticiosos, espalhando dinheiro em papel para afugentar os dragões do fundo do mar e insistindo aos passageiros que fizessem silêncio para não acordar os espíritos do mar. Zhang não aprovava as acomodações nos barcos baratos de turismo que transportavam as hordas de fiéis ao santuário da ilha. Sob a supervisão de monges conhecidos como líderes dos peregrinos, tais "barcos de peregrinos" eram, escreveu Zhang, "um inferno vivo na terra. Os barcos de peregrinos tinham dois conveses, com os homens no topo e as mulheres no convés de baixo. Cada barco era cercado por panos amarrados com tanta força que não era possível a circulação de ar. As centenas de pessoas amontoadas nos barcos não tinham onde se lavar, mas ainda assim urinavam e se aliviavam". Qualquer pessoa que quisesse ir a Putuo, escreveu Zhang, só deveria viajar se encontrasse espaço em um dos barcos governamentais chamados barcos-tigre. Esses barcos garantiam uma espaçosa cabine de passageiro onde era possível sentar, dormir ou dar alguns passos, e tinham cortinas que poderiam ser abertas, deixando entrar ar fresco. Tais barcos eram mais seguros, manejados por profissionais em assuntos marítimos, e tinham 18 remos de cada lado para melhorar sua navegação. Se Zhang começou sua viagem num barco de peregrinos, ele parece ter mudado para um barco-tigre logo no início, pois são muitos os registros sobre roupas quentes e sentar-se no convés tarde da noite, curtindo a brisa e as brincadeiras dos raios dourados da lua na água.

Zhang Dai não encontrou qualquer iluminação interior na ilha de Putuo, mas testemunhou sinais de profunda devoção. Na véspera do dia do nascimento de Guanyin, viu centenas de homens e mulheres "atulhados como peixes" nos corredores centrais e laterais do templo principal. Eles ficaram por lá durante toda a noite, em vigília, recitando as escrituras e mortificando suas carnes queimando incenso em suas cabeças e braços. Era possível, literalmente, inalar o cheiro de carne chamuscada; Zhang se perguntava se esse era o tipo de oferenda que um bodhisattva gostaria de receber. Zhang não ficou surpreso que em sua falta de sono e sofrimento muitos peregrinos vissem a imagem de Guanyin em movimento ou emanando fachos de luz; mas, quando perguntou a um monge residente quando teve sua visão de Guanyin, o monge, com voz tumular, respondeu que a deusa se movera durante o reino de um imperador antigo, e depois nunca mais foi vista nos mesmos locais. Zhang menciona que teve de refrear seu desejo de rir diante de resposta tão inocente.

Assim como no monte Tai, Zhang Dai ficou impressionado pelas façanhas organizacionais de toda a operação, pelas milhares de pessoas que eram alimentadas diariamente, pela grandiosidade dos mercados e outras operações comerciais em Putuo. Havia alegrias insuspeitas também, como a sorte de poder caminhar pela famosa praia de Putuo, que se estendia por mais de mil passos entre os dois principais templos da ilha. "A água do mar deixou tudo muito limpo", escreveu Zhang. "A areia era de um ouro brilhante, e o sol se refletia nela de forma áspera. A faixa de areia era como um caminho meticuloso entre dois oceanos; e não importava se a maré estava alta ou não, as águas seguiam seus fluxos e refluxos. Concentrando-me cuidadosamente, o som não se distinguira da respiração humana — estávamos além do amanhecer ou da noite, além da pressa e da gravidade. Os perigos do mar vazavam e seguiam seu fluxo à sua própria maneira." Olhando para o leste, de outra montanha, os olhos de Zhang Dai poderiam ver, no limite do horizonte, quando as nuvens se partiam, o nebuloso contorno de ilhas distantes: estas, ele tinha certeza, deveriam ser a Coreia ou o Japão. Mas havia também aspectos anômalos: as centenas de milhares de peixes capturados e consumidos a cada dia não revelavam um comportamento em concordância com os princípios religiosos, e, ainda que houvesse muita caridade verdadeira, generosidade e bondade, havia também desperdício e ostentação. Como tantas vezes, Zhang Dai captou o princípio amplo com uma vinheta pessoal. Durante toda a peregrinação, que durou quase um mês, Zhang seguiu um regime estritamente budista de comidas vegetarianas. Quando chegou à cidade portuária de Dinghai, na ilha de Choushan, e a peregrinação terminou, correu ao mercado local e pediu um prato de seu "peixe de seixo" preferido. Não demorou muito para que vomitasse toda a comida que tinha engolido.

Aproximando as duas diferentes experiências, no mundo da fé e da peregrinação, Zhang Dai escreveu com sua síntese pessoal: "Quando subi o monte Tai, as montanhas se erguiam e declinavam e eu as sentia como ondas furiosas; elas tinham aparência de água. Quando viajei pelo Mar do Sul, vi grandes ondas que eram como montanhas movediças, penhascos de gelo, pedregulhos de neve, que se pareciam muito a montanhas. Montanhas e água estão conectadas, suas formas são diferentes, mas sua essência é a mesma. As nuvens do monte Tai produzem as chuvas do mundo e são as origens da água; Putuo, por outro lado, é uma terra de montanhas; portanto, a água não pode existir naturalmente de forma separada das montanhas. Vamos supor que as águas fossem infinitamente vastas, mas sem montanhas para servir de moldura e junção. O mundo, então, teria sangue, mas não ossos, e não seria capaz de criar a raça humana, muito menos o mar!"

Mesmo que Zhang Dai não tivesse feito muitas dessas longas viagens, elas lhe permitiram encontrar-se e conversar com muitos viajantes chineses. Especialmente quando os barcos eram o meio de transporte — fosse no Grande Canal interior que corria pelo norte de Hangzhou até Pequim, nos rios adjacentes ou na viagem marítima até a ilha de Putuo — havia longos períodos de espera e tédio, nos quais conversas casuais entre completos estranhos eram bastante comuns. Especialmente nas travessias noturnas na região do delta do Yangzi, nas barcas de grandes conveses inferiores para carregamentos e bem-azeitados conveses superiores para passageiros, eram poucas as paradas, e o nível de educação dos passageiros era comparativamente alto. Tal fato deu a Zhang Dai ideia para um livro, uma espécie de compêndio de conhecimentos que se chamaria *A barca noturna*. No prefácio, Zhang explicou suas motivações para escrever o livro: "De todas as formas de conhecimento que existem sob o céu, nenhuma é tão exigente quanto a que necessitamos em uma barca noturna. Por isso, as pessoas rústicas e simples, todas tentam preparar-se devidamente antes da jornada, para que, no caso de que surja uma conversa sobre os '18 estudiosos de Yingzhou' ou os '28 generais de Yuntai', não cometam erros que fariam seus ouvintes cobrirem a boca para esconder sorrisos. Parece que eles não percebem que, mesmo esquecendo os nomes dos 18 soldados ou dos 28 generais, isso não é prova de falta de conhecimento. Tais viajantes acreditam que se equivocar quanto a apenas um desses nomes deve ser considerado algo digno de vergonha."

Também era um fato triste, escreveu Zhang, que muitos dos que se diziam eruditos tivessem enormes lacunas em seus conhecimentos e muitas vezes cometessem erros espantosos. Para demonstrar, contou o caso ocorrido entre um dito estudioso e um simples monge itinerante budista que se encontraram na mesma cabine numa travessia noturna. Ainda que encolhido num dos cantos da cabine tentando dormir, o monge procurava ser cortês enquanto o estudioso lhe fazia preleções sobre uma série de tópicos. Mas o monge ficou tão assustado pelas várias incoerências do alegado erudito, que disse precisar "esticar as pernas", para poder deixar a cabine e assim pôr um ponto final naquele extenso monólogo.

A questão aqui, para Zhang, era a verdadeira natureza do aprendizado. Em certas cidades ao redor de Shaoxing, ele escreveu, quase todos eram letrados, e apenas quando atingiam os 20 anos se decidiam, alguns seguiam a vida de estudos e a maioria partia para a busca de conhecimentos em "artes manuais". Em tais áreas, mesmo artesãos podiam ter um bom entendimento dos livros e aparentavam ser "estantes de livros com duas pernas". Ainda assim, como seu aprendizado não estava baseado em qualquer conhecimento profundo ou fundamental, davam a impressão de serem algo iletrados. O estudioso pretensioso era igualmente oco em seu aprendizado.

Então, qual era a resposta? Não era desistir do estudo de nomes de figuras célebres e alusões importantes ao passado, escreveu Zhang, mas ser capaz de escolher entre todos os textos disponíveis aqueles que falavam de vidas ou ações que realmente foram significativas e extrair o que havia de qualidade entre a enorme quantidade de informação. Zhang Dai apresentou sua seleção do que deveria ser lembrado do passado, caso alguém tivesse uma conversa ilustrada com algum companheiro de *Barca*. Para ajudar nessa empreitada, destilou de suas próprias leituras vinte categorias — de astronomia e geografia a antiguidades e política, de rituais funerários e palavras de conforto a terras estrangeiras e medicina — e sobre cada uma listou o que sentia ser necessário saber. Com esse conhecimento à disposição, as travessias de barca poderiam seguir sem qualquer constrangimento. A tarefa talvez não fosse tão simples — a lista básica de Zhang incluía cerca de 4 mil nomes e itens, cada um com uma pequena passagem de explicação. Mas, se Zhang tivesse conseguido "permitir a monges como esse não serem obrigados a esticar suas pernas", seu trabalho teria se justificado.

Em *A barca noturna*, Zhang Dai dedicou várias seções ao tema de terras estrangeiras, passando pelos vizinhos Coreia e Japão e chegando a terras além de Hormuz e outros territórios explorados pelo almirante eunuco Zheng He na costa leste da África, na década de 1420. Mas, ainda que as informações fossem de interesse para seus leitores, em nenhuma parte desse livro de mais de 300 mil palavras Zhang mencionou os escritos em chinês de missionários católicos do Ocidente, que fizeram de Hangzhou sua principal base nos anos 1620, após sofrer perseguição em Beijing. Em Hangzhou, os católicos fizeram novos convertidos, e seus defensores e denegridores mantiveram um debate firme sobre a importância da cristandade e a natureza da sociedade da qual emanava.

O avô de Zhang Dai foi um dos que se envolveram em tais debates. Era típico do ecletismo dos conhecimentos do avô que, por volta do ano 1615, tivesse lido um dos primeiros livros que o missionário jesuíta Matteo Ricci escrevera em chinês (um tratado sobre a vida moral), condensado-o em um coerente resumo e, a pedido de um cristão chinês proeminente, ter escrito um prefácio introduzindo o trabalho a um grande círculo de leitores. Nesse prefácio, o avô apontou como os ensinamentos morais do Ocidente entravam em choque contra os dos seguidores de Confúcio e dos budistas, terminando com o aval de que esse livro ocidental em particular "tinha o poder de deixar pessoas estúpidas mais inteligentes, mas poderia fazer com que pessoas inteligentes ficassem mais estúpidas". Há uma certa redundância e necessidade de autoafirmação nos escritos dos estudiosos ocidentais, disse o avô, como se "um homem cego [acendesse] um escapulário de ouro [para desanuviar sua visão], ou um homem que voltava para casa levasse uma faixa de penas em sua cabeça". Mas talvez algo desse julgamento nascesse da tentativa de tomar uma parte pelo todo, e o avô, caridoso, escreveu: "Ao comer uma galinha, algumas pessoas comem apenas os tendões, ao comer um peixe *xun*, algumas pessoas querem apenas a cabeça. Como é possível tomar apenas um pequeno pedaço pretendendo comentar toda a oferenda sacrificada?"

O conterrâneo e amigo de Zhang Dai, Qi Biaojia — que escrevera um prefácio afetuoso para os *Perfis* de Zhang —, também tinha cópias de vários escritos católicos em sua biblioteca familiar, que Zhang Dai poderia ter consultado sempre que quisesse. Um ensaio sem data de Zhang Dai sobre Matteo Ricci — que mais tarde incorporou em sua história dos Ming — mostra que Zhang tinha absorvido grande parte dos escritos católicos em chinês disponíveis aos estudiosos chineses nos anos 1620: ele sabia, por exemplo, que o padre jesuíta Diego de Pantoja tinha ficado em Beijing após a morte de Ricci, em 1610, enquanto Alfonso Vagnoni se mudara para o sul de Nanjing e Hangzhou, convertendo muita gente nessa área. Zhang Dai também sabia que vários estudiosos chineses de Nanjing viam os jesuítas como causadores de problemas e, com sucesso, pediram ao imperador que os banisse para Guangzhou (Cantão), mais ao sul. Zhang também sabia que, apesar desse banimento, alguns missionários retornaram à região de Nanjing e continuaram pregando como antes.

Zhang Dai estava impressionado com a duração da jornada de Ricci pela China nos anos 1580, e calculou que o missionário cobrira mais de 40 mil quilômetros em três anos, enquanto o enorme navio capaz de carregar 1.500 homens, "navegou num mar vasto e sem margem, seguindo apenas a direção do vento". Zhang encontrou muita coisa interessante no que Ricci escreveu sobre o mundo que deixou para trás: as pessoas por lá usavam um calendário solar, em vez do calendário lunar usado na China. As moedas de prata eram moeda corrente, enquanto jades e pedras preciosas não eram muito comuns. O crime de qualquer tipo era pouco conhecido e causava espanto quando ocorria.

Tinham relógios mecânicos que repicavam com pequenos sinos a cada quarto de hora, e com um grande a cada hora — Ricci levou vários desses relógios para oferecer de presente. As pessoas do Ocidente muitas vezes viviam em altas torres para evitar a onipresente umidade. Tinham reservatórios de ouro e estanho. Tinham também uma espécie de cítara horizontal, chamada *qin*, notou Zhang Dai, e Ricci presenteou um desses ao palácio imperial. Dentro de uma caixa de madeira de mais de noventa centímetros de largura e cinco de profundidade, tinha não menos que 72 contas, feitas de um metal refinado, que cobriam toda a extensão do *qin* até um teclado exterior. Eles tinham paixão por astronomia e geografia e trouxeram consigo vários instrumentos relacionados a tais disciplinas. Alegavam que a Terra flutuava dentro do firmamento, e, por isso, se alguém continuasse seguindo em direção oeste, passaria pelo sopé da Terra e depois seguiria em direção leste. Pela mesma lógica, se alguém seguisse sem parar em direção ao norte, terminaria viajando pelo sul. Aparentemente, não tinham interesse em magia, ainda que houvesse rumores de que o próprio Ricci se distraía com alquimias e lidava com algo de medicina. Havia também uma similaridade surpreendente: não apenas a área total de um grupo de setenta países foi descrito por Ricci como "tendo exatamente o mesmo tamanho da China", mas "ao norte, também havia pessoas, contra quem tinham de se proteger, do mesmo modo como a China protegia a si mesma contra tribos estrangeiras: fortificavam suas cidades e usavam armas de fogo bem como arcos e flechas. Havia também cidades no coração desses países, mas estas não precisavam se proteger de forma tão intensa".

Zhang Dai também ficou impressionado com a determinação com a qual Ricci se aplicou ao estudo da língua chinesa, tanto que ele "podia ler escritos de Confúcio e comunicar-se com a gente". Disse que Ricci nunca ouvira falar do budismo antes de entrar na China, mas que se recusava a levá-lo a sério, pois os budistas não reconheciam o poder de líder de um deus transcendente.

Havia uma série de outras facetas interessantes das terras das quais veio Ricci, escreveu Zhang. Uns setenta governantes diferentes, todos soberanos em seus próprios territórios, viviam em harmonia, juntos, graças à presença de uma figura central, o papa, que era auxiliado pela sabedoria de uns dois mil homens religiosos altamente instruídos e virtuosos. Sua religião tinha três componentes coexistentes: a companhia original de sábios e santos, que escreveram os textos que aconselhavam e confortavam o povo; o próprio Deus; e a mãe de Deus. (Deus, de acordo com os cristãos, não tinha pai, como anotou Zhang Dai.) Aquela sociedade distante estava tão estruturada que os papas e líderes religiosos nunca se casavam, evitando muitos problemas e gastos; e mesmo os governantes dos setenta territórios nunca tinham concubinas nem esposas secundárias: "Sem múltiplas esposas, como podem existir a luxúria pervertida e vulgaridades." O próprio Ricci era casto e celibatário quando deixou sua terra natal aos 25 anos, e assim permaneceu durante os 27 anos que passou na China. Em sua terra natal, muitas mulheres nunca se casavam, o que por sua vez deixava muitos jovens homens solteiros. Ainda que os meses de preparação textual exigissem que esses aspirantes se tornassem estudiosos, mais o custo dos livros e os exames difíceis a que eram submetidos parecessem ecoar a prática chinesa, havia uma diferença fundamental: "De acordo com seus costumes, todos aqueles dos engajados na busca acadêmica jamais se casavam, e consideravam o sucesso nos exames sua única fonte de glória."

A essência de sua prática religiosa era simples: "Cada manhã, as pessoas da região [de Ricci] se levantavam e rezavam aos Céus. Rezavam para que, hoje, pudessem evitar pensamentos maus, palavras más e ações más; à noite, voltavam a rezar, expressando seu alívio por durante o dia terem evitado pensamentos maus, más palavras e más ações. Após um tempo, encontravam a si mesmos querendo ter um coração bom, boas palavras e boas ações, todos os dias, da manhã à noite. Fazendo disso seu hábito, enchiam seus livros de bons sentimentos." Era possível, como Zhang foi capaz de ver, tirar disso a conclusão de que seus textos compreendiam muitos dos ensinamentos que se poderiam encontrar nas obras de Confúcio, de Mozi, dos taoístas e dos budistas, e depois extrair uma conclusão positiva sobre sua cultura como um todo: "Se o papa ganha autoridade atendendo ao povo, e ainda exercita sua autoridade apenas em nome do povo, como sua regra pode não ser justa?"

Mas ainda existiam vastas dúvidas na cabeça de Zhang Dai, como era frequente quando ele ponderava sobre questões morais. Ele as reuniu no final do seu ensaio: "Essa religião do Senhor do Céu se espalhou pelo mundo, mesmo com seus ensinamentos sendo tanto estranhos quanto superficiais. Quanto aos escritos [de Ricci] sobre geografia mundial, o absurdo é sempre inquestionável. Seu *qin* com pérolas metálicas e seu relógio que repica, presenteados à corte, servem apenas para aguçar a curiosidade. Quanto aos seus escritos sobre as religiões ocidentais, usam a mesma linguagem e os argumentos de nossos seguidores de Confúcio. Se alguém for capaz de penetrar sua difícil prosa, e substituir as palavras comuns por outras, seus livros não oferecem nada de novo nem excitante. Algumas pessoas elogiaram seus trabalhos como tendo um espírito divino; outras os avaliavam como heresias patentes. Nem os elogios nem os desprezos são válidos." A verdade, para Zhang Dai, como em muitas outras áreas da fé e da prática, claramente está em algum lugar entre os dois polos.

Zhang Dai aceitava o fato de que as coisas nas quais as pessoas acreditavam, assim como as coisas que as assustavam ou excitavam, eram tanto bizarras como pouco suscetíveis de explicações fáceis. Assim como a chama no coração de uma experiência com fogos de artifício, eles continham a própria força que os consumia. Em talvez nenhum outro caso isso se demonstrou tão verdadeiro quanto numa visita ao templo de Asoka, em Ningbo, que ele fez em 1638, a caminho da ilha Putuo com seu amigo Qin Yisheng. O templo foi nomeado em honra ao senhor indiano Asoka, um dos grandes e primeiros patrocinadores do budismo, que no terceiro século antes de Cristo ordenara a criação de 84 mil relíquias budistas, algumas das quais se acredita tivessem chegado à China. Esse templo Ningbo guardava uma das tais relíquias, que continha um osso de Buda. Numa capela lateral, ao lado de uma estátua de Buda feita de madeira de sândalo, estava outra relíquia de bronze doada pela imperatriz viúva, mãe do imperador Wanli — sob cujo reinado três gerações da família de Zhang Dai ganharam os mais altos títulos e serviram na administração pública. O templo principal parecia especialmente bonito para Zhang Dai:

"Uma linha enevoada entre as árvores sombreadas através do portão, de forma que qualquer pessoa podia olhar para o céu e perceber um brilho glacial, frio, cristalino e penetrante." Apesar da beleza do cenário, no entanto, as relíquias da imperatriz viúva carregam uma mensagem obscura. Como Zhang explicava: "Sempre que alguém reza para as relíquias, isso produz todo tipo de visões de acordo com o carma pessoal; mas se permanece escuro como tinta, e nada puder ser visto, a pessoa certamente morrerá."

O relato tenso feito por Zhang Dai deixa o leitor sem saber exatamente quais são seus sentimentos religiosos, ainda que certo da fina linha enxergada por ele, separando a iluminação da escuridão perpétua. O sol estava nascendo, escreve Zhang, quando um monge veio buscar a ele e a Qin em seus quartos e os levou à sala do Buda, onde abriu o relicário de bronze aos viajantes. Dentro, Zhang pôde ver a miniatura hexagonal de um pagode talhado em madeira de sândalo, coberta com uma complexa ornamentação e numa escrita que Zhang reconheceu como sendo sânscrito. Dentro da segunda estava a relíquia, pendurada em um acessório que por sua vez estava dentro do pagode e balançava suavemente. Olhando intensamente, Zhang estava certo de ver três pérolas num mesmo cordão, como na cadeia de pérolas criada para o Buda histórico. Elas brilhavam de forma estranha. Descansando seus olhos por um momento, Zhang Dai baixou a cabeça, pedindo que uma visão lhe fosse concedida, e, quando, mais uma vez, focalizou a relíquia, conseguiu a visão pela qual suplicara: era uma pequena imagem de Guanyin, a deusa do perdão, "vestida de branco, tão nítida que era possível ver seus olhos e sobrancelhas, e mesmo as rugas em sua face". Mas o amigo de Zhang Dai, Qin Yisheng, não teve tanta sorte: "Olhou uma e outra vez, mas não foi capaz de ver nada. Tomado pelo pânico, sua face ficou vermelha, Qin chorou e desapareceu. Qin Yisheng morreu naquele mesmo ano, no oitavo mês."

Quando Zhang terminou seu primeiro livro, dez anos antes, seu amigo Qi Biaojia elogiou a concisão extraordinária. Como escreveu Qi no prefácio que ofereceu ao livro, Zhang era capaz de condensar em mais ou menos vinte palavras o que a ele custaria duzentas ou mais. Disso, podemos imaginar que o breve relato do destino de Qin após a visita ao templo era o tipo de coisa que os contemporâneos de Zhang achavam admirável. Ninguém deve ser culpado pela morte de Qin, e, se houve um fator central que contribuiu para isso, claro que foi sua total falta de imaginação. Mesmo quando descia os gelados degraus do monte Tai com seus carregadores, Zhang Dai foi capaz de imaginar a morte que o poderia estar esperando, e assim pôde evitá-la. Qin, por outro lado, não foi capaz de forçar a si mesmo uma visão quando ela era necessária. Por isso Zhang Dai viveu para escrever o conto e Qin teve de morrer, por isso Zhang voltou à casa e Qin estava no mundo dos mortos.

CAPÍTULO 5

## Níveis de serviço

O imperador Tianqi morreu no final de setembro de 1627. Normalmente, imperadores chegam e partem, e a vida das pessoas comuns segue seu ritmo normal, mas essa morte em particular prometia atingir maior ressonância que a maioria das outras, pois poucos reinos na história da China tinham sido palco de tanta corrupção e vício. O pai de Tianqi foi envenenado em 1620, após reinar por menos de um mês, e Tianqi ainda não tinha 15 anos quando um grupo de oficiais o elevou ao trono, assumindo as rédeas do governo antes que uma ambiciosa aliança de mulheres palacianas e eunucos fosse capaz de instaurar uma regência em seu nome. Mas os oficiais calcularam mal, e o jovem Tianqi já era completamente dependente do eunuco Wei Zhongxian, um veterano, com trinta anos de serviços palacianos, um mestre habilidoso de intrigas da corte e confidente da mãe do novo imperador e de sua ama.

A maior paixão do jovem imperador Tianqi era pela carpintaria requintada, e ele estava muito disposto a deixar que Wei resolvesse os problemas governamentais a fim de que fosse deixado em paz em sua oficina. Nessa estranha situação, mesmo ao mais veterano dos funcionários na administração do Estado era impossível encontrar o imperador Tianqi em pessoa, sendo forçado a obter permissão junto a Wei e seus assistentes caso quisesse implementar qualquer tipo de decisão política. Como Wei assumiu grande poder sobre as finanças palacianas e nacionais, escolheu eunucos de confiança como agentes para servir em várias cidades ricas, e assim enviar as taxas a Beijing. Embora a China estivesse enfrentando uma bancarrota interna e um número cada vez maior de levantes populares, bem como ameaças de tribos mongóis ao norte e poderosas forças dos guerreiros manchus junto à Grande Muralha, no noroeste, as tropas chinesas recebiam poucos suprimentos ou quase nenhum dinheiro para comprá-los. Além disso, venenosos políticos de Beijing promoveram a execução ou fizeram cair em desgraça muitos grandes generais chineses na fronteira norte. As tropas manchus, em 1626, tinham intensificado seus ataques sobre as forças Ming, uma indicação clara de que tentariam um ataque massivo ao sul da Grande Muralha chinesa.

Durante o reinado de Tianqi, a facção de Wei era tão forte — apoiada por uma larga rede de prisões de alta segurança na capital, dirigidas por guarda-costas selecionados — que ele podia levar à morte mesmo as mais altas autoridades na corte caso criticassem sua pessoa ou sua política. No caso mais famoso, em 1625 seis servidores proeminentes, todos com seus diplomas de alto nível educacional, foram presos e torturados. O líder do grupo, Yang Lian, veterano oficial da censura que se atrevera a acusar Wei de 24 "grandes crimes", foi falsamente acusado de suborno e espancado até a morte na prisão; os outros cinco morreram de espancamento e tortura projetados para fazê-los confessar seus próprios "crimes". Funcionários públicos de moral duvidosa mais tarde contribuíram para a imagem pública de Wei Zhongxian. O governador de Zhejiang, por exemplo, fez em 1626 uma petição para ter um templo com uma imagem de Wei, dando vistas ao bonito lado ocidental, em Hangzhou. A petição foi aprovada, e em outras províncias também logo surgiram outros templos. Somente a morte do imperador Tianqi, em 1627, interrompeu a carreira furiosa de Wei, e em dezembro do mesmo ano o novo imperador — irmão mais novo de Tianqi, pois os cinco filhos deste morreram ainda na infância — sugeriu o afastamento de Wei e logo depois ordenou sua prisão. Para escapar do destino a que tinha condenado tantos outros, Wei cometeu suicídio. O novo imperador agiu de forma decisiva e efetiva, e tempos melhores pareciam surgir.

Tais notícias incríveis viajaram rapidamente; um dos efeitos que teve em Zhang Dai foi fazer com que ele decidisse escrever uma história detalhada da dinastia Ming. Por uma coincidência intrigante, quando o imperador Tianqi morreu, Zhang Dai terminava seu primeiro livro, que começara a escrever em 1618, pouco tempo após seu casamento com a jovem senhora Liu. Esse livro era uma coleção de vinhetas históricas reunidas graças a uma seleção afiada de Zhang das histórias oficiais de dinastias e crônicas populares não oficiais, dos primeiros reinos do segundo milênio antes de Cristo até o colapso da dinastia mongol Yuan, nos anos 1360. Zhang Dai por fim reuniu perto de quatrocentos estudos concisos, que escreveu cuidadosamente usando seu próprio punho. Intitulou sua primeira coleção *Perfis de pessoas honradas e dignas ao longo das eras*. Para cada nome, escreveu um esquete biográfico condensado e um comentário sobre suas realizações. Naturalmente, havia os grandes guerreiros, estudiosos, oficiais e governantes do longo passado chinês, mas também havia os de postos mais humildes: mercadores, monges, pedintes. O que todas essas histórias compartilhavam era o fato de que uniam leitor e autor. Para melhor explicar sua motivação, Zhang citou o grande poeta da dinastia Song, Su Dongpo, que costumava reunir grandes quantidades de remédios, mesmo não estando doente, e estocar álcool que não costumava beber. Su costumava dizer: "Quando os que estão verdadeiramente doentes tomam meus remédios, posso sentir seu alívio; quando os bebedores tomam meu licor, posso compartilhar sua bebedeira." Assim se sentia o próprio Zhang Dai: "É meu objetivo despertar os mesmos sentimentos que encontro, e que leiam com a mesma energia inebriante. Se os seus olhos piscarem, os meus também piscarão; se as suas mãos se unirem, as minhas mãos também se unirão."

Zhang Dai queria transformar-se num escritor de história, como ele mesmo nos diz, e que pode ser visto pela excitação que sentia, como leitor, sempre que encontrava tais figuras inspiradoras do passado chinês. Ler sobre tais personagens virtuosos e corajosos dos primeiros tempos fazia irromper em Zhang uma onda de emoções: ele se transformava "num tigre ou lobo que acaba de encontrar carne, ou num pedaço de gelo ao lado de uma caldeira incandescente. Quando leio tais livros, minha excitação alcança níveis tão altos que minha face fica vermelha e minhas orelhas queimam, meus olhos se projetam e meu cabelo eriça. Sou como uma pessoa que é levada a um espaço frio e não consegue controlar sua tremedeira, ou como um homem doente que espirra, tosse, sua e não controla suas lágrimas".

O tipo de pessoa que o emocionava dessa forma especial estava entre nós no passado, escreveu Zhang. Eram os que encaravam o risco de forma natural, pessoas que imediatamente eram capazes de compartilhar suas paixões. "Neste mundo existem circunstâncias totalmente inesperadas, e, quando ficamos sabendo algo delas, cerramos os punhos e soltamos nossas plumas para escrever, como se fôssemos levados por uma necessidade comum de ação vigorosa: assim como fazem os estranhos que nunca antes tínhamos encontrado e nos dizem que enfrentaremos a morte no mesmo dia." Tais histórias do passado podem nos ajudar a entender dramas do presente: "Quando encontro pessoas assim, meu espírito se renova; sempre que isso acontece, e cruzo com um estudioso digno de honrarias ou seguidores de artes marciais, minhas emoções são levadas pela nossa situação contemporânea." Quanto mais arriscada a situação, disse Zhang, e mais desafiadora a cura, mais excitantes se tornam tais eventos: "Por que isso? Se as coisas que nos acontecem na vida normal não são dolorosas, não são revigorantes; se não são intensamente dolorosas, nunca serão suficientemente revigorantes." Por isso as melhores curas também encontramos em nosso dia a dia: após "usar uma pressão violenta para estourar um furúnculo, ou com uma sovela desalojar um estilhaço, uma vez cessada a dor, a inflamação e o inchaço rapidamente desapareçam. Todas as nossas maiores tensões desapareçam com um pequeno talho de faca."

Num comentário à parte sobre a metodologia desse volume de *Perfis*, Zhang Dai dividiu as pessoas sobre as quais escolheu escrever em categorias mais específicas. Numa posição privilegiada estavam dois grupos de figuras cujas ações iam do impulso repentino à generosidade impensada. Primeiro vinham as pessoas cuja "compaixão pelos que estão em extremo perigo, fugindo com muito medo ou enfrentando uma morte aparentemente inevitável, rugia para a vida como um raio ou uma onda gigante, completamente indomável". Ligados a tais pessoas, por meio da grandeza moral, estavam os que "davam suas vidas para o país sem arrependimento, acima do sofrimento pessoal, mesmo não sendo obrigadas a fazer isso". O impulso espontâneo por trás de sua coragem era o que fascinava Zhang Dai: por isso, como ele mesmo disse, não escreveria sobre os que sacrificaram suas vidas por um "benfeitor", como o espadachim Jing Ke, ou os que mantinham um posto oficial e "não tinham outra opção além de morrer por seus governantes". Nem escreveria sobre os que morreram por mestres totalmente sem valor ou que deram suas vidas "sem desgaste ou exaustão, não mantendo uma lealdade apaixonada".

Na seção final de seus comentários, Zhang Dai mudou bruscamente de rumo pisando em território perigoso: "Vou recordar todos os que, quando lobos tomam o poder e nenhum tipo de justiça pode ser alcançada pelos canais oficiais, tentam limitar a influência de tais homens por atos de bravura pessoal, ou humilhando-os com seu senso de humor ou inteligência. Só gostaria de poder preservar tais atos de resistência nas minhas palavras vazias, mas não tocar em seu sucesso ou fracasso." Se os assuntos do passado que trazia à tona pareciam ter relevância junto aos "negócios correntes", Zhang seguia, não os deixaria de fora do livro, mesmo quando as pessoas o acusavam de irresponsabilidade ou de apresentar conclusões sem comprovação, por isso sua esperança era de que suas palavras poderiam "fortalecer a moral e a honra em nossa sociedade atual". Seu modelo seria o antigo historiador Dong Hu, que fora elogiado por Confúcio por sua integridade e recusa em ocultar verdades dolorosas. Num brado final sarcástico, Zhang termina seus comentários notando que mesmo os cavalos, cães, pássaros e macacos eram conhecidos por seus atos virtuosos, como salvar os donos de afogamento ou avisar da aproximação de ladrões, e por isso daria a eles o crédito necessário. "Guardo um espaço no meu livro para eles, para assim envergonhar os homens que nem mesmo podem ser comparados a macacos e cavalos."

Durante o ano de 1628 e por grande parte do ano seguinte, Zhang Dai estava preocupado em organizar a publicação de seus *Perfis* e encorajou amigos e estudiosos locais a escreverem prefácios. Seus comentários eram brilhantes, com vários escritores equacionando suas conquistas junto às do grande historiador Sima Qian, e foi com seus elogios ainda frescos em seus ouvidos que, no outono de 1629, Zhang Dai partiu para visitar seu pai no norte. O entusiasmo daqueles homens pode ter sido exagerado, mas sem dúvida ajudou a firmar os planos embrionários de Zhang de escrever um livro que começaria com a fundação da dinastia Ming, em 1368, e continuaria pelos 15 imperadores que governaram a China daquela época até a morte de Tianqi. A prudência comum dizia que Zhang deveria terminar sua história nesse ponto, sem esboçar qualquer julgamento sobre o irmão mais novo de Tianqi, o novo governante chinês, que de forma tão rápida conseguiu vencer o eunuco Wei Zhongxian.

Zhang Dai percebeu as implicações dramáticas da história de Wei e, mesmo com os eventos ainda se desenrolando, parece ter iniciado os trabalhos de uma peça de ópera intitulada *Montanha de gelo*, sobre a ascensão e queda de Wei. A resposta inicial foi gratificante, e, quando ocorreram representações públicas da *Montanha de gelo* em Shaoxing, mais ou menos um ano após a queda de Wei, Zhang nos diz que multidões lotaram o teatro e todos os espaços em frente aos portões: elas se identificavam de forma tão intensa com o corajoso Yang Lian que, quando o ator que o representava aparecia no palco e anunciava "Eu sou Yang Lian", a multidão começava a entoar em uníssono "Yang Lian, Yang Lian". O resultado, escreveu Zhang, foi que "o som de suas vozes se espalhou pela área circundante como uma onda que se quebrava na praia". Como outros personagens heroicos também apareciam — como o operário urbano Yan Peiwei, que lutou contra os funcionários corruptos locais leais a Wei —, a multidão "rugia sua aprovação por tanta coragem e batia seus pés em num só ritmo, sacudindo as fundações do teatro".

Quando Zhang Dai fez uma segunda viagem a Shandong, dessa vez em 1631, levou uma de suas trupes de ópera ao norte para que *Montanha de gelo* fosse encenada para seu pai. Zhang nos diz que, enquanto oferecia representações no teatro de Shandong, voltou ao texto adicionando vários episódios que foram contados a ele pela sofisticada audiência reunida no local, muitos dos quais viveram os mais críticos eventos enquanto serviam à corte de Beijing, nos anos 1620. Compilando suas memórias, escreveu Zhang, ele foi capaz de maravilhar outros públicos com a extensão de seu conhecimento.

Apesar dessa aparentemente firme postura moral diante das monstruosidades de Wei, Zhang Dai seguia tolerante quanto às aberrações de outras pessoas, enquanto estas mantivessem o propósito que celebrara em *Perfis*. Especialmente no que diz respeito aos bizarros negócios financeiros e políticos de sua família, dos quais escreveu uma série de esquetes que pareciam cuidadosamente calibrados, começando com seus antepassados imediatos. Por exemplo, segundo Zhang Dai, seu trisavô Tianfu arruinou sua própria carreira ao não aceitar fazer ajustes que lubrificavam as engrenagens da sociedade do longínquo sudoeste. Nomeado para um posto de prestígio em Yunnan, encontrou-se imerso na política local e nas entranhas de uma rebelião regional. O homem forte local, Mu, mandava em todo o território e estava disposto a pagar caro para manter tudo como estava. O que o trisavô tinha de fazer era aceitar o dinheiro de Mu e dividir as honrarias por ter conseguido abrandar os rebeldes. Mu lhe ofereceu mais de 200 kg de ouro para dividir sua glória. Ao recusar terminantemente, seguindo sua integridade pessoal, perdeu tanto o dinheiro quanto a honra. Mu usou o dinheiro para comprar outros membros da administração, para fazer com que criticassem a maneira de Tianfu de lidar com a crise e reforçassem seu desagrado com solicitações de *impeachment* a Beijing. O velho homem só escapou porque Wengong, seu filho, interrompeu seus estudos, correu de volta a casa, em Yunnan, e encontrou uma brecha na lei, conseguindo um adiamento parcial de sua pena — e mesmo assim o custo foi alto, e a carreira de Tianfu estava arruinada.

A própria carreira do bisavô Wengong, apesar de seu triunfo nos exames, sofreu um baque em Beijing diante de sua recusa em cortejar ou mesmo ser educado com aqueles que corrigiram seus livros de exames, normalmente um vínculo comum de patrocínio e lealdade. Então, em vez de tirar o máximo proveito do fato de o examinador-chefe, que foi responsável, em 1571, por garantir que Wengong se classificasse em primeiro lugar em todo o país, e era também o mais poderoso entre os grandes secretários, o avô rejeitou essa vantagem caída do céu e proclamou-se discípulo de Luo Wanhua, antigo colega de estudos na Montanha do Dragão. O grande secretário, de acordo com Zhang Dai, respondeu de forma seca quando o bisavô mencionou o nome de Luo, dizendo: "O homem é louco." A única resposta do bisavô foi uma inflexível recusa em se juntar aos aduladores que rodeavam o secretário quando ele estava doente e acompanhavam obrigatoriamente todos os funerais da família do grande homem. Em vez disso, Wengong optou por afastar-se de seu cargo mais cedo e dedicar-se a revisar a história da região de Shaoxing, onde tinha nascido. O bisavô, escreveu Zhang Dai, "era virtuoso e cândido, e considerava o bem-estar de todo o país responsabilidade sua. Muitas pessoas o consideravam o salvador do país. Ainda que a sorte não o tenha favorecido, e ele tenha se tornado um homem velho e preocupado".

O avô Rulin parece ter sido igualmente pouco prático, concentrando-se nos estudos — e talvez em suas tentativas de seguir o mesmo caminho de êxito de seu pai, Wengong, nos exames — o que o deixou completamente afastado das necessidades econômicas da família. O relato de Zhang Dai é sucinto, mas, deixando de lado certas frases de efeito sobre a vida de um recluso, nos oferece alguns detalhes sobre os anos de estudo do avô: "Quando [o bisavô] Wengong morreu [em abril de 1588], a família começou a viver momentos difíceis. O magistrado local alterou o antigo sistema de registro de terras, e não foi piedoso na forma como o fez. O avô seguiu seus estudos na torre brilhante do Dragão, subindo ao topo e tendo suas refeições sempre levadas para cima com a ajuda de uma roldana; por três anos, nunca deixou a torre. Grande parte das terras e propriedades acumuladas pela família havia sido apropriada por outros e [o avô] não se incomodou de os impedir, apenas resignou-se perante a situação." Talvez o avô estivesse sendo inteligente ao manter-se afastado do mundo dos negócios práticos se quisesse triunfar nos exames — mas também é possível ver como sua recusa em envolver-se em negócios mundanos provavelmente trouxe graves consequências à fortuna da família.

Zhang descreve com mais detalhe como, quando o avô terminou seus estudos, passou nos exames e recebeu sua nomeação como magistrado na província de Jiangxi, tinha talento para a administração. Ele era capaz de ver como uma nova taxa de mineração imposta por Beijing tinha enorme efeito danoso na economia local, fazendo com que muitos mineradores seguissem para as montanhas; para controlar essa perda de rendimentos, o avô foi capaz de reunir vários magistrados de áreas vizinhas como colaboradores, a fim de encarar o novo comissário responsável pelo recolhimento de taxas. Também foi bem-sucedido, escreveu um admirável historiador local, na tarefa de acalmar as desordens causadas por um comissário eunuco que pedia quantidades impossíveis de plantas medicinais. Mas não há evidência de que tais ações tenham garantido qualquer benefício à família Zhang. Como um dos historiadores locais relata: "Economia de dinheiro era um costume de nosso condado: Zhang Rulin vinha de uma família que fora influente por gerações, mas ele se contentava com uma vida simples."

Em contraste com tais ações de certa forma moralistas tomadas pelos antigos representantes da família Zhang, o pai de Zhang Dai parece ter se comportado, enquanto trabalhando em Lu, de forma mais despreocupada. Logo após a chegada do pai, escreveu Zhang, no final de 1627, "rebeldes surgiram na província de Shandong e cercaram completamente a cidade de Yanzhou. O pai foi colocado no comando das defesas da cidade e, pelos seus movimentos inesperados, fez debandar os insurgentes". Os mais antigos funcionários públicos da região — incluindo o comissário de finanças Liu, para quem, em 1631, Zhang Dai ofereceu uma apresentação de sua ópera sobre as maldades do eunuco Wei Zhongxian — "todos honraram e cumprimentaram meu pai, e deram a ele o nome de 'Pacificador dos rebeldes'".

Algum tempo depois, quando solicitado que checasse os registros de homens recentemente condenados por crimes em Lu, o pai usou fundos próprios para socorrer famílias de subordinados que não poderiam arcar com as taxas devidas ao posto, providenciando caixões para os mortos e os custos de viagens para os que voltavam às suas casas. O pai também virou do avesso as prisões locais em sua luta para livrar todas as pessoas do que chamou de "infernos na Terra", e renomeou os crimes de condenados usando eufemismos, pois assim poderiam ser perdoados no caso de serem revistos: nas palavras do pai de Zhang, assassinos confessos se tornaram "lutadores por justiça", ladrões viraram "cavaleiros errantes", vingadores violentos foram chamados de "filhos obedientes". Seja por tais ações excêntricas ou por outras razões que não conhecemos, no final de 1631 o pai foi destituído de seu posto em Lu. A única pista que Zhang nos dá sobre a razão de tal demissão foi que, depois de redefinir tais criminosos e voltar ao seu serviço junto ao príncipe, "o pai intensificou sua busca por livrar a mente de todas as amarras: conversando com outros ele se mostrou cada vez mais absurdo e disperso, e as pessoas zombavam dele".

Se Zhang tinha a intenção de criticar ao analisar seus ancestrais, ele se calou. Mas o mesmo não é verdade sobre dois longos contos descritos por Zhang a respeito de dois parentes mais distantes: o tio-avô Rufang e o terceiro tio Sanshu. O tio-avô Rufang era poucos anos mais velho que o avô de Zhang Dai, e por isso na família era considerado um membro da geração do avô. Ainda assim, ele parecia não possuir nada da riqueza da família, nenhuma educação ou qualquer antepassado diferenciado. Talvez Rufang tenha nascido de uma esposa secundária ou de uma concubina, ou de alguma sobrinha mais velha do bisavô — Zhang Dai não nos dá detalhes. Contenta-se em entrar diretamente na história de Rufang, sem preâmbulos, certo de que a história falará por si mesma. "O tio-avô Rufang era alguns anos mais velho que meu avô, mas não teve sucesso nos estudos e deixou a escola. Tentou trabalhar como vendedor de artesanato, mas tampouco teve êxito. Sua pobreza era tão extrema que não era capaz de vencer em nada. Casou-se com alguém, mas não foi capaz de cuidar dela; sobreviviam lavando, costurando e fazendo pequenos consertos para famílias ricas."

Certa manhã, de acordo com a narrativa de Zhang Dai, Rufang estava sentado no chão, segurando seu primeiro filho Shouzheng, e percebeu que não tinha comida para dar ao menino. Chorando, disse à mulher: "Estou na mais completa miséria, e, se continuar me agarrando aos confortos da casa, certamente terminarei morto em uma vala. Gostaria de ir para o norte, tentar a sorte por alguns anos, mas, a menos que consiga algum dinheiro para cobrir as despesas da viagem, terei de desistir dessa ideia. As coisas chegaram a um limite! Se for, eu morro. Se fico, também morro. Mas, dadas as circunstâncias, acho que o melhor seria ir e morrer que ficar e morrer. Não tenho qualquer bem de valor, mas posso ver que no colarinho de sua jaqueta ainda restam dois fechos de prata. Você me permitiria vendê-los?" A mulher pegou a tesoura e cortou os fechos para Rufang, que imediatamente correu para a loja de penhores e recebeu três *qian* em dinheiro vivo pelo fechos. Dividiu o dinheiro ao meio com sua mulher, dizendo: "Isso será bastante para vários dias. Mas, após dez dias, você terá de buscar uma família rica. Vou levar a minha parte como dinheiro de viagem, parto amanhã." Os dois choraram diante da necessidade da partida.

O máximo que "três *qian*" poderiam representar na época eram "três décimos de menos de trinta gramas de prata", o suficiente para uns poucos dias de comida para sua mulher, como observou Rufang, mas certamente nada para que ele seguisse caminho até Beijing. A única esperança de chegar ao norte com apenas algumas moedas no bolso seria deixando Shaoxing, cruzando o rio Qiantang para o norte e seguindo caminho à capital provincial de Hangzhou. Hangzhou, ao mesmo tempo que era um dos grandes centros culturais e de entretenimento da China, era uma encruzilhada comercial para o sudeste nos dias anteriores ao espetacular crescimento de Xangai. Mais importante, era a ponta sul do Grande Canal, onde viajava grande parte do arroz chinês, além de outros carregamentos de comida que supriam os apetites vorazes das guarnições do norte, além da corte e da administração pública em Beijing. Rebocar os pesados carregamentos canal acima oferecia trabalho duro, mas regular, a centenas de homens, em troca de um salário bem pequeno. Rufang decidiu abraçar essa oportunidade, e Zhang Dai descreveu como seu tio-avô "vestiu seu chapéu de chuva e saiu de casa, atravessando o rio Qiantang até chegar à junção dos navios que vinham do norte. Lá, comprou uma corda de rebocar e se alistou para trabalhar em um barco de grãos. Meses mais tarde, ele chegou a Beijing".

Para um homem do sul sem contatos, com educação limitada e muita ambição, conseguir um emprego em Beijing não seria fácil. Mais uma vez, a solução encontrada por Rufang foi prática: trabalhar como copista no escritório da *Gazeta da Capital*, folha de notícias oficial de Beijing, que registrava as decisões principais e os documentos da Corte e da burocracia, e que circulava por sistema de entregas a todos os escritórios administrativos da China. Os salários pagos ali eram miseráveis — de acordo com Zhang Dai, após pagar por sua comida e alojamento, seu tio-avô ganhava apenas algumas poucas moedas de cobre por dia. Mas, vivendo da forma mais pobre possível por vinte anos, foi capaz de economizar por volta de cem taéis de prata (equivalentes a quase três quilos do mesmo metal). Com seus taéis, Rufang poderia ter voltado para casa digno, talvez investindo em um pequeno negócio ou comprando um bom lote de terra — contratos de venda do final do período Ming revelam que bons pedaços de terra mudavam de mãos em troca de algo entre três e vinte taéis. Mas, como anotou Zhang Dai, seu tio-avô escolheu usar o dinheiro para avançar mais um degrau na burocracia de Beijing, ainda que para muitos observadores tal manobra significasse trocar um emprego ruim por outro. "O que o tio-avô Rufang fez foi usar o dinheiro para procurar um emprego no ministério de pessoal, como funcionário menor no registro para famílias principescas." A maior parte dos escritórios no ministério de pessoal era conhecida por trabalhar a todo vapor, todo o tempo, mas o registro de famílias principescas, escreveu Zhang, "era tão calmo que um funcionário poderia caçar pardais na porta". A maior parte dos funcionários lotados nesse departamento vinha apenas alguns dias ao mês. O resto do tempo deixavam as portas de seus despachos trancadas e cuidavam de outros interesses. Normalmente, não havia ninguém por perto, e Rufang permanecia sozinho, sem nada para fazer, mas, como não tinha casa para onde ir, passava todos os seus dias ali, vagando pelo escritório. "E assim se passaram dez anos", escreveu Zhang Dai, "e ele foi promovido a chefe."

Foi quando surgiu a chance de sua vida: "Certa manhã, enquanto [Rufang] tirava um cochilo, ouviu o som de ratos nas vigas do telhado, espalhando os papéis. O som da correria era enervante, e ele gritou para que os ratos se dispersassem. Um rolo de papel caiu no chão, e ao pegá-lo Rufang deu uma olhada e viu que se tratava de um documento oficial registrando os nascimentos no clã principesco de Chu. Rufang escondeu aquilo debaixo de uma caixa."

Treinado na burocracia de Beijing, mesmo em um nível mais baixo, Rufang não estava sendo simplesmente excêntrico ao fazer isso. Sua ação refletia seu conhecimento — algo sabido na capital por volta de 1603 — de que havia um grande confronto no clã Chu. Essa família eminente, que descendia diretamente do fundador da dinastia Ming, lutara por controles com a família Lu, para quem o pai de Zhang trabalhara uns 25 anos antes, mas os Chu tinham propriedades enormes nas províncias de Hunan e Hubei, especialmente na cidade de Wuchang. O complexo caso legal e de finanças legislava sobre se o homem que governava os Chu naquele momento era realmente o herdeiro de tais terras ou se — como clamavam seus inimigos — fora inserido no palácio ainda bebê através de uma conspiração de algumas mulheres e seus maridos, para que dessa forma pudesse clamar o nascimento de um novo príncipe e garantir a existência da linhagem. A história era intensa, envolvia acusações e contra-acusações de diferentes facções entre os príncipes Chu e seus aliados. Pelo menos dois ministros antigos de Beijing estiveram diretamente envolvidos em investigações confidenciais; o próprio imperador sabia a escala de tal conspiração.

A acusação inicial fora feita anos antes pelo pai de uma concubina do príncipe anterior, que clamava que parte de seus contatos com a casa Chu valera a eles muitas centenas de taéis, que logo desapareceram. O dinheiro nunca foi encontrado, apesar de extensas buscas nas propriedades dos Chu, e o imperador permitiu ao príncipe do momento a manutenção de sua posição com todos os seus altos gastos. Em gratidão, o jovem enviou 20 mil taéis ao imperador, quantia suficiente para trocar a mobília de três dos palácios da Cidade Proibida que haviam sido devastados pelo fogo poucos anos antes. O presente foi seguido por vários outros pagamentos, alguns dos quais foram apropriados por membros do clã imperial e também desapareceram. Por fim, com as terras dos Chu em vias de uma rebelião aberta, o imperador ordenou uma pesada série de investigações no ano de 1605. Do clã imperial, 2 membros foram decapitados, a 4 foi permitido que cometessem suicídio (pena considerada menos dura) e 45 foram presos. O último expurgo aconteceu em maio de 1605, e "desse momento em diante, ninguém mais ousou falar sobre esse assunto dos Chu".

De acordo com Zhang Dai — que pode tanto ter fabricado o diálogo quanto ouvido algo de seus parentes — o instinto do tio-avô de que poderia

NÍVEIS DE SERVIÇO • 135

ter uma fortuna em potencial nas mãos foi rapidamente confirmado: "Alguns dias mais tarde, quando o tio-avô estava mais uma vez vagando, sem nada para fazer, um grupo de pessoas se aproximou e bateu na porta; quando ele nervosamente perguntou o que queriam, diziam que buscavam o funcionário de registros, para que mostrasse a eles certos materiais de arquivo. Rufang foi atendê-los e eles perguntaram: 'Onde está o chefe de registros?' Rufang respondeu: 'Sou eu.' Os visitantes disseram: 'Viemos do escritório do estado principesco de Chu [na cidade de Wuchang]; pelos problemas que dizem respeito à sucessão do príncipe dessas terras, fomos à corte imperial [na Cidade Proibida], mas eles perderam os documentos com os registros de nascimento [dos príncipes Chu]. Por isso viemos até aqui, para buscar esses documentos. Pedimos ao chefe que use todos os seus recursos na busca de tais documentos. Se puder encontrá-los, de bom grado lhe ofereceremos oito mil taéis como marca de nossa gratidão.' Rufang respondeu: 'Já vi isso em algum lugar, mas não me lembro onde. E a quantidade de dinheiro oferecida me parece pouca, não é exatamente o que eu tinha em mente.' Os visitantes responderam: 'Se puder encontrar o documento original, dobramos a oferta.' Rufang deixou passar um tempo, deu de ombros e balançou de leve sua cabeça. Os visitantes disseram: 'Se ainda acha que nossa oferta é pequena, podemos subir a vinte mil taéis.' Rufang ficou satisfeito, olhou para os lados e sussurrou: 'Não saiam contando isso para todo mundo, mas se trouxerem o dinheiro amanhã, a tal lugar, eu lhes dou o documento original.' Os visitantes agradeceram e foram embora. No dia seguinte, Rufang secretamente levou o documento original [ao local combinado] e deu a eles; em troca recebeu seus vinte mil taéis."

Pelo menos Zhang Dai resolveu registrar a história para a posteridade, e não há dúvida de que, consequentemente, reforça o conselho que a senhora Liu dera ao bisavô de Zhang Dai nos anos 1570, especialmente no que diz respeito a que ele deveria se retirar quando alguém se colocasse à sua frente, pois muita sorte pode ser interrompida pela inveja de outros. Pois, como escreveu Zhang Dai, ainda que muitos em Beijing estivessem pedindo há anos que o bisavô usasse suas economias para conseguir melhores postos, quando conseguiu o dinheiro Rufang tornou-se muito cauteloso. Zhang registra que

Rufang suspirou e disse: "O sofrimento humano vem do desconhecimento de quanto o bastante é bastante. Quanto tempo se passou desde que vi aqueles fechos de prata de minha esposa, e nos separamos. Vou para casa viver como um velho dono de terras e, se receber calor e puder encher a barriga, me darei por satisfeito, isso será suficiente!" Então Rufang procurou um passe oficial de trânsito de seu comando em Beijing, pregou-o em seu chapéu oficial e voltou para casa usando suas roupas oficiais.

Zhang Dai termina sua história com uma nota de elogio: "Haviam se passado mais de trinta anos desde que a esposa [de Rufang] tivera um filho seu, esse filho estava casado e produzira um neto. Quando pai e filho ficaram cara a cara, não se reconheceram. Rufang comprou terras e propriedades, e viveu em sua casa por mais de vinte anos; era certamente possível dizer que se tratava de um rico proprietário. Até que os dois estivessem em seus oitenta anos, marido e mulher viveram juntos, felizes como um casal."

Como Zhang Dai resumiu, seu tio-avô Rufang, inicialmente, não poderia ser mais pobre, incapaz de conseguir qualquer esmola para pôr em sua boca, mas sua obsessão em conseguir o dinheiro suficiente para voltar para casa e cuidar de sua família o levou adiante: "Com as mãos vazias, viajou à capital, vivendo uma vida dura por mais de trinta anos, até que, no meio de uma pilha de papéis velhos, encontrou 20 mil taéis, o que foi tão fácil quanto virar a palma da mão. Em tempos antigos, vestido em trapos e roupas puídas, ele se sentava em frente [a sua esposa] e os dois choravam. Mas ficou tão rico quanto Fan Li. Seu nome entrou na lista dos ricos e famosos e ninguém pode dizer que não se transformou em alguém acima do bem e do mal, um verdadeiro homem de talento. Com sua enorme fortuna caindo em suas mãos, criou uma versão da balada 'Estou voltando para casa'. Despreocupado como uma gaivota, e com os ganhos obtidos em seus bosques de laranja, viveu muitos anos como membro de uma 'nobreza sem títulos e rica'. Assim que voltou para casa, para Yue, nunca mais buscou um escritório." Mas Zhang Dai não ficou contente a ponto de parar por aí. Com sua "mente aberta e ótimo faro, seria justo colocar o tio-avô Rufang um degrau acima do próprio Fan Li".

As referências que Zhang Dai fez a Fan Li e ao poema "Estou voltando para casa" deveriam ser familiares a todos os seus leitores. Era a forma graciosa de Zhang Dai saudar as conquistas curiosas de seu tio-avô Rufang, que sofreu por tantos anos, que encontrou uma chance de vender os documentos da família Chu — ainda que não estivessem à venda — e assim fez sua fortuna. Fan Li foi um personagem real de um passado distante, brilhantemente analisado pelo grande historiador Sima Qian. Fan Li foi, por muitos anos, o conselheiro político do administrador da região de Yue, cuja capital mais tarde seria levada à cidade de Shaoxing. Mas certo dia, quando viu a chegada de mudanças políticas catastróficas, Fan Li viajou para longe com seu senhor num barco, trocou de nome e, numa segunda fase de sua vida, tornou-se um dos grandes mercadores e financistas da China, deixando toda sua família rica e em segurança, membros da elite financeira, o seleto grupo que Sima Qian chamava "nobreza sem títulos e rica".

Escrito no ano 405, uns duzentos anos antes dos ganhos financeiros de Rufang, a balada de Tao Qian "Estou voltando para casa" era um ponto de referência na literatura dos chineses que, por séculos, trocaram uma vida cheia de trabalho por uma vida pacífica em casa. Ainda que Tao Qian não tenha ganhado tanto dinheiro e tenha servido em postos oficiais por curtos períodos — oito anos no total —, sua determinação para viver em sua casa, com sua família, fez sua mente transcender todas as vantagens possíveis em uma vida de carreira burocrática ou escolar. Como Rufang, Tao Qian dizia buscar o contentamento na vida de um fazendeiro. Como Rufang, queria voltar a ver seus filhos e, como Rufang, viveu vinte anos (no caso de Tao, 22, de 405 a 427) na casa que amava.

Todos os parentes de Zhang Dai deveriam conhecer os famosos versos da balada de Tao Qian a que se referira:

Estou voltando para casa.
Campos e jardins repletos de ervas daninhas,
Como poderia não voltar para casa!
Fui eu quem transformou minha cabeça em escrava de meu corpo.

Por que seguir vivendo na tristeza, no sofrimento?
Sei que o passado não pode ser alterado,
E sei que minha esperança reside no futuro.
Não fui longe na estrada errada,
E entendo que, hoje, é certo o que ontem era errado.
O barco balança ao sabor da suave brisa.
O vento sopra em meu aventual de viagem.
Pergunto a outro viajante: "Quanto falta para chegar?"
Triste por ainda não poder ver nada na pálida luz do amanhecer.
Logo depois vislumbro o portão do meu chalé —
Cheio de alegria, eu corro...

Rufang segue sendo um mistério nos relatos de Zhang, desonesto e leal, um jogador quando tinha chance, e um observador paciente o resto do tempo. Zhang Dai deixou-o de lado, foi um nome sem contexto real, um homem que poderia ter servido a qualquer imperador que abrisse guarda. Mas no caso do terceiro tio Sanshu, nascido por volta de 1578, Zhang Dai tomou mais cuidado para isolar os traços de personalidade e hábitos do personagem que ajudassem a explicar como Sanshu fez para conseguir sua fortuna — também em Beijing. Nos dois casos, Beijing era o ímã; mas, no caso do tio Sanshu, o sucesso veio mais rápido e mais de acordo com seu plano inicial, bem como de forma mais ativa na prática da corrupção.

Como observou Zhang Dai, seu terceiro tio foi "rápido e versátil" quando jovem, com um traço inestimável: "Sempre que conhecia alguém, pensava consigo mesmo e conversava sobre assuntos certeiros; todos gravitavam à sua volta." Talvez fosse uma junção de traços de personalidade que transformava esse mesmo tio em uma companhia tão boa para o jovem Zhang Dai quando faziam juntos seus experimentos para o chá da Orquídea de Neve. Em Shaoxing, segundo Zhang Dai, seu terceiro tio soube exatamente como comportar-se como ajudante para todas as horas, seja no ambiente familiar ou de trabalho: nas primeiras décadas dos anos 1600, por exemplo, Sanshu ajudou o povo local enquanto construíam suas mansões, fosse assunto relacionado

NÍVEIS DE SERVIÇO • 139

à paisagem ou ligado à supervisão de sofisticado trabalho artesanal, "mesmo quando as despesas atingiam altos números, ele cuidava de tudo com suas próprias mãos, e nunca considerava nada daquilo incômodo".

No início dos anos 1620, Sanshu desviou seu foco para os funcionários públicos de Shaoxing, que sempre vinham (de acordo com a lei da época) de fora da província que administravam. Sanshu apresentou-se como voluntário para vários desses homens poderosos e provou de forma tão efetiva seu conhecimento das condições locais, abarcando tantos pontos, que, a menos que "tivessem conversado sobre um assunto particular com ele anteriormente, [os funcionários] não ousavam dar conta de qualquer assunto dos negócios oficiais em sua jurisdição".

Em 1627, assim como Rufang fizera nos anos 1570, o tio Sanshu partiu para Beijing "sem levar qualquer reserva de dinheiro". Mas, ao contrário do tio-avô Rufang, Sanshu chegou facilmente ao centro do poder, envolvendo-se nos círculos certos. Zhang Dai descreve a rápida ascensão de seu tio a uma posição influente nestes termos: "Em Beijing, após uma simples conversa social, ele obteve o posto como secretário privado no Grande Secretariado, como se fosse algo tão simples quanto alugar um quarto. Certa vez Sanshu disse a Dai [a mim]: 'Se você pode ajudar a esses três senhores ministros, valerá 7 mil taéis.' Foi exatamente isso o que ele disse."

De acordo com Zhang Dai, seu terceiro tio era um homem de feições incríveis: "Sua barba e sobrancelhas pareciam lanças, seu cabelo e olhos eram revoltos: nunca olhava diretamente às outras pessoas, e por isso ninguém ousava olhar diretamente para ele!" Mas isso não foi efetivamente a razão de seu êxito na burocracia de Beijing: "Sanshu era rápido e alerta, e bom ao adaptar-se às circunstâncias. Quando via algo, era capaz de lembrar-se de todos os detalhes, não se esquecia de nada. Todos os homens nos escritórios provinciais e centrais, quando enviavam um boletim [ao trono] pela manhã, naquela mesma tarde tinham de apresentar-se na porta de Sanshu para saber das últimas notícias. As carruagens e cavalos lotavam [sua porta], e os que caminhavam não podiam passar por ali. Quando, à noite, queria voltar para casa e ver seus próprios convidados, isso nunca acontecia antes das 21h. Se um édito era publicado, e as notícias eram boas, ele a anunciava num pequeno quadro; as pessoas da época o chamavam 'Zhang Pega'. Nos dias em que ia pessoalmente ao palácio, havia trégua para todos, em seus vários despachos Logo que voltava, as pessoas começavam a voar à sua volta, como moscas ou abelhas, e era impossível espantá-las."

Sessenta anos antes, para provar sua integridade, o bisavô Wengong declinou do convite de transformar-se num parasita do poderoso grande secretário Zhang Juzheng. Mas o tio Sanshu não tinha tais inibições diante do grande secretário Zhou Yanru, que dominou a corte de 1630 a 1633 e era largamente conhecido como o mais corrupto de um grupo de espetaculares senhores corruptos funcionários da corte que, para o desapontamento dos reformistas, tinham estabelecido uma base de poder junto ao sucesso do imperador Tinqi. O terceiro tio parece ter rapidamente feito de si mesmo alguém indispensável a esse poderoso homem, especialmente como mediador entre os oficiais de províncias que recebiam suas nomeações. Em Shaoxing, por volta dos anos 1620, um dos homens para os quais o tio Sanshu trabalhara como secretário confidencial era um funcionário em ascensão chamado Xu Fanggu, de Hefei. Já em Beijin, Sanshu estava pronto para construir um bom relacionamento quando Xu foi promovido ao governo.

Sempre fascinado tanto pelos jogos burocráticos quanto pela impiedade do poder, Zhang Dai deu sua própria versão das conquistas espetaculares de seu tio: mesmo que nem todos os detalhes sejam precisos, a ideia geral parece clara o bastante. Como explicou Zhang Dai, quando Xu Fanggu foi promovido a governador da província de Guangxi, em 1630, enviou um pagamento de 10 mil taéis ao grande secretário Zhou e uma comissão de 3 mil ao tio Sanshu, por ter trabalhado como intermediário. Sanshu concordou com tal acordo com um aceno de cabeça, mas o dinheiro não chegou ao seu destino. O mensageiro especial do governador Xu sentiu que a resposta estava demorando muito a chegar, e, sendo o homem impaciente que era, o mensageiro foi diretamente perguntar ao Grande Secretário Zhou sobre o assunto. Zhou agradeceu o homem impulsivo, mas disse que o dinheiro ainda não chegara, e perguntou ao mensageiro pelo nome do intermediário. O mensageiro respondeu: "O secretário Zhang, do Grande Secretariado." Então Zhou convocou Sanshu, que veio imediatamente. Após cumprimentá-lo, Zhou perguntou: "O negócio é com o governador Guangxi ou não?" Sanshu respondeu: "Com ele." Zhou levantou um polegar e Sanshu repetiu: "Com ele." "Então por que nada chegou até mim?", perguntou Zhou. Sanshu pediu que esperasse um momento enquanto os vários ajudantes eram mandados para fora da sala e depois respondeu: "Por que Sua Excelência mencionou isso de forma tão insolente? O mensageiro do governador é um homem sem qualquer discrição, e o guarda secreto [eunuco] e os outros guardas estão em alerta; uma vez que as coisas se acalmassem um pouco, eu iria entregar o presente a ele e mandá-lo embora." Zhou balançou a cabeça de forma enfática, dizendo: "Excelente!" E, quando levou a reunião a um fim, disse: "Posso ver que você realmente tem todos os meus maiores interesses no coração."

Zhang Dai explicou que seu tio Sanshu, após deixar o recinto, chamou o mensageiro e gritou: "Tais transações devem ser feitas na calada da noite, e ainda assim você quer que Sua Excelência exponha tudo no meio de seu despacho? O que há por trás disso? Não haverá nenhuma carta com explicações, mas eu lhe darei uma carta minha para que seja transmitida ao seu mestre com pressa." A mensagem foi rapidamente entregue a Guangxi, mas, por ter feito tão mal o trabalho, o governador Xu viu seu mensageiro ser executado imediatamente. "Após isso", concluiu Zhang, "sempre que qualquer outra pessoa tinha dinheiro a enviar, deixavam o assunto nas mãos de Sanshu, e ninguém mais ousou questionar nada."

Claramente, se o relato de Zhang Dai for medianamente acurado, Sanshu jogou alto em Beijing. Mais tarde, nos anos 1630, Sanshu adicionou um aspecto mais perigoso ao seu trabalho, usando sua posição para alertar os funcionários de que estavam sofrendo processo de *impeachment* por alguma incúria, e ainda se oferecia para postergar denúncias contra certos funcionários se estes estivessem dispostos a fazer substanciais pagamentos pelos seus serviços. Finalmente, Sanshu enganou-se e foi derrubado por sua inabilidade em trabalhar sem enrolar-se em suas próprias mentiras. Isso aconteceu em 1638, quando o sobrinho do terceiro tio (nono tio de Zhang Dai) foi nomeado para um posto de auditor financeiro em Nanjing e demandou o *impeachment* do diretor geral de transportes de grãos, um homem chamado Shi Fan, por ineficiência. Como já tinha feito muitas vezes no passado, o terceiro tio avisou Shi Fan sobre as denúncias e impediu que as acusações fossem para a frente. Como era esperado, Shi Fan pagou muito bem pelo serviço. Mas, de forma inesperada, o nono tio enviou um segundo, e ainda mais grave, pedido de *impeachment*, que o terceiro tio foi incapaz de impedir. Shi Fan foi preso e lançou uma contra-acusação de suborno contra Sanshu, que efetivamente encerrou sua carreira. Após sua queda, como Zhang Dai registrou, os dois tios tornaram-se implacavelmente hostis um ao outro e não podiam fazer nada além de gritar furiosos quando calhavam de se encontrar.

Zhang Dai não especifica quanto Sanshu ganhava habitualmente em suas transações, mas claramente tratava-se de somas enormes de 10 ou 20 mil taéis, que não era algo estranho a muitos funcionários públicos antigos. Tais somas tampouco eram desconhecidas de outros membros do clã de Zhang, como mercadores de arte e colecionadores da família, dos quais o segundo tio Zhongshu era um bom exemplo, junto a Yanke, Shanmin e o próprio Zhang Dai.

O termo que Zhang Dai escolheu para seu terceiro tio, "Zhang Pega" (gênio ao insinuar-se nas políticas da corte ainda que com palavras brandas e cuidadosamente escolhidas), implica alguém muito diferente de Fan Li, como sabia Zhang Dai: "Seria meu tio paterno Sanshu um Cai Ze de nossos dias?", Zhang perguntou de forma retórica, invocando outra figura célebre entre as mais antigas da história chinesa. "Com as mãos vazias, ele foi para o norte, e, após uma única conversa, conseguiu um alto posto. Mesmo quando estava com um ministro de maior importância, era capaz de inverter [a verdade] e insultar [o mensageiro]." O historiador favorito de Zhang Dai, Sima Qian, que 1700 anos antes registrou a ascensão do primeiro império centralizado chinês, escreveu uma extensa biografia de Cai Ze, citando-o como exemplo de homem com retórica intensa e que era capaz de se sobrepor aos ministros importantes de seu tempo com a perspicácia de seu discurso. O julgamento de Sima Qian sobre Cai e Fan Ju, homem com habilidades parecidas, era conhecido de Zhang Dai: não havia dúvida de que tanto Cai Ze quanto Fan

Ju eram homens de eloquência superlativa, escreveu Sima Qian, e seu início lento na política não "aconteceu graças a que seus planos eram ruins, mas porque as pessoas às quais se dirigiram não tinham muito poder". Mas, logo que encontraram pessoas com poder real, eles "conseguiram feitos conhecidos por todo o mundo [...] E além disso também existe um elemento de sorte em tais situações. Há muitos homens que valem tanto quanto esses, mas que nunca tiveram oportunidade de expor suas ideias por inteiro — e esses homens, na verdade, eram muitos! No entanto, se esses dois homens nunca tivessem encontrado adversidades, talvez nunca chegassem a esforços tão inspirados". Pelo simples ato de insinuar que Sanshu agiu de forma "digna", Zhang Dai trouxe com toda força seu sarcasmo na hora de lidar com as políticas de seu tempo e as lições que poderiam ser tiradas delas.

Após sua demissão pelo príncipe de Lu, o pai retornou a Shaoxing, no início de 1632, pouco tempo antes que a região fosse destruída por uma seca prolongada, que arrasou as safras e ameaçou a todos de fome. Para pai e filho, o tecido original da vida começava a desbotar. Zhang Dai, como é possível imaginar, esteve ocupado dando à desordem a aura que imaginava necessitar. Na ausência de administradores eficientes, que poderiam ajudar a evitar a fome, ele nos diz que seguiu as pessoas do local em sua decisão de chamar à sua ajuda um dos personagens de um dos mais excitantes romances chineses, publicado na época em que nasceu Zhang Dai. O livro se chamava *Os fora da lei do pântano*,\* e seu título prometia, ou ao menos o povo daquela cidade imaginava, estimular os deuses locais a dar um fim à seca. Como era verdade para os homens corajosos que enfrentaram os eunucos de Wei Zhongxian, os personagens de *Os fora da lei do pântano* apoiariam os que escolheram desafiar os líderes do Estado. O bando de 108 bravos que viviam há tempos ao longo do pântano que dava nome à novela tiveram o poder de ameaçar os líderes da China, bem como oferecer seus serviços para menosprezar um Estado que não lhes dizia nada. Zhang Dai, como muitos de seus contemporâneos, estava

---

\**Shuihuzhuan*, clássica novela chinesa escrita por Shi Naian entre os séculos XIII e XIV. Também conhecida por "A margem do rio", "A beira d'água" e, ainda, "Todos os homens são irmãos". [*N. do R.T.*]

envolvido com tais erráticos personagens e usou alguns deles das formas mais inesperadas. Escreveu uma série de versos sentimentais sobre os principais personagens da novela e também avaliou as descrições pintadas dos trabalhadores heroicos feitas por seu amigo íntimo, o pintor Chen Hongshou. Os dois souberam captar as virtudes desses fora da lei, e Chen alcançou níveis de brilhantismo em seus trabalhos, que Zhang Dai equiparou às conquistas do célebre pintor Wu Daozi e suas imagens do inferno.

Nos vilarejos ameaçados ao redor de Shaoxing, os fazendeiros locais competiam entre si para ver quem era capaz de invocar os deuses da chuva com mais eficiência. Pois apenas quatro anos antes, ventos fortes e marés altas destruíram casas, árvores e levaram as águas lamacentas do pântano às ruas da cidade; no ano de 1632, a cada dia, os homens do vilarejo se vestiram como deuses das marés e espíritos do mar e cuspiram o máximo que puderam para imitar a água que, imaginavam, logo cairia do céu. Na própria Shaoxing, as pessoas decidiram se vestir como personagens do livro, acreditando que o seu título era evocador, dadas as circunstâncias. Para encorajá-los, Zhang Dai nos diz, ele destrinchou os principais personagens da novela em versos ou pinturas, e enviou seus amigos e empregados para buscar na cidade de Shaoxing e nas vilas próximas pessoas que se parecessem exatamente com as imagens ficcionais imaginadas pelo autor do livro. Sem ser exatamente igual, Zhang Dai dizia que, sem as faces escuras, capacetes com serpentinas e armas como troncos de árvores, os que praticavam as performances não eram capazes de captar todas as possibilidades da narrativa. Então, devagar, após semanas de esforços, e gastando grandes somas de dinheiro, um por um, Zhang e suas equipes de busca encontraram 36 pessoas para representar as figuras-chave da novela — um anão de pele escura, um lutador poderoso, um monge gordo, uma sedutora alta, um homem com a cabeça torcida, outro com o rosto florido e uma barba espessa — e ofereceram a eles meios de chegar à cidade. Quando os 36 tomaram as estradas, as multidões de pessoas que os vinham ver cresciam, ameaçando os fora da lei a ter o mesmo destino do reconhecidamente bonito Wei Jie, que foi morto pelos olhares fulminantes do público.

Zhang Dai nos diz que seus parentes estavam divididos sobre a eficácia de seus apelos aos deuses. Seu quinto tio, recém-chegado de um posto oficial em Guangling, estava tão a favor do projeto que doou uma grande quantidade de material para decorar oito cenários cobertos nos quais aquelas pessoas poderiam atuar. Seis cenários foram construídos em honra do deus do trovão; outro para o deus da guerra e outro para o deus do dragão. Cartazes pendurados ao lado ou na frente dos cenários destacavam lemas como "a chuva de que precisamos", "as Ordens Imperiais trazem paz", "ventos e chuvas calmas", "com os fora da lei descansando, o povo ficará em paz". O efeito visto nas multidões era espetacular, mas ainda em escala pequena para ser realmente eficaz. Mas o tio-avô de Zhang Dai (o irmão mais novo de seu avô) se disse cético sobre a empresa, perguntando como diabos as gangues dos *Os fora da lei do pântano* poderiam contribuir para a chegada da chuva? Zhang Dai explicou que os 36 personagens por ele escolhidos se coadunavam com o âmago do romance, no qual um total de 108 figuras que povoavam a novela se dividia em grupos de 36, representando as estrelas polares do céu, e num grupo de 72 representando as estrelas atadas aos ritmos da Terra.

O pai morreu no início de 1633. Durante o mês de janeiro, Zhang escreveu, o pai não mostrou qualquer sinal de doença, mas logo anunciou que "partiria" no dia 5 de fevereiro. No dia 2 de fevereiro, convidou todos os seus amigos para dizer adeus e morreu no dia 5, exatamente como disse que faria, ao meio-dia. Zhang Dai não nos diz se, antes de morrer, o pai teve a chance de encontrar os simulacros de fora da lei enquanto entraram em Shaoxing entre uma multidão excitada. Como pai e filho, eles nem sempre viam as coisas sob a mesma óptica. Mas compartilharam uma afinidade ao estranho ou oculto. Agora, com o pai e o avô mortos, cabia a Zhang Dai levar ordem às imagens do passado que o pressionavam.

CAPÍTULO 6

# No limite

Num mundo onde homens como Rufang e Sanshu eram primeiramente identificados por suas funções especializadas, como Zhang Dai poderia se sair? Mal, em sua própria apreciação sardônica, conforme analisou posteriormente sua vida, usando a terceira pessoa para manter distância de si mesmo. "Zhang Dai trabalhou em seus livros, mas não chegou a nenhum lugar", escreveu. "Estudou a arte dos espadachins, mas não chegou a nenhum lugar; tentou seguir as normas de boa conduta, mas não chegou a lugar nenhum; tentou ser escritor e não chegou a lugar nenhum; estudou magia e budismo, agricultura e horticultura, mas nada deu resultado. Deixou que o mundo o chamasse de desperdício, sem serventia, teimoso, estudante abaixo da média, demônio há muito tempo morto." Como interpretar tudo isso cabe a você, disse Zhang Dai, pois ele sabia muito bem que seu caráter era um mar de paradoxos, que ele mesmo não tinha habilidade para destrinchar: "Se quiser chamá-lo rico e bem-nascido, vá em frente. Se quiser chamá-lo pobre e humilde, tudo bem. Se quiser chamá-lo inteligente, certo, mas também é correto chamá-lo de imbecil. É possível classificá-lo como agressivo e competitivo, mas também gentil e fraco. Você pode chamá-lo de ansioso e impaciente, ou também lento e desrespeitoso."

No que diz respeito à escrita, pelo menos, a lista autodenegridora era, no mínimo, uma meia verdade. Pois desde o momento em que começou a escrever seu primeiro livro dos *Perfis*, no início dos anos 1620, Zhang Dai parecia sentir prazer em engatar vários projetos de escrita ao mesmo tempo. De 1628 em diante, coletava material e escrevia um rascunho da história da dinastia Ming. Desenvolvia a ideia de oferecer uma estrutura de rubricas dentro das quais organizaria o essencial do conhecimento humano para os que tomavam as barcas noturnas. Expandia suas leituras de adolescência dos Quatro Livros e desenvolvia uma série de comentários para ajudar os estudantes a compreender a riqueza de tais textos — claramente, antecipou que seus comentários seriam intensamente pessoais, sustentados pelo desprezo que ele e o avô tinham pelos comentários ortodoxos e sem imaginação que eram vistos como "conhecimento divino" nas salas de exames. E dava voltas a outra ideia de escrita histórica, uma que ele acreditava ser capaz de levar o passado a um nível mais profundo e evocativo que os registros existentes em seu tempo poderiam oferecer.

Zhang Dai emoldurou sua discussão em termos amplos. Historiadores do passado, escreveu, enfrentaram problemas similares aos enfrentados pelos historiadores de sua época. Se um evento foi profundamente perturbador, era possível passar dele completamente. Quanto mais lacunas como essas houvesse, mais fácil seria colocar novas lacunas. Mas, como disse Confúcio: "O sentido de um evento pode ser entendido de forma indireta." Para Zhang, isso mostrava que "mesmo o sentido exato de certo documento não está escrito, não pode ser descrito de forma que conhecemos se antes não foi descrito em palavras". Podemos buscar um paralelo na astronomia: "Se algo não é registrado pela escrita por completo, é como ter partes da Lua desconhecidas. Se não está registrado e, ainda por cima, tentarmos entender o que não foi descrito por palavras, é como um eclipse da Lua. Se tais lapsos da Lua forem causados por um eclipse, então o verdadeiro espírito não pode ser dado como perdido; e, se você continuar a buscar tal espírito, a Lua reaparecerá por inteira à sua frente."

Para deixar mais específico tal argumento, Zhang Dai escolheu um momento dramático da história conhecido como Incidente das Portas de Xuanwu.

No ano de 626, um aspirante ao trono da dinastia Tang matou o herdeiro, aprisionou seu pai, o imperador na época, e deixou que seus homens matassem outro de seus irmãos no Portão de Xuanwu. Entronado como imperador Taizong, o líder usurpador obrigou seus historiadores da corte a "escrever a verdade sobre o incidente". Naturalmente, eles tiveram de ser cuidadosos na forma de escrever, mas para Zhang tal situação era equivalente a um eclipse que permitiria à Lua voltar a mostrar-se em sua plenitude mais tarde: "A verdade foi eclipsada, mas *não* escondida, então o ímpeto de reforma estava presente. Por não estar completamente escondida, as pessoas podiam apontar a verdade; apontando-a, essas pessoas ganhavam coragem; uma vez encorajadas, poderiam sair à luta; e segundo esse caminho poderiam resolver a situação e trazer uma reforma." Por isso, Taizong deveria receber elogios por sua postura.

Outros tipos de lacunas na história eram mais fáceis de lidar: um paralelo pode ser feito com o tipo de "figura nebulosa" que se pode desenhar de um perfil iluminado por uma lâmpada, em que um detalhe saliente — olhos, sobrancelhas — pode não ser óbvio para a identidade do retratado. Outras vezes, no entanto, a necessidade de preencher detalhes é urgente. Como escreve Zhang: "Fiquei desapontado com a falta de compreensão das histórias ortodoxas, e me dediquei a colecionar materiais históricos que poderiam preencher os espaços em tais histórias. Com a adição de uma palavra, todo um registro pode ficar mais convincente; com a adição de um incidente, uma história, em sua totalidade, pode tornar-se mais envolvente."

Zhang explicou o procedimento de "preenchimento de lacunas" ao mesmo tempo em que o contextualizava, com dois outros exemplos tirados da vida do imperador da dinastia Tang, Taizong. Um dos exemplos mostrava como incluir e o outro, como cortar. Zhang extraiu seu primeiro exemplo de preenchimento de lacuna de uma história não oficial sobre o modo que usava o imperador para adquirir o exemplar de caligrafia antiga mais admirado na China da época. Os registros oficiais eram cautelosos e evasivos sobre tal assunto, mas a história não oficial, disse Zhang, explicava a ação do imperador, criando detalhes especificamente para destacar sua ganância. No segundo exemplo, que mostrava a habilidade de um proeminente ministro em dominar o imperador, era preciso limpar o caminho de uma série de exemplos banais sobre a importância do tal ministro existentes nas histórias ortodoxas e substituir quatro palavras usadas para destacar a falta de vergonha e culpa do imperador: as quatro palavras eram simples: *pardal-falcão/morto/peito/dentro*. Mas essas quatro simples palavras eram capazes de iluminar perfeitamente como o imperador ficou surpreso por seu ministro enquanto brincava com seu pássaro preferido, e depois, tentando escondê-lo pressionando-o contra o seu peito até que o ministro tivesse ido embora, acidentalmente o sufocou. "A chave para capturar o espírito de alguém", escreveu Zhang, "é identificar as características mais salientes." Nesse caso em particular, "com milhares de palavras havia lacunas, e com apenas quatro palavras não havia qualquer lacuna". Seguramente, Zhang afirmou, os leitores informados da história deveriam preferir ter as quatro palavras sem lacunas que as centenas de palavras repletas de lacunas.

Poderia isso de alguma forma ser ligado à ideia de "revigorante" que Zhang citou em seus *Perfis* como forma de captar a excitação do momento? Os dois não eram necessariamente incompatíveis, ainda que tal poder revigorante tivesse sido extraído em parte das posturas morais dos protagonistas históricos, enquanto o conceito de lacuna era moralmente neutro. Quando Zhang Dai pensou mais sobre quais membros de sua família mereciam biografias, esteve mais inclinado pelos que viveram no extremo do que pelos que viveram seguindo as regras morais, e nessa escolha Zhang foi ajudado pela distância temporal. Ao escrever seus comentários informais sobre o livro *Diálogos*, de Confúcio, Zhang saudou a sabedoria de seu *insight* de que uma fina linha separava os homens mais inteligentes dos mais irresponsáveis. Agora o foco tinha passado dos que eram admiráveis para os que a todos nós agradaria acompanhar. Como disse Zhang Dai: "Se uma pessoa não demonstra paixões fortes, não pode estar ligada por laços de amizade, pois essa pessoa não terá sentimentos profundos; se uma pessoa não tem grandes defeitos, não pode ligar-se por laços de amizade, pois essa pessoa não tem um centro verdadeiro."

Sobre seus parentes, refletiu: "Estão os que têm traços admiráveis e os que têm manchas. Quanto aos de tratos admiráveis, [talvez] não haja necessidade de escrever suas biografias; quando falamos sobre suas manchas, [talvez] haja certas coisas que poderiam estar presentes em uma biografia." Para apoiar tal ideia, Zhang citou o biógrafo do início do século XIV, Xie Jin, que escreveu: "Se há uma mancha numa peça de jade, isso significa que a pedra, por inteiro, não poderá estar livre da mancha. Quando as pessoas têm manchas, elas podem ser como o jade: como eu poderia nutrir a intenção de esconder suas manchas e dessa forma esconder suas qualidades de jade?" Quando Zhang relacionou tais ideias à categoria mais ampla de biografias familiares, chegou à conclusão de que "as fortes paixões nascem de seus sentimentos mais profundos: quando jovens, as grandes falhas são dominantes; ao crescerem, as fortes paixões tomam conta". Tais pessoas "talvez não sejam válidas para biografias, e, mesmo que suas paixões tenham sido tão fortes quanto pareciam, não é possível deixar de registrar detalhes de suas vidas".

Esse certamente foi o caso do sétimo tio Jishu, cujos caprichos parecem ter guiado toda sua vida. De acordo com Zhang Dai, Jishu foi uma pessoa recalcitrante desde o nascimento, e não mostrou qualquer prazer em aprender dos livros. Em vez disso, "cercou-se de aventureiros de vilarejos e preguiçosos, e juntos soltavam pipas e jogavam futebol, dados e dominó, e se adornavam com maquiagem e atuavam em palcos, reuniam-se para lutas de galo e corridas de cavalo, convidavam cinquenta ou sessenta pessoas para banquetes. Algumas vezes, destrinchavam um javali inteiro para alimentar seus convidados, que comeriam até não mais poder, e depois se deitavam em suas camas e festejavam". O excesso levava a uma espécie de sadismo, pois Zhang Dai registrou que seu sétimo tio "tinha uma paixão pelo gosto das laranjas, e, quando as laranjas estavam maduras, ele as empilhava em seus móveis e camas, não havendo nenhum, espaço que não estivesse cheio de laranjas. Comia todas elas sem pedir ajuda a ninguém, dando ordens abruptas aos seus criados para que as descascassem. Nos meses de inverno, as mãos dos empregados ficavam completamente enrugadas e quebradiças, e camadas de pele se desprendiam".

A grande falta de cuidado também era outro traço da personalidade do sétimo tio de Zhang: de acordo com seu sobrinho, "sua maior paixão era a criação de cavalos de raça, e certa vez pagou trezentos taéis por um cavalo chamado Daqing [Grande Cinza]. Um de seus amigos levou esse cavalo para participar, no festival das tecelãs [o sétimo dia do sétimo mês] no início do outono, de uma corrida. A pista era um mar de lama, e os cavalos deslizavam sem parar; as quatro patas de Daqing ficaram machucadas, e o cavalo morreu. Quando o tio soube disso, envolveu seu cavalo em uma mortalha e o enterrou. Não querendo ferir o sentimento de seu amigo, não perguntou nada sobre o que tinha acontecido".

A imprudência e generosidade do sétimo tio o levaram a loucas confusões de duplicidade e vingança. Zhang Dai escreveu que na vizinhança de seu tio havia um "jovem barra-pesada" que se autodenominava "Rei". Esse homem estava constantemente tentando o tio a unir-se ao seu grupo, mas o tio nunca faria isso, pois não era o tipo de gente que aceita seguir os desejos de outros. Essa verdade foi revelada de forma violenta por um homem que Zhang Dai chamava "Wang-qualquer coisa, um valentão briguento, que enrolava um dos meninos favoritos do tio". Sabendo disso, o sétimo tio jurou que veria o tal homem morto. Wang foi a um rio próximo e tentou se esconder num alojamento às suas margens. No mesmo alojamento, havia um "grande grupo de homens violentos" que carregavam em suas mãos um cartaz identificando-os como sendo do *staff* do governador provincial. O tio, em busca frenética de Wang, disse aos homens do governador que Wang era um bandido famoso que acabara de escapar da prisão: "E, assim, os homens levantaram seus porretes e o espancaram até a morte. Depois disso, o sétimo tio foi embora."

Sobre os exames, a única preocupação do sétimo tio parecia ser provar que ele poderia fazer o que bem entendesse. Aparentemente, nunca teve a intenção de sentar-se para um exame ou buscar uma carreira regular. Em vez disso, "carregando seus livros sob o braço, seguiu em viagens pelo país, e todos os estudiosos mais conhecidos entre os quatro mares estavam encantados com ele".

Então, o sétimo tio, após construir para si mesmo um retiro no interior e mantendo sua casa na cidade, uniu seus dois mundos contrastantes: o dos "vagabundos" e o dos "bem-conhecidos estudiosos de todas as partes, que também vinham às montanhas para visitá-lo". Nos relatos de Zhang Dai, o sétimo tio morreu de forma típica para um homem que vivia uma vida tanto aleatória quanto autoindulgente. Certo dia em 1615, dois dos amigos do tio foram à montanha, e os três homens saíram juntos em excursão — sob chuva fina — para um local reconhecidamente bonito. Os rios estavam caudalosos, mas o tio seguiu seu caminho pelas gargantas frias, com as águas muitas vezes alcançando sua cabeça. Isso o levou a uma espécie de inchaço em seus tornozelos, e somente nove meses depois começou a tomar remédio, que o fez sentir-se um pouco melhor. O médico que tratava do sétimo tio disse: 'Esse remédio em especial contém um ingrediente venenoso, tome apenas uma pequena dose diária; a quantidade que deixo com você deve durar por cem dias.' O tio disse a si mesmo: 'Quem pode esperar tanto?', e tomou todo o remédio em uma noite. O veneno fez efeito e ele morreu."

O que levou Zhang Dai a ter interesse no sétimo tio, Jishu, foi uma estranha vida deliberada que poderia ser normal em sua crueldade, bem como muito autodestrutiva. Mas as habilidades extraordinárias do sétimo tio o levaram a explorar o mundo dos estudiosos locais e nele encontrar um espaço confortável. Zhang escreveu que os mais importantes estudiosos da região foram ao funeral do tio e deixaram poemas em sua homenagem. No resumo que fez ao seu trabalho biográfico, Zhang Dai tentou alcançar tais níveis de caráter usando o amor do tio Jinshu pelas corridas de cavalo como imagem central: "Há uma expressão: o cavalo de mil milhas adora dar coices nas pessoas. Quando não faz isso, não se trata de um cavalo de mil milhas. Quando o tio Jinshu era jovem, deu muitos coices. Mas, após os vinte anos, só de ver um chicote, estava pronto para sair correndo. Em pouco tempo era capaz de cobrir centenas de quilômetros. Como esse cavalo era capaz de mudar com tanta rapidez? Isso acontecia porque ele era bom em dar coices e também porque tinha a habilidade de correr mil milhas, por isso era capaz de ser um cavalo de sucesso nas corridas. O sétimo tio gostava muito de aventuras e vagabundagem, então os aventureiros e vagabundos vinham em sua direção. Era querido por estudiosos de fama, e por isso os estudiosos afamados vinham até ele. Com apenas um pensamento, era capaz de transformar a si mesmo e também o seu grupo de amigos. Quem não conhecesse este homem, bastava examinar seus amigos. Eu, por exemplo, examinei com atenção meu sétimo tio Jishu."

O sétimo tio morreu quando Zhang Dai tinha apenas 18 anos, mas deixou o que Zhang imaginou ser um comentário importante sobre as interseções do teatro e da vida. O comentário veio na forma de dois manuscritos que se combinam, compostos pelo tio e pendurados nos dois lados do cenário que construiu para sua trupe de ópera. Zhang Dai os transcreveu na íntegra.

MANUSCRITO NÚMERO UM:
Vínculos de retribuição aos mortos e aos vivos:
Veja como os melhores e os piores são forçados a responder.
No final, quem pode escapar?
O caminho desvenda dia e noite:
O recém-nascido e o morto ganham novos nomes.
Mas assim que afastados do palco voltam às suas antigas existências.

MANUSCRITO NÚMERO DOIS:
Alguns adornados como deuses, outros disfarçados de demônios:
Os simples locais morrem de pânico,
Temem que a realidade seja como isso.
Mas o perfeito Buda, os antigos patriarcas
Deixam os inteligentes imutáveis.
Quando chegar o seu momento, o que poderão esperar?

"Essa", escreveu Zhang, "era a forma teatral de elucidar os darmas budistas."

Foi ao seu primo Yanke que Zhang Dai atribuiu o comportamento mais selvagem. Em ninguém mais as diferentes facetas da vida corriam em fluxos tão complexos e pouco harmoniosos, e, presumivelmente em reconhecimento do fato, Yanke era o único membro da família sobre quem Zhang Dai escreveu pelo menos em três ocasiões. Yanke era provavelmente o mais selvagem entre a geração de Zhang Dai de irmãos e primos, sendo o adorado filho único da mulher do segundo tio, Zhongshu, o célebre colecionador de arte. Seus laços com Zhang Dai eram especialmente fortes, pois a mãe de Yanke estava ligada por casamento de um familiar com um amigo íntimo de Zhang, Qi Biaojia. Zhongshu foi treinado no conhecimento da arte pelos membros do poderoso clã Zhu, e Zhang Dai conhecia bem esse lado da família. Ninguém mais nos escritos de Zhang Dai entrou em biografias familiares com tamanha intensidade: "O pai de meu primo Yanke era o conhecido Zhang Baosheng [Zhongshu, segundo tio]. Sua mãe, senhora Wang, teve apenas esse filho, e eu o amo muito. Ele cresceu com uma natureza temperamental e cruel, irritado e obstinado. Com tal natureza, seus professores não eram capazes de corrigi-lo, seu pai não o podia compreender, tigres e lobos não o assustavam, facas e martelos não o cortavam, não lhe davam o menor medo. Quando tinha seis anos, encontrou um vinho doce e secretamente tomou vários galões (*sheng*); desfaleceu de tanto beber por cima do copo e apenas no dia seguinte, bebendo muita água, conseguiu retornar à consciência."

Apesar de um início pouco prometedor, não havia dúvida da inteligência de Yanke: "Aos sete anos, entrou na escola para crianças e era capaz de compreender todos os livros que recitava. Quando cresceu, sua inteligência demonstrou-se superior à de qualquer outra pessoa: após uma simples leitura, era capaz de guardar todos os clássicos e todas as histórias perfeitamente em sua memória." Mas a energia mental de Yanke não poderia ser facilmente canalizada, e ele explorou ainda mais rotas de prazer que o sétimo tio. "Desenvolveu uma habilidade para praticamente qualquer tipo de diversão e passatempo: poesia em todas as suas formas métricas; caligrafia e pintura, música e xadrez; instrumentos musicais, de palha ou junco, de percussão ou sopro; jogar futebol e go; apostar com dados e competir em jogos de cartas; segurar uma arma de fogo, arco e flecha e andar a cavalo; tocar tambores e cantar; aplicação de maquiagem e performance nos palcos; recitar baladas e contar histórias engraçadas; dedilhar violões e lançar dardos a um jarro — tudo isso eram habilidades suas, e parecia ter tudo dominado a um nível divino." Mesmo com algo tão simples como jogo de cartas, Yanke tentou encapsular cada forma de conhecimento e redesenhá-las ao seu gosto.

O pai de Yanke estava muitas vezes fora de casa, viajando em busca de novas aquisições para sua incrível coleção de arte ou trabalhando em postos oficiais em Beijing ou nas províncias. De tempos em tempos, dava a Yanke grandes somas em dinheiro e também terras e objetos de arte, que o filho logo convertia em dinheiro e gastava. O dinheiro e o estilo de vida de Yanke atraíam muitos olheiros e também permitiam que agisse violentamente e — em pelo menos um caso — causasse morte. "A esta casa vêm todos os tipos de fraudes e manipuladores, ladrões e trapaceiros, mas, se eles não forem cuidadosos, sem aviso serão ridicularizados, abusados, perseguidos. Hoje, não temos notícias sobre o destino dos que antes eram favorecidos." Yanke mantinha o mesmo padrão violento e errático com suas concubinas e empregados pessoais, serventes e escravos. Certa vez, comprou uma mulher por várias centenas de taéis para ser sua concubina, mas, após passar apenas uma noite com ela, a mandou embora, pois não satisfez seus desejos. "O que lhe trazia alegria era o imediato, não a repetição de experiências", escreveu Zhang. "Yanke não tomava muito cuidado ao escolher suas companhias, nem se preocupava sobre o custo das coisas. Nunca considerava nada como perda, não importando o quanto tenha sido generoso com quem chegou à sua casa, ou o quanto dava aos seus empregados. Se qualquer pessoa em seu meio o irritasse, era capaz de dar a essa pessoa muitos açoites, até que a carne ensanguentada se desprendesse de seu corpo, e nem mesmo isso era capaz de despertar sua compaixão. As pessoas de seu tempo o comparavam a Li Kuangda." (Li foi uma figura de tempos antigos, conhecido por gabar-se de ter construído tambores com a carne de seus inimigos.)

Zhang escreveu que, após a morte da mulher de Yanke, a senhora Shang, a natureza do jovem homem ficou ainda mais incontrolável. "Certa vez espancou uma de suas criadas, ultrapassando os limites da lei, e a levou para fora de casa. A mulher tomou veneno e morreu. Um homem pegou seu corpo e o levou para a entrada da casa do magistrado. Yanke permaneceu impassível. Milhares de pessoas vieram olhar, e viram essa mulher com a pele completamente esfolada e a carne pendendo de seu corpo, seus choros de raiva ecoaram como trovão, e estiveram a ponto de colocar fogo na casa. Outra vez, ele não demonstrou qualquer compaixão." O sogro de Yanke, Shang Dengxian, junto com o amigo de Zhang, Qi Biaojia, atuou como mediador. "Toda a região estava em convulsão, a ponto de estourar uma insurreição, mas meu primo permaneceu tão frio quanto antes, e nada mudou seu comportamento. As pessoas que violou abriram processos contra ele, e, quando invocavam a lei, estavam determinadas a vencer. Mas ele não se cansou mesmo com ações que duravam um ou dois anos, e o custo de milhares de taéis tampouco o assustou."

Yanke não se preocupou com o dinheiro que gastou nos jardins de sua propriedade. Zhang Dai era experiente o bastante para saber que nem todos os jardins ofereciam a terra fecunda do Jardim da Felicidade, na Montanha do Dragão. Sabia também que nem todos os jardineiros apaixonados eram como seu amigo Jin Rusheng, que passou uma vida inteira num pequeno retângulo de terra fértil, com seu riacho e montanha em miniatura engenhosamente escondidos por trás de uma cerca de bambu e parede oriental. Cada pedaço do espaço foi usado, com flores crescendo em cada estação do ano. Mas o custo do sonho de Jin era uma vigilância eterna. Como Zhang descreveu seu velho amigo: "Jin Rusheng estava fraco e muitas vezes doente, mas ainda assim sempre se levantava cedo; antes de se lavar ou arrumar seu cabelo, era possível vê-lo abrindo um capacho no pé da escadaria, removendo os insetos perigosos depositados nas pétalas, buscando as minhocas nas raízes. Passava todos os dias patrulhando suas milhares de plantas, em busca de formigas lava-pés que destruíam os brotos, diplópodes pretos que atacavam troncos de árvore espinhosos, os vermes e lesmas que danificavam raízes, os diferentes tipos de lagartas que acabavam com as folhas. O único recurso de Jin era a guerra total, sem perda de batalhas. Para atrair as formigas lava-pés, ele espalhava ossos de moluscos ou conchas de tartarugas perto de seus buracos; ele desviou os diplópodes pretos com um graveto envolvido em haxixe; segurando uma lanterna em um ponto alto, ele matou as lesmas no meio da noite; e as minhocas foram expulsas da terra com água misturada com cal. As lagartas foram mortas com estrume de cavalo; os besouros foram expulsos de seus buracos com finos fios de ferro. Tudo isso ele próprio fez, mesmo quando o gelo rachou suas mãos, ou o sol queimou sua testa."

Mas o ponto central das obsessões de Yanke está numa escala diferente, inimaginável. Zhang Dai se lembrou de que, em 1631, seu primo decidiu transportar uma pedra incomum que estava na parte oeste de sua propriedade. Reuniu várias centenas de trabalhadores para escavar em volta da pedra e limpá-la, deixando-a livre de terra, com uma aparência que o deleitava. Mas também aconteceu que alguém disse a ele que, se tal pedra estivesse refletida numa profunda piscina, seria ainda mais bonita. Então, embaixo da pedra, Yanke mandou retirar toda a areia para criar uma grande piscina. Como a pedra era muito dura para ser penetrada por pés de cabra, ele contratou especialistas para entalhá-la profundamente, e lá dentro colocar água tingida com índigo para melhor efeito visual. Depois alguém disse que os pavilhões no lago eram realmente bonitos, mas era uma pena que não houvesse qualquer árvore com flores ao seu redor. "Então, Yanke buscou ameixeiras, pinhos, arbustos de chá, pereiras em flor e outras árvores parecidas, todas devendo ser as mais altas e finas, ainda que para isso tivesse de desmatar parte do jardim para levar tais árvores até lá e contratar dezenas de homens para o trabalho. Após plantadas, elas não cresceram bem, e em poucos dias começaram a murchar; Yanke mandou buscar outras, maiores, para cobrir os espaços vazios. Num primeiro momento, isso fez o jardim ficar muito bonito, mas outra vez, após alguns poucos dias, as árvores secaram e serviam apenas como lenha para o forno. Antigamente, as pessoas costumavam cortar árvores para usar como combustível, mas os excessos de meu tio geraram muito mais lenha."

Yanke tinha outras preocupações, especialmente no momento em que a pedra tinha um aspecto tão claro e sem musgo ao seu redor; então, de acordo com Zhang Dai, seu primo comprou grandes quantidades de pigmentos minerais verdes, distribuídas em seguida entre seus convidados versados em pintura. "Quando a chuva lavou tudo aquilo, Yanke tinha a cor da pedra de volta, exatamente como antes."

Assim como em outras vinhetas sobre membros de sua família, Zhang Dai explorou o tema da perda como exemplificado pelas ações de Yanke. Dessa vez, a impaciência com o jardim podia ser vista num contexto mais amplo do mundo da arte. Como Zhang Dai escrevera num comentário sobre os métodos de jardinagem de Yanke, "quando as árvores que ele transplantou morreram, tentou repô-las com outras maiores. Mas plantar árvores que não morressem não era suficiente para ele. Se morressem, tinha que plantar mais. Por isso as árvores não tinham outra escolha que morrer. Mesmo se não quisessem, acabavam morrendo". O mesmo era aparentemente verdade com outras espécies raras: "Sempre que Yanke via algo que chamava sua atenção, fazia todo o possível para consegui-lo, sem se preocupar com seu custo. Certa vez, quando estava em Wulin, viu dezenas de peixes dourados, e pagou trinta taéis por eles. Colocou-os num pequeno recipiente e levou-os para casa; se algum deles ficasse branco, ele o jogava fora. Quando cruzou o rio, não tinha sobrado nenhum peixe, mas ele continuou rindo e brincando como antes."

Yanke também era louco por antiguidades, como notou Zhang Dai, mas, se tivessem o menor defeito, insistia para que fossem reparadas. Certa vez, comprou um incensório da era Xuan, de cem anos, por cerca de cinquenta taéis, mas, como a pátina não estava muito lustrosa, colocou-o sob uma chama forte para reavivar sua beleza. "Yanke pegou um saco cheio de carvão e com ele fez uma chama enorme que em apenas alguns segundos derreteu o objeto. Mas tudo o que fez foi gritar: 'Ya.'"

Outra anedota bastante similar: num templo local, Yanke comprou uma espécie rara de pedra tinteiro por trinta taéis de prata. A superfície ganhou uma textura que se assemelhava a pequenas colinas com formas estranhas, com sulcos brancos correndo entre elas. Isso ganhou o nome de "Verdes montanhas, brancas nuvens". "A montanha brilhava como se tivesse sido besuntada em óleo", escreveu Zhang Dai. "Tinha realmente centenas de anos. Yanke a olhou por inteiro, com cuidado, e encontrou uma protuberância extra na base da pedra, que decidiu limar. Com uma barra de ferro, eliminou a protuberância, e a peça se partiu em duas. Furioso, Yanke pegou um martelo de metal e quebrou tudo em pedaços — sem se esquecer da base de mogno — e jogou os restos no lago Oeste. Disse aos seus empregados que não contassem a ninguém sobre o incidente."

Certamente, tal estilo de vida rejeitava todas as regras e apagava todos os fluxos normais de causa e efeito. Era a maneira de Zhang Dai mostrar o que acontecia quando as obsessões perdiam sua função e se transformavam em nada mais que comportamentos falhos, tão danosos aos objetos de afeição quanto ao mundo que os circundava. Zhang Dai notou que o nome Yanke fora escolhido por seu primo num momento sardônico, após ler a história "Yao Chong sonha sobre sua visita ao inferno". Nesse conto, um viajante Ming sonha ter entrado no inferno e visto grandes pilhas de metais preciosos sendo derretidas em forjas enormes por centenas de diabos comandados por seu mestre, o príncipe de Yan. No mesmo sonho, o viajante viu outra forja, essa quase fria, em que dois demônios abatidos observavam as reservas do mesmo príncipe de Yan. Ao acordar, o viajante Ming observou que o "mestre Yan era um gastador incontrolável, e talvez por isso mesmo o céu o tolerava". Seu primo adorou a história, disse Zhang Dai, e em homenagem ao sonhador nomeou a si mesmo Yanke, o "convidado do mestre Yan".

Como categorizar alguém assim? Zhang Dai escreveu que contemporâneos ligaram Yanke a Yuhong, funcionário do governo da dinastia Liang, famoso por suas loucas extravagâncias, suas centenas de concubinas e cruel exploração de todas as criaturas vivas, fossem animais ou humanas. Mas isso não era exatamente verdadeiro, pensou Zhang Dai. Yanke pode ter tido as mesmas paixões que seu antecessor, mas não tinha a mesma paciência — seja o que for que quisesse, queria com muita pressa, e por isso "nunca aproveitava nada em sua totalidade". Por essa razão Zhang Dai deu ao seu primo o apelido que poderia ter dado a si mesmo: "O imperador que perdeu tudo."

Era um nome poderosamente evocativo, mas claro que Yanke era mais que isso. Tinha uma inteligência poderosa e era um membro valioso de vários círculos escolares de Shaoxing e de lugares mais distantes, incluindo o grupo que se mantinha em volta do funcionário do governo Qi Biaojia, amigo íntimo de Zhang Dai. Não era difícil ver o apelido criado por Zhang para seu primo como um augúrio para o destino da China como um todo, num momento em que o imperador Chongzhen provara não ser tão apto quanto todos imaginavam que seria. O país estava doente, com bandidos e rebeldes ao sul da muralha, além de uma temerosa confederação manchu ao norte, na área do rio Liao, conhecida com Liaodong. Ao mesmo tempo, havia epidemias reais na China que necessitavam de médicos, e a metáfora e os diagnósticos transformaram-se em ecos uns dos outros e não podiam ser separados. Qi Biaojia, que passara com as mais altas notas nos exames nacionais e cuja carreira oficial florescia, estava ao mesmo tempo gastando grande parte de seus fundos tentando obter os remédios e fazendo com que eles circulassem. Enobrecendo a generosidade de Qi num poema formal datado de 1637, Zhang Dai sugere que a política infectava todos os níveis:

> Ano passado, nos últimos dias do inverno, o céu não estava nublado;
> Com o rugir do trovão, os demônios se dispersaram.
> Veio o verão, e nuvens doentes encheram vilarejos e cidades,
> Ameaçando os pobres como fazem os gananciosos mercadores.
> Enxames de insetos revoavam o quarto mal-iluminado,
> Enquanto toda a família morria, pedindo ajuda aos céus.
> Sem ganhar qualquer salário durante o dia, sem uma esteira de bambu para descansar durante a noite,
> O único que podiam fazer era sonhar em conseguir remédios...
> Até que o grande doutor oficial [Qi Biaojia] cuidou deles, analisando suas doenças,
> Juntando tal quantidade de ervas que poderia formar uma montanha.
> O aroma de sua medicina, ou simplesmente sua fama,
> É capaz de levantar um quase morto de sua cama.
> Ele cura milhares em segundos,
> Ganhando a admiração de todos os homens de bom coração.
> Refletindo, descobri que o mundo se transformou nisto:
> Soldados mortos, bandidos mortos, morte por todos os lados.
> A derrota em Liaodong é uma peça de carne que apodrece,
> O veneno espalhado por inimigos é mais poderoso que a praga.
> A pesada exploração do ser humano é como uma úlcera,
> Enfraquecendo nosso espírito e consumindo nossa força.
> Como desejo a mão curativa do grande doutor oficial,
> Pois assim o espírito do Estado poderá ser revivido.

A guerra trouxe essas novas realidades ao sul: Zhang escreveu que ele mesmo viu corpos de refugiados do norte mortos de fome nas ruas de Hangzhou, esperando para serem enterrados. As palavras obsessivas e destrutivas sobre o sétimo tio e sobre Yanke começaram a se misturar aos agonizantes problemas da dinastia.

Na tumba do fundador da dinastia Ming, nas colinas ao redor de Nanjing, o mesmo sentimento de incerteza prevalecia. Ainda que o local tenha sido escolhido pelas melhores razões, pelo homem mais inteligente, e estivesse protegido pelos corpos e espíritos de duas grandes figuras do passado — um guerreiro e um monge santo —, caíra em dias de insegurança. Numa visita a Nanjing, em 1638, enquanto estava num templo às margens do rio Yangzi, Zhang Dai levantou-se certa noite e viu a nuvem escura que cobria a tumba imperial por cem dias, encobrindo a vista de certas constelações — e certamente, ele escreveu, desse tempo em diante os bandidos endureceram seus ataques, pressagiando a queda da dinastia. Quatro anos depois, oficiais da corte incompetentes ordenaram a restauração da tumba do imperador às suas antigas glórias e, como se ecoassem o louco comportamento do primo Yanke, o fizeram do modo mais atrapalhado. Zhang os descreveu arrancando e queimando velhas árvores insubstituíveis, cavando o solo profundamente, destruindo a correnteza favorável que protegia o espírito do poderoso imperador morto. No mesmo verão de 1642, Zhang Dai nos diz que conseguiu a permissão para uma visita ao templo a fim de observar os sacrifícios em honra do imperador. Ele ficou surpreso ao ver o quão superficiais eram as cerimônias, e como os rituais seguiam por lugares comuns. Como se isso não fosse suficiente para dissipar qualquer sentido de solenidade, as carcaças dos animais sacrificados — uma vaca e uma ovelha — foram deixadas no altar, sob o tórrido calor de julho, espalhando por todo o recinto "um insuportável odor a carne apodrecida". Não era preciso qualquer habilidade esotérica para ler tais sinais.

CAPÍTULO 7

## Corte em fuga

Zhang Dai nunca quis ser um herói de guerra. Na verdade, até próximo de seus 50 anos, nunca tinha visto de perto a destruição provocada por uma guerra. Estranhamente, o mais próximo que esteve antes da queda dos Ming foi numa peregrinação budista à ilha de Putuo, em 1638. Lá, certa manhã, enquanto tomava chá num dos templos da montanha, ouviu o distante som de um tiro de canhão. Correndo para fora do templo, foi capaz de ver uma mancha confusa de tochas e fogo nas águas revoltas. Apenas mais tarde soube que um grupo de piratas havia atacado os barcos de pesca locais enquanto estes voltavam ao porto após um dia de trabalho, capturando e queimando várias embarcações e matando vários marinheiros.

Mas essa foi um experiência fora do comum, e a guerra em geral só entrou na sua vida em forma de brincadeira. O espetáculo da batalha, a engenhosidade das manobras, a vibração da música, a louca bruma das lanternas e dos fogos de artifício — tais eram as alegrias de Zhang Dai. O sétimo tio de Zhang comprara um antigo campo de treinamento militar e o convertera em espaço teatral privado, e Zhang se lembrou de que, quando criança, assistira a quarenta atores representando a ópera *Mulian*, baseada na lenda do discípulo de Buda que desceu ao inferno para liberar sua mãe do sofrimento. A apresentação se estendeu por três dias e três noites, perante cem ou mais convidados sentados à vontade sob as linhas de defesa: marchas e contramarchas em fila única, equilíbrios em pernas de pau ou banquetas, acrobacias com jarros e bolas de pedra, saltos com cordas e aros, lançamento de fogo e espadas engolidas. A história do descido ao inferno permitia todos os tipos de imagens terríveis: demônios de toda forma e cor, torturas com serras e tridentes, "montanhas geladas com picos pontiagudos, florestas de espadas impenetráveis, muros de ferro e lagos de sangue". Mais uma vez, era o mundo das "imagens do inferno" de Wu Daozi, mas dessa vez "com decoração e acessórios que custaram mais de mil taéis". A plateia morria de medo com o espetáculo, e sob as lanternas suas faces pareciam demoníacas. O barulho da multidão e dos atores era tão intenso que o prefeito de Shaoxing, imaginando que piratas deveriam estar atacando (como muitas vezes o faziam, no passado), enviou pessoal para checar. Apenas quando o sétimo tio foi ao escritório do prefeito e explicou que se tratava de uma performance seu coração pôde ficar em paz.

No que diz respeito a espetáculos marciais no rio, nada era capaz de superar as corridas de barco do dragão, e para Zhang Dai a melhor corrida que vira foi em 1631, quando estava junto a seu segundo tio, o colecionador de arte Zhongshu, em Yangzhou. Esse espetáculo, para Zhang, tinha tudo o que se poderia pedir para reproduzir uma cena bélica: as cabeças de dragão e as caudas de vinte ou mais barcos juntos, formando um mundo de raiva; os vinte remadores sugeriam arrogância; os remos, mastros e bandeiras ofereciam esplendor; a batida de gongos e tambores marcava o ritmo; os armamentos nos barcos prometiam violência; os homens eretos e balançando-se nas cabeças dos dragões previam perigo; a criança pendurada na cauda do dragão despertava a ansiedade de todos.

Mas, para um espetáculo naval de maior escala, era melhor ir a Dinghai, cidade portuária a nordeste de Zhejiang, numa ilha rochosa com seus muros defensivos erigidos em 1530, próxima à costa, sob a colina que rodeava a cidade. O espectador poderia ver vários navios de guerra reunidos no porto, várias relíquias, barcos de artilharia e embarcações de assalto protegidas por coberturas bem esticadas que os escondiam. Em volta deles, pequenos barcos de pescadores e outras pequenas embarcações de diversão. Como estavam muito distantes uns dos outros para que fosse possível ouvir vozes de comando, os oficiais navais comunicavam-se com bandeiras e tambores; trepados nos mastros, rapazes atentos vigiavam o horizonte, buscando os chamados "inimigos" em manobras. Quando avistavam algo, mergulhavam com toda a força, voando pelo ar antes de desaparecerem entre as ondas e nadarem até a costa, onde passavam suas mensagens ao comandante. À noite, as embarcações navais se comunicavam por meio de lanternas presas em seus mastros. As lanternas dobravam em número ao serem refletidas no oceano, e, para Zhang Dai e outros espectadores, do conforto de um terraço de uma montanha próxima, era como se "as constelações estivessem fritando em óleo quente, ou como uma sopa de estrelas borbulhando num caldeirão".

Os espetáculos militares mais rocambolescos vistos por Zhang Dai foram no início do outono de 1631, quando retribuiu uma segunda visita ao seu pai, em Shandong, nas terras do príncipe de Lu. Naquela época, havia um inspetor imperial entre as fileiras, e o exército — pelo menos no início — era (ou parecia ser) um verdadeiro exército: 3 mil soldados da cavalaria e 7 mil de infantaria se moviam devagar e decididamente sob cada comando, marchando e marcando posições com batalhões vizinhos enquanto o inspetor policial ordenava novas formações. "A distância, cem homens a cavalo apareciam no papel de inimigos, entre uma tempestade de fumaça e pó. Uma patrulha de homens montados, antes não mais que meros pontos negros distantes, vinha galopando pelas guarnições dando o alarme: reunindo suas forças sob uma bandeira e ao som do tambor, o general planejou tudo milimetricamente." Em poucos momentos, o inimigo estava cercado e feito prisioneiro.

Mas, com Zhang Dai, um cenário poderia ser modificado em instantes, desafiando ideias de outros e apresentando novas: "Desse momento em diante, surgiram trinta ou quarenta homens montados a cavalo, rapazes bonitos vestidos como mulheres, bandeiras vermelhas agitadas às suas costas, capas de pele, mangas brocadas e cabelos presos." Quando um coro, postado à frente do inspetor imperial, começou a cantar canções folclóricas regionais com seus inconfundíveis sotaques do norte, com instrumentos os acompanhando, os meninos-mulheres fizeram performances acrobáticas nas costas dos cavalos, "movendo-se em todas as direções, vertical e horizontalmente, flexíveis como se não tivessem ossos em seus corpos". Quem ou o que eram essas pessoas com tanto talento e charme? "O inspetor imperial naquele ano era um homem chamado Zuo", explicou Zhang, de forma grave, "e tais artistas performáticos eram jovens cantores ou concubinas. Por isso eram tão persuasivos. Outros, apresentando-se em substituição a estes, não o fariam tão bem."

Apesar da força das memórias de Zhang Dai, as realidades de violência começavam a ganhar relevância. O pequeno grupo de bandidos enfrentados pelo pai de Zhang Dai em Yanzhou, no início dos anos 1620, foi apenas um exemplo dos vários grupos que se espalhavam pelo norte da China. Tais bandidos vinham de várias procedências e tinham várias ocupações: soldados e funcionários desempregados, mensageiros demitidos, mineiros, trabalhadores rurais arrasados por secas, refugiados das áreas dominadas pelos manchus ao norte da Grande Muralha, muçulmanos e outros comerciantes que perderam seu dinheiro na Rota da Seda. Inicialmente restrito ao noroeste e a partes da província de Shandong, os bandos logo se espalharam para áreas mais centrais e chegaram à estratégica província de Henan por volta de 1631, agravados pelo frio que congelou as águas do rio Amarelo, em 1634.

Como Zhang Dai escreveu mais tarde num capítulo que chamou "Biografia de vários bandidos nas províncias centrais", o conhecimento de história ajudava no entendimento do que acontecia na década: o governo perdeu na hora em que não abriu suas reservas para alimentar os trabalhadores famintos. Se tivesse feito isso, não seria difícil perseguir os rebeldes, "destruir suas armas e levá-los de volta às fazendas, para que vendessem suas espadas e comprassem novilhos". Mas o peso do número de rebeldes era impossível de ser contornado: "Nossas províncias centrais se transformaram em terras de ninguém. As balas não tinham direção, saíam enlouquecidas. As doenças de pele não eram tratadas e se transformavam em lesões." Certamente, Zhang disse, os bandidos dificultaram as coisas com suas práticas de constantemente mudar de lado enquanto as batalhas surgiam e desapareciam. O governo tampouco foi capaz de montar suas forças apropriadamente: "Enquanto na porta da frente estavam as forças de resistência, lobos quebravam a porta de trás." Gradualmente, o equilíbrio se alterou: "Enquanto as partes mais fracas dos rebeldes se entregavam ao governo, as mais fortes começavam a aliar-se ao líder dos camponeses Li Zicheng", e "tanto o país quanto as pessoas eram movidos como cinzas e lama".

Mesmo que a história dos Ming de Zhang Dai ainda estivesse no começo, e as biografias familiares ainda não estivessem sob a forma final, as várias versões de seus escritos sugerem como ainda ligava as histórias de família ao destino do país. O seu segundo tio Zhongshu, por exemplo, esteve várias vezes em combate após iniciar sua carreira oficial. Enquanto servia no condado de Henan, em Chenzhou, no ano de 1633, teve de defender a cidade vizinha de Wanshui e o fez, ainda que de um modo que refletia seu amor pela arte. Nas palavras de Zhang: "Naquela época, os bandidos estavam pressionando Wanshui, matando pessoas como ervas. Zhongshu defendeu a cidade. Durante o dia, estava na torre de vigia e, à noite, tinha as lanternas acesas para pintar para seus amigos, camada após camada. O pincel e a tinta pareciam serenos, mas a vontade era vívida; os que viram se deslumbraram com sua coragem."

O segundo tio também mostrou habilidades logísticas e o sentido prático que aprendeu na juventude em suas longas viagens. Quando, em 1634, foi promovido a magistrado em Mengjin (região de Henan-fu), "Mengjin tinha um muro, mas não fosso", escreveu Zhang Dai, "e, após Zhongshu chegar, ganhou um fosso. Em pouco tempo, o trabalho estava terminado. Um estudioso local, Wang Duo, escreveu sobre a construção desse fosso".

Em 1642, a disputa crescia ainda mais ferozmente. Tropas de manchus atacaram Yanzhou, e o príncipe de Lu, sobrinho do príncipe para o qual o pai de Zhang Dai trabalhou, tirou sua própria vida. O irmão mais novo do príncipe morto herdou o título. Sinais de colapso da dinastia eram visíveis em todas as partes, e os membros da família Zhang entraram numa crise ainda maior. O segundo tio Zhongshu, agora promovido a coordenador militar no Grande Canal, na cidade de Yangzhou, foi encarregado de organizar todo o transporte e defesa ao longo do canal, com sua base na junção estratégica do canal com o rio Amarelo, na cidade de Huaian. O comentário de Zhang Dai foi lacônico, mas claro: "O segundo tio tinha um escritório próprio em Huaian [no Grande Canal] de onde supervisionava a administração do tráfego de barcos. [O comandante regional] Shi Kefa elogiou as habilidades do segundo tio, pois […] não havia nada que ele não resolvesse na hora." Shi

Kefa foi um dos mais hábeis e respeitados comandantes militares da China, por isso suas opiniões tinham peso. Mas as coisas ainda não estavam controladas: "Em 1643, bandidos devastaram Henan, e o alarme foi dado em Huaian. Zhongshu treinou as tropas locais e foi à resistência [na junção do rio] em Qingjiangpu. O estresse constante levou a uma doença da qual não se recuperou." Em 1644, o segundo tio morreu.

Coincidindo com o suplício do tio, no outono de 1642 o nono tio foi enviado para defender Linqing, outra cidade estratégica à beira de um rio e canal ao norte. Foi morto por forças inimigas em novembro do mesmo ano. Zhang Dai conhecia o contexto militar daqueles anos em detalhes, mas escolheu apresentar o tio morto como prova do poder póstumo do terceiro tio Sanshu, manipulador de carreiras e informação em Beijing, que morrera convencido de que o nono tio deliberadamente o arruinara. Segundo o descrito por Zhang Dai, a morte de Sanshu veio por sua raiva e frustração: "A raiva de Sanshu era tão intensa que ele finalmente não pôde mesmo falar, apenas gritar e chorar. De volta a casa, ficou paralisado pela doença e, em menos de dois meses, morreu." Mas pouco antes da morte de Sanshu, ele reuniu seus filhos e disse: "Quando estiver em meu caixão, vou escrever para todos vocês; uma vez debaixo da terra, vou contar tudo o que devem saber."

Muitos homens de governo deveriam saber que, em 1642, o nono tio estava recrutado pela corte para uma nova posição em Linqing. Zhang Dai conecta essa promoção ao fato de que o recém-morto Sanshu tenha aparecido em sonhos ao seu filho Zhenzhi e dito: "Quando eu e o nono tio estávamos envolvidos num caso em Linqing, fizemos uma grande injustiça com o oficial militar Wang Eyun. Amanhã à noite, quero que ofereça um banquete em nossa casa, esbanjando uma grande quantidade de papéis, carruagens, cavalos e criados; então meu espírito estará livre." Zhang Dai registra que Zenzhi fez o que lhe foi instruído, preparou os animais e o vinho para o banquete, reuniu os convidados e viu que todos jantavam juntos, como se Sanshu estivesse vivo. "Quando o serviço terminou, um vento forte começou a soprar por baixo da mesa, as lâmpadas a óleo e as lanternas perdiam força, e logo surgiu o som de homens marchando e cascos de cavalos, como se verdadeiras carruagens e cavalos estivessem passando." Morto, o terceiro tio Sanshu reafirmou seu direito de dominar o sobrinho mais jovem. Como Zhang Dai observou de forma sucinta: "O nono tio perdeu sua vida [lutando contra os manchus] em Linqing. Então as palavras sobre 'estar envolvido em um caso em Linqing', que primeiro apareceram nesse sonho, foram postas dessa forma pela violência e raiva fantasma [de Sanshu]." Zhang Dai reafirmou a conexão ao concluir comentando: "Quando Sanshu odiava alguém com todo o seu coração, sua força era grande o bastante para levar essa pessoa à morte. Ele podia mesmo fazer com que seu fantasma nervoso fosse visto à luz do dia, para dessa forma limpar uma injustiça passada. Então, tal força incrível [*qi*] era tanto negra quanto profunda, e algo impossível de ser violado."

De forma mais ou menos similar, Zhang Dai usou seus sonhos para unir o segundo tio Zhongshu ao selvagem sétimo tio, dono do célebre "cavalo de mil milhas" Grande Cinza. Foi esse tio quem morreu em 1615 após consumir em uma noite uma dose de remédio para cem dias. "Seis dias após a morte do sétimo tio", nos conta Zhang Dai, "o segundo tio, que então vivia em Beijing, sonhou que o sétimo tio vinha cavalgando seu Grande Cinza; estava vestido com um chapéu com chifres e roupas de pele avermelhada, acompanhado por cinco ou seis batedores. Sua aparência era realmente estranha. O segundo tio perguntou: 'Por que está aqui?', e ele respondeu: 'Estou aqui para servir ao meu irmão mais velho; eu escrevi o 'Poema sobre minha passagem', que gostaria de recitar para você:

Com semblante sério, em roupas formais, olhei meus amigos.
Toda uma vida nos reunindo e afastando, que duro foi tudo aquilo.
E eis todos aqui hoje, ainda em contato uns com os outros.
Na frente da montanha das Nove Milhas, os pássaros amarelos estão
    chamando.'"

O segundo tio, ainda preso ao sonho, suspeitou de que poderia ser um mau presságio, e por isso acordou agarrado às mangas de seu roupão. O sétimo tio montou em seu cavalo e foi embora. "O segundo tio seguiu em sua direção, perseguindo-o, mas [o sétimo tio], brandindo seu chicote no ar, gritou a distância: 'Sinto muita falta do meu irmão mais velho, mas o irmão mais velho tem pressa em voltar para casa!' E seguiu cavalgando, até sumir de vista." Ao acordar, o segundo tio escreveu o poema e, quando mais tarde voltou para casa, viu que se tratava do mesmo "Poema sobre minha passagem", que o sétimo tio compusera três dias antes de sua morte. Levou quase trinta anos para que os destinos escrevessem suas mensagens, mas foi cruzando o rio Qingjiangpu que o segundo tio finalmente encontrou sua morte e pôde encontrar-se com seu primo mais novo.

No conto de Zhang Dai, o segundo tio foi também testemunha da morte de outro de seus primos. Foi o décimo e mais novo tio de Zhang Dai, Sishu, membro mais talentoso, porém sem paciência, da família. Para Zhang Dai, toda a existência do décimo tio era definida por seu excesso de *qi* (energia vital). *Qi* era muitas vezes visto como um traço positivo, mas, para o décimo tio de Zhang Dai, Shishu, foi uma carga pesada, que logo se transformou em uma espécie de demônio, uma força devastadora manifestada pelo temperamento vil e crueldade calculada. Nos últimos anos de sua vida, no início da década de 1640, o mesmo décimo tio tornou-se funcionário público em Beijing, trabalhando no ministério da justiça. De acordo com Zhang Dai, ele devotou muito de sua energia à caça de bandos fracos entre os funcionários públicos, tentando constantemente resistir a seus espíritos, "e como resultado era temido por todos os seus subordinados"; o décimo tio chegava a gritar com o ministro da justiça quando imaginava que estivesse "indeciso". Com os prisioneiros nas celas era rude, adicionando mais pancadas às punições, pedindo penas mais duras para graduados e ordenando revistas mais severas aos visitantes nas prisões, insistindo num registro meticuloso de suas idas e vindas. Todavia, quando o décimo tio começou a sugerir que alguns funcionários de seu *próprio pessoal* mereciam a pena de morte por não cumprirem com seus deveres, decidiram que o tio merecia uma ação preventiva e causaram seu *impeachment* e demissão.

O destino final do décimo tio estava em consonância com a vida que viveu. Após sua demissão, escreveu Zhang Dai, o décimo tio "estava tão nervoso que contraiu uma doença que fez sua barriga inchar enormemente". Voltou à sua casa em Shaoxing, mas, quando chegou a Huaian, a doença já atingia um estágio extremo. Por coincidência, o segundo tio estava parado em

Huaian, por causa do tráfego de barcos, e encontrou alojamento para Shichu próximo ao templo de Qingjiangpu, deixando um médico à sua disposição. Mas Zhang Dai explicou: "Quando o décimo tio viu o médico, maldisse o médico. Quando viu os remédios, maldisse os remédios. Quando recebeu lenha e comida, maldisse a lenha e a comida. Quando recebeu carnes e frutas, maldisse a carne e as frutas. Quando as enfermeiras e atendentes chegaram para cuidar dele, ele maldisse as enfermeiras e atendentes... Todos os que vinham cuidar dele saíam correndo, e o segundo tio foi forçado a fazê-lo. As coisas seguiram assim por dois meses. Até que, certo dia, a doença piorou, e ainda que, com sua boca, seguisse maldizendo a todos, os xingamentos se transformaram em murmúrios, e ele morreu."

Menos de um mês antes de sua morte, o décimo tio soube que havia um especialista em cerâmica que preparava um trabalho encomendado por Huaian. Então, o décimo tio reuniu-se com o ceramista e pediu que construísse um caixão da mais fina cerâmica Yixing. Ao mesmo tempo, instruiu o segundo tio para comprar uma boa peça de resina de pinheiro. O décimo tio explicou a lógica por trás de seus pedidos pouco usuais: "Quando eu morrer, tenha certeza de que terei o enterro conveniente, com roupas e chapéu. Derreta a resina e coloque-a no caixão. Após mil anos, a resina terá se transformado em âmbar, e as pessoas me verão como veem as formas das moscas e cupins conservadas em âmbar. Tornar-se uma figura cristalizada — não é adorável?" Comentando essa visão, Zhang Dai observou que "a imaginação [do décimo tio] perdera o controle — na maior parte do tempo, ele estava assim!"

Para todos os membros sobreviventes da família Zhang, bem como para todos os chineses, o aumento dos índices de violência e morte atingiu níveis altíssimos em 1644: Li Zicheng e seus rebeldes camponeses tomaram Beijing no início de abril e ocuparam a Cidade Proibida; o último imperador Ming, Chongzhen, abandonado pela maior parte de suas tropas e ministros, suicidou-se nos jardins do palácio de Beijing. Naquele verão, tropas manchus marcharam sob Beijing, expulsando os camponeses rebeldes e declarando sua nova dinastia, a dinastia dos Qing.

Com seu imperador morto e o inimigo com o controle da Cidade Proibida, as últimas forças Ming estavam desmoralizadas e sem liderança central. Na falta aparente de herdeiro designado, diferentes facções sugeriam diferentes candidatos para levar adiante o legado da casa Ming. Num mundo político cambaleante desde a morte do último imperador, o burocrata-estudioso Ruan Dacheng — largamente admirado por Zhang Dai por suas óperas — emergiu como principal força política na nova capital da resistência, Nanjing. Após muitas manobras, Ruan apoiou um descendente imperial, o príncipe de Fu, como líder da resistência em Nanjing. O príncipe de Lu naquele momento, Zhu Yihai, tinha viajado ao sul, após forças inimigas cercarem seus terrenos de Yanzhou. Enquanto o príncipe de Lu fez sua base ao sul de Shaoxing, outros príncipes imperiais e poderosos generais buscavam posição e influência nas porções norte e centro da China. Poucos homens eram mais visados que Shi Kefa, formidável militar e administrador, que fora nomeado pelo príncipe de Fu e seus maiores conselheiros como coordenador das defesas em Yangzhou, no Grande Canal, e também mais ao norte. Foi o próprio general Shi quem deu ao prematuramente nascido irmão mais novo de Zhang Dai, Shanmin, uma chance para ação em combate.

Zhang Dai explicou de forma breve como isso aconteceu e como seu irmão respondeu: "Meu irmão mais novo, Shanmin, era simples e sincero ao atingir o âmago das questões, e tinha capacidade incrível para decisões práticas. Como um exemplo, o coordenador de defesa de Huaiyang, Shi Kefa, ouviu falar de suas habilidades, e enviou um oficial com presentes para convidá-lo a que aceitasse uma posição militar; [Shi] também instruiu o magistrado local para que pressionasse [meu irmão] para fazê-lo aceitar. Meu irmão sabia que o tempo era de problemas, e não queria aceitar o cargo sem uma razão real. Então mudou-se para as montanhas e enviou uma carta [a Shi] recusando os presentes." Como fora o caso com os exemplos mais antigos da sagacidade de seu irmão, Zhang Dai disse: "Não posso entender como encontrou tempo para entender o contexto da situação e também para alcançar uma visão tão boa como essa!"

Shi Kefa tentou uma última defesa de Yangzhou no dia 20 de maio de 1645, quando as muralhas da cidade foram atingidas por balas de canhão, seguidas de um massacre de quase todos os seus residentes e a captura e execução sumária do próprio Shi. De certa forma, Shanmin tinha claramente tomado uma decisão de boas proporções. Centenas de outros intelectuais e oficiais Ming, no entanto, responderam de forma diferente, mesmo sabendo dos riscos altos e sabendo também que os Ming e seus generais talvez não estivessem servindo à altura. O amigo íntimo de Zhang Dai por anos, e seu conterrâneo, Qi Biaojia, era muito ligado a esses difíceis localistas e tentou reunir a resistência aos manchus na região do delta do Yangzi. Zhang várias vezes viajou com Qi e conversou sobre livros com ele, pois a biblioteca da família de Qi era uma das melhores da Shaoxing. Qi levou ordem e certa coordenação à região de Suzhou, onde era funcionário importante, mas, ainda que alguns membros da facção de Ruan Dacheng o apoiassem, foi forçado a renunciar. No dia 8 de junho de 1645, a grande cidade de Nanjing, onde tantos chineses imaginaram consolidar a resistência, foi entregue aos manchus pela elite reinante, sem qualquer combate. Uma semana depois, o príncipe de Fu foi capturado pelas forças inimigas e levado a Beijing, onde morreu logo depois. O alegado líder dos partidários dos Ming, Ma Shiying, escapou para a área sul de Shaoxing para investigar as chances de reunir-se ao fugitivo príncipe de Lu.

Como todos na região, Qi Biaojia deve ter ouvido falar nas sombrias notícias e foi forçado a decidir que ação tomar. Em seu caso, as opções se afunilaram depois que emissários do comando manchu enviaram presentes e uma mensagem pedindo que se aliasse ao novo regime que estavam em processo de estabelecer. Para Qi, como para milhões de chineses leais ao antigo sistema e ao antigo regime, a ordem manchu, emitida no dia 21 de julho de 1645, de que dali em diante todos os chineses homens deveriam raspar suas testas e trançar seus cabelos como se fossem manchus, provando assim sua lealdade aos conquistadores, significava ter de tomar uma agonizante decisão, além do que já se haviam obrigado, mas inevitável: todos os que não obedecessem à nova ordem em dez dias sofreriam execução imediata.

Qi conversou com sua esposa, colocou seus negócios em dia como pôde, conseguiu que um bom terreno da família fosse oferecido ao monastério budista local e escreveu as últimas notas no diário que manteve meticulosamente por 14 anos. Em 25 de julho, fez com que seu filho tomasse vários copos de vinho e convidou uma série de amigos e parentes para visitá-lo. Depois, quando partiram, reuniu-se com um velho amigo chamado Zhu Shanren para conversar. Zhang Dai deu sua impressão emocionada sobre o resto da noite: "Mais tarde, quando grande parte de seus parentes e amigos já tinha ido embora, Qi chamou Zhu Shanren para uma sala reservada e conversaram demoradamente sobre a história dos antigos heróis e assuntos de lealdade. Pediu a Shanren que queimasse algum incenso e abrisse as janelas. Olhando em direção às montanhas ao sul, riu e disse: 'As pessoas que vagam por essas montanhas não são mais que vagas sombras. As montanhas são imutáveis, mas outra vida se passou.' Depois sentou-se na cama, com os olhos fechados e respirando calmamente. Após um breve espaço de tempo, abriu os olhos de repente e disse: 'Se você quer saber como é a morte, é assim.' E depois disse a Shanren que dormisse um pouco."

Qi, no entanto, andou até o pavilhão Baqiu e escreveu uma carta de despedida no grande salão dos ancestrais. Depois escreveu um pequeno desejo, que leu: "Minha lealdade demanda minha morte. Por quinze anos, servi à família reinante Ming com enorme lealdade. Os que atingiram maior inteligência que eu talvez não queiram acabar com suas vidas dessa forma, mas eu, um monótono estudioso, não encontro alternativa." Escreveu essas palavras em tinta vermelha, depois se jogou num rio próximo. Quando Zhu Shanren despertou na manhã seguinte, não foi capaz de encontrar Qi em lugar nenhum, e deu o alarme. O filho de Qi, Lisun, "acordou de seus sonhos", imediatamente reuniu vários barcos e fez buscas no rio, sem qualquer resultado. Zhang recorda a sequência: "Logo, o leste começou a brilhar e revelou uma corda de cabelo flutuando nas árvores ribeirinhas. Quando se aproximaram, encontraram Biaojia sentado nas águas, com sua cabeça submergida. Suas roupas ainda estavam bem-postas, seu cabelo e barba em ordem. Ele estava sorrindo."

Menos de um mês depois, no dia 19 de agosto de 1645, várias famílias de destaque na região de Shaoxing, ainda determinadas a manter a resistência viva, persuadiram o príncipe de Lu. Esse príncipe era sobrinho do antigo príncipe de Lu que vivia em busca da imortalidade, para quem o pai de Zhang Dai trabalhou no final da década de 1620; seguindo o suicídio de seu irmão mais velho e o saqueamento dos palácios familiares de Shandong, esse novo príncipe de Lu viajou ao sul e foi ordenado pelo sucessor Ming em Nanjing para supervisionar as defesas da província de Zhejiang de uma base próxima à costa, a mais ou menos 110 quilômetros ao sul de Shaoxing, na cidade de Taizhou. A situação política era volátil. Um dia antes, 18 de agosto, e inicialmente sem que o príncipe de Lu soubesse, outro príncipe Ming foi declarado imperador em sua base mais ao sul de Fujian, e insistiu que o príncipe de Lu fosse à sua coroação. Mas o príncipe de Lu, agindo sob a recomendação de seus apoiadores, ignorou tudo aquilo e manteve seu novo título como "protetor". Outros príncipes Ming também buscavam poder e títulos imperiais com a ajuda de seus apoiadores. O poderoso e corrupto político Ma Shiying, que dominara a província de Nanjing de meados de 1644 até sua saída da cidade, no verão de 1645, também parou em Nanjing com os remanescentes de suas forças, na cidade de Dongyang, a oitenta quilômetros da base do príncipe de Lu.

Naquele mesmo verão, Ma mudou-se com suas tropas remanescentes — alguns trezentos homens, no total, de cavalaria e infantaria — para o vilarejo de Qingpi, também a poucos quilômetros da base do príncipe de Lu. Rumores diziam que o príncipe de Lu estava sendo cortejado por Ma Shiying, ainda que muitos na região o vissem como corrupto traidor, covarde até as botas, que traíra a casa Ming duas vezes: uma em Beijing e outra em Nanjing.

Zhang Dai estava entre os que ouviram os rumores sobre Ma e ficou horrorizado. Chocado e com raiva, escreveu uma carta ao príncipe de Lu usando um estilo que era ao mesmo tempo cortês e crítico, pedindo-lhe, nos termos mais fortes, que não se deixasse levar por Ma Shiying, mas que tentasse instalar um governo honesto, de homens corajosos. Como Zhang nunca passou nos exames avançados, e por isso não tinha qualquer título formal para invocar, identificou-se como o simples "vestido em algodão Zhang Dai, de Zhenjiang". A modéstia não o impediu de tocar no coração do assunto:

"Ao Príncipe de Lu:

"Seu sobrescrito Dai respeitosamente apresenta uma petição sobre como o recentemente nomeado Protetor da Realeza, com todos os olhos voltados para ele, para acalmar o povo e moralizar a armada, pôde imediatamente executar o assunto mais terrível, e foi capaz de matar o imperador e trair o país." Para Zhang Dai, o contexto histórico era sempre parte da história: "Ouvi que, quando o imperador Shu recebeu seu título do imperador Yao, puniu duramente quatro homens maldosos, ganhando o respeito de todos; quando Confúcio se tornou ministro de Lu pela primeira vez, sua execução de Shao Zhengmao trouxe paz e prosperidade a Lu. Mesmo em tais momentos prósperos, execuções ainda são feitas com as mãos rápidas; nestes tempos de grandes mudanças, quando as estrelas e as constelações alteram suas posições, ações justas e rápidas são ainda mais necessárias! As leis dos mundos já não são respeitadas e seguidas, enquanto os homens se tornaram ignorantes e perderam a vergonha. Eles encaram o serviço aos seus inimigos como algo comum e honroso, deixando-se vencer por ladrões como se isso fosse sinal de sabedoria. Em vista disso, o comportamento comum dos homens letrados perdeu toda a sua integridade. Se nenhuma ação for tomada para punir e reverter tais comportamentos, esse mundo sem sentido logo encontrará a ruína. Depois, como poderemos falar em recuperar o império? Você, meu senhor, ganhou a afeição de deuses e homens, chegando a protetor da realeza. Se a linhagem do reverendo [fundador Ming] Tai Zu seguirá viva, ainda que seja por mais um dia, ou se as relíquias da casa imperial poderão sobreviver, ainda que por uma hora, tudo isso está em suas mãos."

No restante dessa longa carta, Zhang oferece uma lista detalhada de alusões históricas para demonstrar que, tente o que tentar, ninguém é capaz de encontrar na antiga história da China um misto tão complexo de falsidades e traições como as praticadas por Ma Shiying. Sem qualquer reticência, Zhang Dai o chamou de "Ma Shiying, oficial renegado, demônio de face azul, com carne que corta como faca". Mesmo os invasores manchus desconfiavam tanto de Ma que tentaram matá-lo mais vezes que tentaram atraí-lo à sua causa, escreveu Zhang. E "se mesmo governantes fracos, quando seus países estavam em perigo, eram capazes de executar assuntos perigosos e estender seu governo por mais alguns anos, o que impede sua alteza, cujo grande reino apenas começou, de fazer o mesmo? Como pode permitir que Ma Shiying desmonte a ordem em seu reino?" Oferecendo a si mesmo como vingador do governante de Nanjing, que naquela época fora capturado pelos manchus, Zhang Dai pediu "uma pequena força de tropas" para que pudesse capturar e executar Ma, que todos veriam como "a primeira ação policial benéfica do meu senhor em prol da reanimação do império. Quando a novidade se espalhar, nosso povo e soldados certamente se sentirão exultantes, e ficarão cem vezes mais corajosos". E Zhang implorou pela própria execução caso sua ação não assustasse e admirasse as forças do norte.

De acordo com Zhang, o príncipe de Lu leu a carta e o chamou para uma audiência em Taizhou, sugerindo que Zhang "primeiro matasse e depois contasse os fatos". Com uma pequena força, Zhang tentou encurralar Ma em uma vila próxima, onde estava baseado. Mas Ma Shiying despistou Zhang, fugindo para uma área protegida por dois amigos, os dois generais favorecidos pelo príncipe de Lu. Esses dois inteligentes homens transferiram a Ma Shiying a tarefa de manter uma linha defensiva ao longo do rio Qiantang, ao norte de Shaoxing, e depois bloquearam qualquer acesso à base de Ma com suas próprias tropas. A retórica de Zhang Dai, ainda que poderosa, não pôde fazer nada para vencer tal força militar.

Em setembro de 1645, ainda que Hangzhou não estivesse ocupada por forças manchus e de seus aliados, o príncipe de Lu moveu sua base de Taizhou para a cidade de Shaoxing. Zhang Dai, no entanto, frustrado por não ter conseguido vencer Ma Shiying, sentiu-se obrigado, por dever de fidelidade e gratidão, a oferecer seu apoio ao príncipe fugitivo. Mas, quando Zhang Dai veio para escrever um resumo de seu encontro em Shaoxing com o príncipe, o fez num estilo e tons tão zombeteiros que não tinha nada a ver com a carta que escrevera uns poucos meses antes: "Como meu pai tinha servido como funcionário a um antigo príncipe de Lu, quando o [novo] príncipe de Lu transferiu sua base a Shaoxing, era natural que visitasse, com sua comitiva, a residência de seu antigo servidor. Senti prazer em dar as boas-vindas [ao príncipe], ainda que não tivesse tido a chance de estudar a etiqueta necessária a esse tipo de recepção, e fiz apenas o melhor que pude."

As preparações de Zhang incluíam rearranjar as áreas de recepção principais de sua casa, construir uma soleira mais alta com uns poucos degraus, encontrar um tapete e um capacho e preparar um banquete de sete pratos composto das "melhores carnes da terra e do mar". O príncipe chegou com apenas uma pequena comitiva de assessores e guarda-costas; vestia um adorno de plumas na cabeça e um robe negro decorado com dragões gêmeos. Jades adornavam as faixas de sua cintura. Zhang escreveu que os espectadores se reuniram próximos ao príncipe, loucos por dar uma olhada nele, alguns tão próximos que ele mal podia caminhar, outros precariamente postos em degraus ou mesmo escadas. Após um pedido para que se aproximasse, Zhang Dai começou o ritual de boas-vindas e prostrações "apropriadas a um oficial em presença de seu governante". Zhang ofereceu chá e comida, ainda que tenha escrito que, no início, não pensava em oferecer chá e biscoitos para não clamar-se a si mesmo "anfitrião" diante de uma figura tão augusta. Quando o vinho foi aquecido em tinas de prata, três dos homens do príncipe de Lu ajudavam a servi-lo em canecas. As carnes e sopas eram muitas vezes servidas de forma similar, com as baixelas de prata servindo comidas sob três camadas de tecido amarelo imperial. Quando o príncipe as comeu, sua comitiva celebrou a importância da ocasião com sete rodadas de danças ritualísticas e peças musicais.

Para Zhang, isso tudo era um elegante preâmbulo ao espetáculo operístico. Com seu profundo conhecimento de ópera e sua experiência em dramas de vários tipos, Zhang Dai sabia exatamente o que escolher para a ocasião: uma cena de *O vendedor de óleo*. Numa primeira apreciação, essa obra poderia ser vista como um conto de amor convencional, adaptado de uma história popular, no qual um pobre vendedor de óleo de lamparina corteja e ganha o coração da mais bonita e inteligente cortesã da capital. Mas seu contexto era importante: a ação se passava nos negros dias da queda da dinastia Song, do norte, nos anos 1120, quando as armas dos poderosos invasores Jin atacaram e cercaram a capital do norte, Kaifeng, capturando o imperador e vários de seus filhos e forçando várias pessoas a fugir em pânico e várias tropas sem governo a tomar as estradas em direção ao sul, numa louca corrida pelo rio Yangzi em direção a uma comparativamente calmaria que reinava do outro lado. Os invasores Jin daquela época eram exatamente como os manchus dos anos 1640; o destino da capital do século XII, Kaifeng, e da família real Song era em muitos aspectos similar ao que aconteceu com os Ming em 1644 e 1645.

E isso aparecia de forma clara na cena que Zhang Dai escolheu enfatizar mostrando que "se adapta perfeitamente à situação atual". Intitulada "O príncipe Kang cruza o rio com seu cavalo de terracota", ela nos mostra como um dos filhos capturados do imperador foi capaz de burlar os invasores Jin em 1127, e, com coragem, rapidez e sorte, cruzou o Yangzi pouco antes dos invasores Jin, estabelecendo sua capital primeiro em Hangzhou, depois no mar, nas ilhas Choushan, e subsequentemente em Shaoxing, antes de voltar a Hangzhou, onde fincou base permanente. Apesar da situação desesperadora, o fugitivo príncipe Kang sobreviveu e reinou em todo o sul da China até abdicar em 1162, e o regime que então se instaurou durou até 1278. Para reafirmar a natureza parecida com os fatos do momento, o príncipe Kang tomou o termo arcaico para a cidade de Shaoxing como suas designações reais. Aparentemente, o príncipe de Lu apreciou o otimismo de tal eco histórico, pois, como Zhang Dai nos diz, durante a performance o rosto do príncipe "mostrava intenso prazer".

A representação terminou, e, quando o dia virou noite, Zhang Dai transferiu a festa para uma área mais íntima, a da "biblioteca flor de ameixeira" de Zhang, na "sala de estudos única" construída por seu avô, onde outra comida foi servida. Espalhados no sofá de leitura de Zhang, bebendo generosamente, o príncipe de Lu conversou sobre ópera e convidou Zhang Dai e o pintor Chen Hongshou para sentarem-se ao seu lado, "brincando e rindo como se fôssemos velhos amigos". "O governante aguentava altas doses de álcool", escreveu Zhang, "e já tinha bebido quase 2 litros. Tomou uma grande caneca em forma de chifre de um só gole. Chen Hongshou, que era fraco para bebidas, vomitou ao lado do governante." O príncipe nem notou, pediu que trouxessem uma pequena mesa e disse a Cheng que desenhasse alguma caligrafia para ele. Por ter bebido tanto, Cheng derrubou a pena e teve de parar. Mas as festividades seguiram, com mais cenas de peças, uma nova transferência de todos para outro cômodo e mais bebida. Apenas após o príncipe ter absorvido outros 3 litros ou mais, disse Zhang, "a face imperial tornou-se algo mais rubra". Zhang Dai não nos diz a que horas terminou a festa — diz apenas que, quando as liteiras foram solicitadas, o príncipe de Lu teve de ser carregado nos braços de dois criados, pois não podia caminhar sozinho. Mas, quando Zhang Dai deu seu adeus formal no último portão, o príncipe demonstrou não estar tão fora de si ao ordenar que enviassem uma última mensagem a Zhang: "O velho mestre diz que passou uma noite

estupenda hoje. O velho mestre diz que passou uma noite tremenda hoje."
"Estranho, na verdade", comenta Zhang Dai, "para um governante ou oficial mostrar-se tão abertamente, tão próximo, tão completamente sem barreiras."

Por um curto período, como muitos outros residentes educados de Shaoxing, que deram as boas-vindas ao príncipe de Lu com tanto entusiasmo, Zhang Dai tentou ser parte da nova ordem e aceitou um posto oficial no governo do mesmo príncipe. Mas o posto era insignificante, uma espécie de "secretário administrativo" em um dos subdistritos de Shaoxing, e Zhang ficou irrequieto com a impossibilidade de conseguir qualquer coisa. O amigo de Zhang, Chen Hongshou, também recebeu um posto no governo do príncipe de Lu, que parece não ter mesmo se importado com o vômito em sua presença e com a incapacidade de manter o pincel nas mãos. Chen, que muito antes fora aprovado nos exames de nível mais baixo, foi nomeado "acadêmico esperando ordens" pelo príncipe de Lu. Estava lotado no centro de estudos que o príncipe estabelecera em Shaoxing, numa óbvia emulação do centro similar em Beijing, naquele momento ocupado pelos manchus.

Quando Zhang Dai hesitou, o príncipe de Lu escolheu um aliado ainda mais improvável, o primo extravagante de Zhang Dai — único filho do grande colecionador de arte, segundo tio Zhongshu. Após a morte de Zhongshu, na luta no norte em 1644, Yanke herdou todas as coleções do pai; de acordo com Zhang Dai, vendeu-as imediatamente e conseguiu gastar todo o dinheiro que lhe renderam — cerca de 50 mil taéis, ou mais — em menos de seis meses. Por volta de 1645, Yanke, que — como Zhang Dai — nunca tivera qualquer cargo administrativo, parecia decidido a servir o príncipe de Lu em nome de uma restauração Ming, e as conexões de sua família lhe deram uma oportunidade. Como Zhang Dai escreveu: "Foi em 1645, quando a necessidade de defender a linha do rio Qiantang dos exércitos que a atacavam transformou-se em urgência absoluta, que Yanke enxergou estratégias para o príncipe de Lu, esperando uma posição oficial. Yanke era [como o homem que] vestia sandálias de palha, mas esperava um emblema de jade para o seu cinto. O governante [o príncipe de Lu] morreu. Yanke ficou furioso por não ter recebido seu cargo. Valendo-se de contatos com membros da família do príncipe, conseguiu burlar as regras e obter um cargo como comandante militar local."

Para ajudá-lo em seus esforços militares, Yanke cooptou outro membro de sua família, seu primo cego Pei, cujas habilidades e recursos Zhang Dai admirava tanto. Após tornar-se completamente cego, Pei fez nome como médico, mas tinha várias outras habilidades, nenhuma delas tendo nada a ver com sua cegueira. Zhang Dai escreveu muito sobre as habilidades de Pei junto à comunidade local: "Pei cuidou da restauração de todos os templos ancestrais da família, bem como reparou os túmulos familiares. Agiu como negociador em todos os casos legais [envolvendo membros da família], avaliando o que era verdade e o que não era. Cuidadosamente, analisou a produtividade das terras da família e salvou os que estavam em problemas por terríveis calamidades. Em muitos assuntos que envolviam injustiça, ou intimidação, Pei, quando convocado, era capaz de resolver as pendências. Por isso sua casa estava sempre cheia de atividade. Ele respondia a todo mundo que precisava de ajuda, e ninguém saía sem estar satisfeito."

Para Pei, não era problema ajudar seu primo Yanke naquele momento de catástrofe dinástica. Como Zhang Dai apontou de forma admirável: "Quando seu primo mais jovem Yanke estava supervisionando as tropas ao longo do rio, Pei o ajudou a encontrar suprimentos, dando instruções sobre o uso de armas de fogo e lanças, formações militares e conversando sobre planos de batalha. Ele era verdadeiramente um homem 'com três cabeças e seis braços, mil mãos e mil olhos'. Sempre que alguém não podia terminar um trabalho, Pei, apesar de sua cegueira, entrava em ação. Não havia nada que não fosse capaz de fazer com êxito, e em pouco tempo. Então, ainda que seus dois olhos estivessem inúteis, ele não precisava dos cinco sentidos para sentir-se completo."

A nova vida de Yanke parecia não surtir efeito aparente em Zhang Dai: "Foi no final do outono de 1645", escreveu, "que percebi que a vida cotidiana estava mais sem razão de ser a cada dia. Então disse adeus ao meu senhor de Lu e segui em direção às montanhas." Talvez Zhang estivesse influenciado por qualquer de seus amigos e parentes que enxergaram um refúgio na fuga. Chen Hongshu, logo percebendo que o regime de Lu não fazia sentido naquelas circunstâncias, tinha deixado seu posto como acadêmico, raspou sua cabeça como um monge budista e retirou-se para o monastério do Portal da Nuvem, mesmo admitindo que a decisão fora oportunista, levada pelo desejo de ser abrigado da luta e para demonstrar se aceitava ou não o estilo de corte de cabelo dos manchus. Um ano antes, o irmão mais novo Shanmin recusara o convite de Shi Kefa para ajudar com o planejamento da campanha de Yangzhou. E um primo de Zhang, sobrevivendo ao cerco de Nanjing, se mudara para as montanhas ao lado de Hangzhou, transformando-se em monge.

Mas para Zhang Dai as coisas não estavam destinadas a ser tão fáceis. A resistência veio do general Fang Guo'an, que lutaria em várias partes da China no final dos anos 1630 e 1640 e que acumularia um exército privado de centenas de combatentes veteranos antes de arriscar a sorte com o príncipe de Lu. Fang era amigo de um compatriota de Ma Shiying, e tinha, de acordo com Zhang, atuado de forma crucial ao salvar Ma da morte, enviando-o para ajudar na guarda da linha de defesa do rio Qiantang. Fang era famoso por sua ganância e agressividade, e seu alcance era considerável. As tropas de Fang devastaram a província de Shoaxing de forma impressionante e proibiram todo o tráfego pelo rio tão seriamente em nome da defesa local que mesmo os mais queridos festivais — como o de varrer as uvas no final da primavera — foram suspensos. Sem qualquer barco mercante ou de pesca admitido no rio, e com a proibição de embarcações particulares, os homens enlutados tinham de caminhar longas distâncias em direção aos túmulos, carregando suas oferendas de comida e dinheiro espiritual nas costas, enquanto as mulheres eram obrigadas a permanecer em casa, dentro dos muros da cidade.

Como escreveu Zhang Dai, sua primeira tentativa de bater uma retirada do mundo foi rapidamente interrompida, e por volta de fevereiro de 1646 seu autoexílio pareceu ter chegado a um fim. "Fang Guo'an enviou pessoas com presentes para fazer com que eu deixasse as montanhas e me tornasse consultor em assuntos militares. Também enviou funcionários locais à minha porta para me pressionar. Por isso, percebi que não tinha saída."

Dessa forma, Zhang Dai quase foi obrigado a reunir-se ao pequeno grupo de empregados leais ao príncipe de Lu, não fosse a intervenção de seu amigo morto Qi Biaojia. "Em 26 de fevereiro de 1646, segui para o passo de Beishan [uns cinquenta quilômetros a leste de Shoaxing] e cheguei ao pico de Tangyuan, onde encontrei um quarto na pensão Han, em Pingshui. Tinha uma terrível dor nas costas. Reclinado sobre uma almofada, devo ter caído no sono. Vi um atendente vestido de verde, segurando um cartão, que entregou a mim, com as palavras: 'Qi Biaojia apresenta seus respeitos.' Levantei de pronto e vi Qi Biaojia abrindo a porta e entrando. Estava vestindo roupa branca [de enterro] e um chapéu branco. Dei as boas-vindas e nos sentamos. Em meu sonho, eu sabia que ele estava morto, então lhe disse: 'Biaojia, você morreu como um mártir para seu país, e ofereceu lustro à sua geração.' Biaojia sorriu e disse: 'Meu caro amigo, em tempos como este por que não se esconde, não esconde seu nome e todos os traços de sua existência? Por que deixar seu retiro nas montanhas?' Respondi: 'Quero ajudar Lu, protetor da realeza.' Levado por suas perguntas, falei isso e aquilo, e tinha tudo resolvido. Biaojia sorriu: 'É a sua decisão, ou alguém a está tomando por você? A única razão seria se alguém o estivesse forçando a isso. Nos próximos dez dias, alguém vai pedir um resgate por você.' Eu respondi: '[O general] Fang Guo'an me convidou para trabalhar ao seu lado, ele não me provocaria.' E Baiojia respondeu: 'Você é quem sabe. Quando o mundo está em tal estado, não há nada a se fazer. Por que não experimenta ver o que os céus tentam dizer?'

"Ele me pegou pela mão e descemos as escadas juntos. Olhando em direção sudoeste, eu pude ver as estrelas pequenas e grandes caindo junto com a chuva, e ouvia as explosões. Biaojia disse: 'Se os céus dão um sinal como este, o que podemos fazer, o que podemos fazer? Meu velho amigo, volte rapidamente à sua montanha, e siga seus talentos, aonde quer que o levem. Nos tempos que estão por vir, o melhor é seguir o que sugeri aqui.' Ele se levantou e, enquanto atravessava o portão, sussurrou em meu ouvido: 'Termine sua história da dinastia Ming.' E, num ritmo cadenciado, foi embora.

"Ouvi o barulho de cachorros ladrando como leopardos, eles me despertaram; o suor corria em minhas costas. O latido dos cachorros fora de minha porta transformou-se numa extensão do barulho de cachorros latindo que ouvia em meu sonho. Eu acordei meu filho e lhe contei o sonho. No dia seguinte chegamos em casa, e em dez dias meu filho foi sequestrado e tive de pagar um resgate. Tal é a integridade de um homem martirizado: mesmo em forma de espírito se mantém tal qual!"

A decisão de Zhang Dai de voltar, após sua crise súbita, era precipitada. "Levei apenas algumas cestas de bambu comigo", escreveu. Deixou grande parte de seus pertences e quase todos os seus 30 mil volumes de livros em sua casa de Shaoxing. Os livros que teve de deixar para trás "foram todos levados pelas tropas do general Fang, que os espalhou durante dias, queimando-os em fogueiras e jogando-os rio abaixo, ou mesmo usando-os como escudo contra flechas. Então, a coleção que eu reunira por quarenta anos se perdeu em questão de dias".

Estranhamente, foi Yanke quem se colocou de prontidão quando Zhang escapou, Yanke, que ofereceu sua vida, por escolha própria, ao príncipe de Lu. O frágil perímetro defensivo ao longo da margem sul do rio Qiantang caiu no início do verão de 1646: dois anos de lutas drenaram o rio de forma tão intensa que os cavalos das tropas manchus foram capazes de cruzar o seu leito, e Ma Shiying e o general Fang fugiram junto com o príncipe de Lu. Tomado por um sentimento quixotesco de lealdade ao governante a quem havia concordado — mesmo que de forma recalcitrante — servir, Yanke parece ter permanecido fiel ao seu posto, mesmo quando doente ou ferido. Cheio de feroz ardor e exagero até o fim, pouco antes de morrer Yanke disse a seus empregados que, após sua morte, deveriam envolver seu corpo em uma velha bolsa de odre de vinho e deixá-lo nas águas do rio Qiantang. O gesto foi elaborado, textual, irônico. Em tempos antigos, os que morriam bravamente em batalhas eram enterrados envolvidos em couro de cavalo, enquanto os que sofriam perdas vergonhosas eram envolvidos em bolsas de odre de vinho. Zhang Dai tinha pouco a acrescentar: "Aconteceu exatamente como [Yanke] pediu" foi seu único comentário. Quanto a Zhang Dai, abandonou o que restava de sua propriedade aos exércitos e enviou seus filhos sobreviventes e suas duas concubinas a um local seguro nas montanhas a leste da cidade, enquanto ele mesmo embrenhou-se nas mais altas montanhas de bosques a sudoeste de Shaoxing, onde o terreno escarpado fez com que fosse quase impossível a penetração dos exércitos invasores. E, ouvindo a voz de seu amigo, o falecido Qi Biaojia, sussurrando em seu ouvido, levou consigo o manuscrito de sua ainda incompleta história da dinastia Ming.

## CAPÍTULO 8

## VIVENCIANDO A QUEDA

Não há sinal de que Zhang Dai tenha planejado sua fuga do general Fang e da corte de Lu com qualquer cuidado, nem de que tenha deixado um relato sistemático do que aconteceu nos três anos nos quais se escondia em uma área de mais ou menos sessenta metros quadrados a sudoeste de Shaoxing. As montanhas nessa região eram acidentadas e inacessíveis; era uma área de vilarejos isolados, densa vegetação e templos dispersos. Num poema, Zhang descreve a si mesmo escondido num santuário de montanha por alguns meses em 1646, com apenas um de seus filhos e um criado como companhia, mantendo sua identidade em segredo enquanto tentava focar-se outra vez em sua história dos Ming. Após um mês ou mais, era reconhecido e forçado a refugiar-se em outro templo, onde voltou a esconder sua identidade por um tempo, vivendo entre os monges. Tinha tanta fome, sem qualquer grão ou possibilidade de cozinhar, que percebeu quão longe da verdade estava o famoso conto histórico chinês sobre reclusos leais que preferiam morrer de fome nas montanhas a servir a um senhor desclassificado. Nesse momento, Zhang Dai entendeu que tais homens — tantas vezes elogiados por suas virtudes — morreram simplesmente porque não encontraram comida.

Zhang recusou-se a cortar e trançar seus cabelos ao estilo manchu, e sabia que oferecia uma visão assombrosa com "seu cabelo balançando de forma selvagem e suas roupas gastas", conforme escreveu de si mesmo, dizendo que parecia um "homem assustador de uma área selvagem" como os que encontrara e que pareciam "venenosos ou bestas selvagens". A possibilidade de suicídio esteve muitas vezes presente — mas ele afastou a ideia com o pensamento de que seu grande objetivo, a história dos Ming, ainda estava incompleto.

Zhang tinha 49 anos, e em 1646, enquanto fugia de um lugar para outro, imagens de seus anos passados chegavam à sua cabeça. Vinham ao amanhecer, escreveu Zhang, quando o ar noturno ficava menos pesado e os galos cantavam. Em tais momentos, ele nos diz, "via em minha mente todo o esplendor e frivolidade da beleza da vida passando em frente aos meus olhos". Escrever tais memórias não foi algo que simplesmente planejou, mas tornou-se uma diversão inesperada, uma fuga dos rigores da vida: "Enquanto vivia em fome constante, eu gostava de me divertir com pincel e tinta." Para Zhang Dai, o brilho das lanternas à noite, o som dos *qin*, o cheiro rançoso das carnes de sacrifício, o silêncio reflexivo da cortesã, as disputas selvagens por arte e antiguidades, o murmúrio das preces de sua mãe, os jovens atores em seus papéis, as viagens de barco e em cadeiras, as conversas com velhos amigos — tudo isso, junto a uma centena de outros momentos, tinha suas vantagens e desvantagens. Quando começou a escrever o que chamou de *Lembranças de sonhos*, enfatizou que os itens seguiam uma ordem formal, permanecendo em seus espaços: "Não estão arranjados por anos e meses, e por isso diferem de uma biografia convencional. Não estão divididos em categorias, por isso não se parecem a um conjunto de anedotas. Pegando alguns deles, escolhendo ao acaso, sou capaz de visitar velhos amigos ou reviver cenas antigas." No final daquele ano, percebeu que havia registrado 120 momentos que vieram à sua lembrança. Ainda que mantivesse, de forma deliberada, todos os relatos curtos, de um parágrafo a duas páginas, no máximo, havia *Lembranças de sonho* suficientes para preencher um pequeno livro.

Num prefácio que rascunhou para acompanhar as imagens acumuladas, Zhang enfatizou a natureza aleatória das experiências e sensações que reuniu, e também sugeriu que sua busca no passado havia desenvolvido a consciência de seus objetivos: "Quando me lembro de tudo isso, escrevo e levo a Buda, e dessa forma posso pedir perdão para todos." O exercício inteiro, na mente de Zhang, ganhou uma qualidade expiatória, como ele explicou no mesmo prefácio: todas as dificuldades que era agora obrigado a suportar eram uma retribuição a um luxo ou prazer casualmente recebido no passado. Como Zhang Dai escreveu de si mesmo: "Esse chapéu de chuva de bambu é uma retribuição por sua cabeça, e essas sandálias de palha são uma retribuição por seus calcanhares — dívidas pagas pelos grampos de cabelo e bons chinelos daqueles dias. Essa roupa remendada é uma retribuição por suas peles e essa roupa puída uma retribuição pela boa seda — dívidas por todo o calor e luminosidade. Verduras estragadas são retribuição pela sua carne e os grãos ralos retribuição por todo o seu arroz — dívidas pagas por tanto prazer. Esse capacho de grama é retribuição pela cama e essa pedra por seu travesseiro — dívidas pagas por tanta gentileza e suavidade. O pedaço de corda é retribuição pela tranca de sua porta e a boca do jarro retribuição por suas janelas — dívidas pagas por seu estilo de vida fácil. A fumaça é uma retribuição por seus olhos e o esterco por seu nariz — dívidas pagas por tantas fragrâncias voluptuosas. A estrada é uma retribuição pelos seus pés e o saco por seus ombros — dívidas pagas por aqueles que o carregaram. Para cada possível caso de pecado, é possível encontrar uma correspondente forma de retribuição."

Se havia algum sentido na cabeça de Zhang que merecia um castigo de Buda pela vida de desperdício que levou, ainda assim isso não enfraquece o poder de suas memórias. Talvez Zhang Dai tenha mesmo de alguma maneira levado cada trecho de sua prosa junto a Buda, para que pudesse "pedir perdão por eles, todos eles". Esses momentos passados da sua vida e da vida dos outros transformaram-se em uma criação sua, duradoura, algo a que se "apegou", como escreveu na última linha de seu prefácio para o *Lembranças de sonhos*, que "vai ser dura e firme como a joia da vida dos budistas, que, não importa o quão quente seja o fogo ao seu redor, jamais poderá ser destruída"

Especialmente no primeiro ano de sua fuga, Zhang Dai parecia ter sugado sabedoria do mais recluso poeta chinês Tao Qian. Alguns anos antes, Zhang adotara o Tao, do nome de Tao Qian, como seu nome literário, ou de "estúdio", uma ressonância ao fato de Tao ser também o nome de solteira de sua mãe. Mas invocar Tao Qian como poeta modelo não era uma sofisticação barata: os poemas de Tao Qian, escritos quase duzentos anos antes, estavam aferrados à consciência do país, em cada camada e consciência dos eruditos que abriam mão de todas as suas ambições e carreiras para voltar às suas casas, trabalhar em seus pedaços de terra, escrever, refletir sobre os caprichos e sofisticações da vida passada e, no caso de Tao — sempre que possível —, beber. Tao Qian era conhecido por seu amor ao vinho e sua disposição de andar léguas para consegui-lo, mesmo quando significava tirar o dinheiro do arroz de sua mulher ou pedir emprestado a amigos. Em 1650, o amigo de Zhang, Chen Hongshou, queria celebrar essa faceta de Tao Qian com uma série de pinturas emocionais e espirituosas ilustrando anedotas sobre bebida pinçadas dos poemas de Tao. Mas, em 1646, Zhang Dai, que não era um bebedor tão dedicado, escolheu escrever sobre outros aspectos do trabalho de Tao: o ciclo de sete poemas "Em honra do cavalheiro empobrecido", seus poemas políticos sobre usurpação, suas "canções dos carregadores de mortos" e sobre os ajustes de Tao com a pobreza, o famoso "Inspirado em eventos". Como Tao Qian escreveu nesse poema:

> Quando eu era jovem, minha família sofreu tempos difíceis;
> Com a idade da velhice chegando, estou sempre faminto.
> Tudo o que quero na verdade é trigo e feijão,
> Sem pretensões a doces e gordura.

Em seu prefácio em forma de prosa ao poema, Tao nos oferece um emocionante resumo das dificuldades que uma pessoa pode passar ao ter de sobreviver sozinha: "O grão antigo se foi, e o novo ainda não madurou. Tenho de ser um velho senhor agricultor, mas passar por dias ruins durante meses e anos foi uma preocupação infinita. Como nada pode ser esperado da colheita deste ano, e as provisões para um dia mal dão para uma única refeição, tenho estado preocupado com a fome por uma semana. Quando o ano vai chegando ao seu fim, minha ansiedade é constante. Se não reunir meus pensamentos, como a posteridade saberá de tudo isso?"

Um dos mais célebres poemas de Tao Qian era a abertura de um ciclo de sete sobre o "Cavaleiro empobrecido", que lida com a solidão que pode se abater em um retiro rural, e o próprio sentimento de Tao de falta de esperança, que pode ser mais bem exemplificado em um par de versos:

> Calmamente do bosque emerge um pássaro
> Para outra vez voltar antes do final do dia.

Comentaristas instruídos ao longo das eras escreveram que Tao se referia a si mesmo e à crise dinástica de 420 a.C.,* vivida por ele. Zhang Dai, num ciclo de sete poemas que ecoam a obra de Tao, escritos durante uma pesada tempestade de vento e chuva, nota especialmente que ele queria ver seus poemas de outono de 1646 divididos com seus "irmãos mais jovens e primos, e com as crianças" que ainda estavam nas montanhas do leste, para onde Zhang os havia mandado com a esperança de que fosse seguro.

O primeiro poema de Tao nesse ciclo é o seguinte:

> Todas as criaturas míticas têm seu refúgio,
> A solitária nuvem sozinha não tem apoio
> Mas desaparece escurecendo no céu vazio —
> Será que algum arrebol sobreviverá?
> O sol da manhã dispersa a névoa da noite anterior
> E bandos de pássaros voam juntos.
> Calmamente do bosque emerge um pássaro
> Para outra vez voltar antes do final do dia.
> Após reunir suas reservas, ele fica em casa
> Onde não pode evitar o frio e a fome.
> Como nada hoje é deixado sem entendimento,
> Está tudo terminado agora — não tenho reclamações.

---

*Ele escreve na época em que a China está fragmentada sem liderança. [N. do R.T.]

O poema de Zhang Dai ecoa o de Tao, mas altera as metáforas-chave: as nuvens sinistras de Tao se transformam em vaga-lumes, cuja luminosidade é quase extinta sob a chuva impiedosa. Nas palavras de Zhang:

Quando a temporada dura chega, todos temos esperança,
Mas o vaga-lume do outono sozinho não tem casa.
Acende e apaga no ar, saindo e entrando em nossa visão,
Entre a grama alta, deixando rastros de luz.
Quando a chuva da montanha cai, de forma gentil mas implacável,
Suas asas ficam úmidas, já não pode voar.
As montanhas são profundas e gigantes,
A estrada é longa e cheia de curvas, e não é possível voltar.
Quando o vento da noite começa a soprar,
Como posso evitar o frio e a fome?
Silenciosamente penso em minha antiga casa,
E de repente fico triste, como se me chocasse contra algo.

Tenha ou não exagerado sobre o seu sofrimento — após sua saída de Shaoxing, Zhang disse, tudo o que restava da família era "uma cama quebrada e uma mesa desconjuntada, um tripé quebrado para ritual, junto a livros parcialmente destruídos, fragmentos de documentos" — inevitavelmente sentiu o peso de seu velho mundo. Não nos oferece detalhes de sua vida no final dos anos 1640, mas está claro que por volta de 1649 decidiu voltar à área de Shaoxing.

Voltou a um universo diferente do que tinha abandonado. Pode ter sido o general Fang e suas tropas, ou os saqueadores, ou ainda os servidores da nova dinastia Qing vitoriosa que o penalizaram por seus dois períodos de apoio ao príncipe de Lu, mas o fato é que Zhang Dai não tinha qualquer propriedade familiar a que voltar. Por isso, em outubro de 1649, alugou um pedaço de terra em Shaoxing, na encosta posterior da mesma Montanha do Dragão, onde uma vez vivera, estudara e vira as lanternas brilharem ao cair da neve. A propriedade ficava no mesmo Jardim da Felicidade que muitas vezes visitara com o avô. Naqueles dias de sua infância e juventude, parecia um paraíso, um paraíso que ganhara tal nome da felicidade de um homem que lá estudara: com os bosques de árvores frutíferas, um amplo lago, jardins de flores, a paisagem parecia abrir-se como um manuscrito quando se andava por ela. Era também, nesses dias de glórias antes da queda dos Ming, um jardim que podia fazer um bom investimento ser rentável ao seu dono. Zhang escreveu sobre os peixes do lago de três acres, sobre as laranjas frescas que se podiam trocar por seda, sobre os repolhos e melões, e os pessegueiros e as ameixeiras que lhes permitiam vender frutas ganhando 150 *qian* por dia — "Na verdade, era como um mercado, mesmo com suas portas fechadas ao mundo exterior." Mas, na época em que Zhang Dai o alugou, estava tudo destruído. O antigo estudante feliz se fora e sua família estava destruída. Zhang Dai disse que teria de consertar os telhados sozinho e que ninguém poderia dizer que o anterior senso de ordem, feito de pedras e árvores ornamentais, havia se perdido. O nome do Jardim da Felicidade, disse a um amigo durante uma conversa, era prova do ditado chinês de que "nome e realidade muitas vezes não estão de acordo neste nosso mundo". Assim como "Confúcio, a quem não faltava nada, vivia no vilarejo Tudo-Falta, e o homem que fedia vivia na ponte das Fragrâncias, o homem cujos sofrimentos eram extremos vivia em seu Jardim da Felicidade".

Num poema subsequente, Zhang Dai diz que, num sentido numérico, sua família conseguiu voltar a reunir-se, mas de modo algum se poderia considerar que ele estivesse no comando:

> Ainda não cheguei à velhice,
> Nem minha queda no mundo já cumpriu muitos anos.
> Ainda que apenas alguns anos esfumaçados tenham passado,
> Hoje tenho a aparência de um velho homem.
> Após a guerra caótica ter começado,
> A família desmoronou, não me deixando nada além de mãos vazias.
> Lamento ter tido tantos filhos,
> Especialmente após perder minha esposa na meia-idade.
> De minhas dez filhas, três se casaram,
> Dos meus seis filhos, dois encontraram esposas.

Me deram quatro netos,
E a família chega agora ao número de dezesseis ou dezenove.
Mesmo que tenhamos comido mingau em duas das três refeições
    diárias,
Ainda consumíamos uma *Dou* de trigo.
Meus campos antes eram abundantes,
Mas nem metade de um *Mu* resiste hoje.
Apenas duas ou três construções desmazeladas sobrevivem,
Com um único salgueiro de pé na frente delas.

O "único salgueiro", como seus leitores sabiam, era o símbolo do poeta Tao Qian para os tempos difíceis. O problema era que os números não tinham a mesma força:

Comparo o estado atual de minha família
Ao das pessoas em um naufrágio,

escreveu Zhang. E continuou com a metáfora:

Apenas com uma combinação dos esforços individuais,
Podemos evitar o naufrágio.
Mas, se ainda contarem com minha ajuda,
E se agarrarem em minhas roupas,
Vamos ficar emaranhados,
E nenhum de nós sobreviverá.

Zhang Dai podia reclamar, como todos, mas nunca esteve preso à miséria. Lentamente, ao longo dos anos, velhos amigos reapareceram, e algumas vezes houve bênçãos inesperadas — como a amável atenção que Zhang Dai sempre recebeu da senhora Chen, esposa cheia de compaixão e afeição de seu irmão mais novo, Shanmin, a quem sempre visitava. Ainda que ela já estivesse com quase 50 anos, sempre serviu muito bem a Zhang quando ele a procurava, e o tratou com toda a atenção e com o ritual devido a uma antiga relação. Algumas pessoas que serviram ao príncipe de Lu morreram como mártires. O pintor Cheng Hongshou morrera doente em 1652, sem poder beber mais. Mas Qi Zhixiang, amigo de longa data e irmão mais velho de Qi Biaojia, tinha servido o príncipe de Lu em Taizhou após o suicídio do irmão e viveu para contar a história, voltando a pé para Shaoxing por duas semanas entre tropas e gangues de bandidos, com Tesouro, seu passarinho de estimação, sob o braço.

Uma coisa para a qual o Jardim da Felicidade ainda era bom era para conversas. Zhang escreveu sobre o prazer que sentia ao sentar-se ali, tarde da noite, no verão, com pessoas mais jovens — se eram os seus filhos ou filhos de vizinhos, ele não diz — para conversar sobre tempos antigos. Especialmente naqueles dias quentes era possível sentar-se debaixo da ponte de pedra, às margens das águas, e recordar todas as lembranças possíveis. Após um tempo, quando as memórias engavetavam, disse Zhang, "ele podia pedir aos jovens que se levantassem e depois escrevia sobre suas conversas. Após um tempo, isso se tornou um hábito". Algumas das conversas que Zhang escreveu no Jardim da Felicidade sobreviveram, e muitas eram sobre temas familiares enterrados desde as *Lembranças de sonhos*. As histórias muitas vezes relembravam a rapidez e a inteligência do avô, bem como a precocidade ou o senso de humor de muitos membros da família, incluindo o próprio Zhang Dai, junto a amigos da família como Xu Wei e Qi Biaojia. Ele estava procurando, como disse aos seus leitores, uma forma de combinar a leveza com seriedade — 30% de humor seria uma boa medida para introduzir 70% de conselhos, nos cálculos de Zhang, e manteria os jovens acordados: piadas, trocadilhos, jogos de palavras, tudo era útil para manter a atenção dos ouvintes. Algumas das vinhetas de Zhang contêm preciosas dicas de como conceber um filho, tomar bebidas alcoólicas, urinar de forma correta. O objetivo era entender o humor e a intensidade da vida.

Nos anos 1650, Zhang Dai falou sobre outro nome de sala de estudos, "Velho homem com seis satisfações", e o discutiu no seu jardim com sua audiência: "Sinta-se satisfeito quando puder aliviar sua fome com comidas simples. Sinta-se satisfeito se puder aproveitar uma casa antiga, destruída. Sinta-se satisfeito ao ficar alegre com vinho barato. Sinta-se satisfeito quando puder economizar com a bolsa quase vazia. Sinta-se satisfeito se puder evitar as pessoas ruins quando elas parecem estar ganhando." Zhang Dai claramente ultrapassou o conceito de retribuição para algo menor e mais banal — a aceitação simplória de uma existência comum. Além disso, parece que as memórias da família de Zhang Dai, que durante sua fuga entraram como itens em suas *Lembranças de sonhos* — especialmente ricas em detalhes sobre o avô e o pai, sobre o segundo tio e sobre Yanke —, foram elaboradas e levadas adiante em suas conversas no Jardim da Felicidade.

De tantos e tão variados elementos, veio a decisão de Zhang Dai de escrever três livros com condensadas, porém detalhadas, biografias de sua família: um dos livros lidava com a linha paterna direta, do trisavô ao pai (que morreu em 1633); o segundo falava sobre os três tios; e o terceiro se debruçava em cinco outros parentes ao longo das gerações, de tios-avós a primos mais jovens.

A única dica que Zhang nos deixou sobre quando escreveu essas três coleções está num breve prefácio que incluiu no segundo volume de biografias, sobre três de seus tios. Ele escreve: "O segundo tio estava morto havia sete anos, o terceiro havia dez, e o sétimo havia 36; se nenhum deles ganhasse [logo] uma biografia, terminariam sem nenhuma. Certamente existem pessoas que são silenciadas após suas mortes, sem ter nunca qualquer biografia. Mas seria uma enorme pena se esse fosse o caso dos meus três tios, pois suas vidas mereciam um registro." O que é bem corroborado pelo fato de o segundo tio ter morrido em 1644 e sua biografia ser datada de 1651. Usando tal data como ponto de referência, é possível estabelecer a morte do manipulador Sanshu em 1641 e a do brilhante, porém selvagem, sétimo tio em 1615.

Zhang Dai seguiu dizendo que esses três tios "eram tanto fortes como tinham defeitos. Suas forças talvez não merecessem biografias, mas seus defeitos certamente sim. Xie Jin certa vez escreveu: 'Eu preferia ser uma peça imperfeita de jade a ser uma pedra perfeita.' Precisamente por suas imperfeições, o jade tem valor como jade. Então como ousaria esconder as imperfeições dos meus três tios, e assim desqualificá-los de terem tanto valor quanto jade?"

Zhang justificou sua decisão de incluir mais cinco membros da família em termos similares: "Certa vez eu disse que não se deve tomar uma pessoa sem obsessões como seu amigo, pois tal pessoa não tem sentimentos profundos; uma pessoa sem defeitos também não deve ser feita amiga, pois não terá uma vida verdadeira. Na minha família, Zhang Rufang estava obcecado por dinheiro, Zhang, o Barba, por bebida, o décimo tio por raiva, Yanke por projetos paisagísticos, e Pei, por livros e histórias. Suas paixões sem reserva por tais coisas eram [consideradas] defeitos quando eles eram pequenos e se transformavam em obsessões quando cresciam. Nenhum desses cinco tinha qualquer interesse em ter suas biografias escritas, até porque todos os cinco tinham obsessões extremas, e por isso não tive escolha além de escrever sobre eles. Por isso, escrevi *As biografias de cinco pessoas pouco comuns.*"

Nesses oito casos, os membros da família escolhidos por Zhang estavam fora da linha de ascendência direta, a que ligava Zhang ao seu pai e aos primórdios da família. Grande dose de cuidado era necessária ao abordar a linha paterna, para não ferir certas premissas básicas de piedade filial, enquanto a distância temporal também deveria ser um fator a ter-se em conta. Mas tais problemas podiam ser vencidos.

Discutindo alguns dos desafios que teve de enfrentar ao criar tais biografias familares, Zhang Dai coloca a si mesmo em companhia de duas célebres figuras políticas Ming e prolíficos autores (famosos por seu purismo estilístico) que deve ter escolhido como modelo para o que queria fazer, ou a cujos equivalentes pediria que fizesse o trabalho por ele — apenas para rejeitar tal ideia logo em seguida. "Há escritores como Li Mengyang, autor de 'genealogia', e Zhong Xing, autor de 'registro de família', e qualquer pessoa pode esperar que um Li ou um Zhong escreva sua biografia. No caso de meu trisavô e bisavô, tinham todas as habilidades para escrever suas próprias biografias, e outros já escreveram suas biografias, por isso não há necessidade de que Zhang Dai o faça. Quanto ao meu avô, também era perfeitamente capaz de ser seu próprio biógrafo. E, como eu nasci tarde [em relação à sua vida], só conheci meu avô como um homem velho, e por isso sei pouco sobre sua vida anterior; mesmo que quisesse escrever sua biografia, ainda existiriam detalhes que não seria capaz de cobrir inteiramente. Quanto ao meu pai, conheci muito sobre ele, e estudei sua vida por um bom tempo; por isso estou habilitado a escrever sua biografia, ainda que não de forma completa. Mas, por mais que siga em minhas biografias de ancestrais, é muito difícil para mim tornar-me um Li ou um Zhong."

Mas refletindo sobre seus escritos antigos — como os *Perfis* ou *Lacunas históricas*, coleções que expandiu incluindo figuras da dinastia Ming —, Zhang conseguiu intensificar sua justificativa: "Mesmo assim, isso não é razão para que eu não escreva suas biografias. Se não as escrevesse, seria como dizer que posso escrever as biografias de pessoas que passaram suas vidas sob quinze diferentes imperadores da dinastia Ming e estou desacreditado a escrever sobre meus próprios ancestrais — e nesse caso seria eu o culpado."

Com cada uma dessas biografias sobre seus próprios ancestrais, Zhang explicou, faria um papel diferente. Escrevendo sobre seu trisavô e bisavô, seria necessário aclarar as distorções que surgiram nos registros oficiais sobre esses homens que serviram por anos como funcionários de alto escalão e sofreram seus altos e baixos políticos: mergulhando nas metáforas que desenvolveu em seus estudos sobre lacunas da história, Zhang descreveu seu papel nos dois casos como similares aos de um astrônomo "que é capaz de remendar a lua após um eclipse, para que os olhares fixos possam vê-la novamente por inteiro". Escrevendo sobre seu avô, disse Zhang, "eu seria como alguém que esboça um retrato pela metade, para que a figura por completo venha à tona". Com o pai, ele seria como um pescador "que primeiro vê o grande tamanho do peixe em sua rede, e por isso é capaz de ver também todos os outros peixes menores". E acrescentou: "Tenho pouco talento, e me falta habilidade para revelar a face completa de qualquer um desses quatro ancestrais. Tudo o que posso fazer é tentar não perder de vista seus rostos originais, não perder de vista seus rostos verdadeiros, e ser capaz de apresentar cada um deles com metade do rosto sorrindo e a outra metade em lágrimas."

Zhang Dai fechou seu breve prefácio às biografias da família Zhang com uma imagem que pegou emprestada de um antigo filósofo taoísta, Zhuangzi, e que aplicou à arte da biografia: "Quando uma mulher leprosa dá à luz seu bebê no meio da noite, ela ao mesmo tempo acende uma luz para que possa examiná-lo, tremendo de medo de que a criança se pareça com ela." Mas, por sorte, Zhang seguiu, "nenhum de meus quatro ancestrais diretos tinha lepra; e mesmo assim, em minhas biografias sobre eles, não fui capaz de alcançar sua exatidão. Por isso, se no meio da noite eu pegasse uma luz para examinar o que tinha escrito, ficaria ao mesmo tempo com medo de alcançar sua exatidão e ainda com medo de ter falhado. Teria os dois sentimentos ao mesmo tempo".

Duzentos anos antes, Tao Qian também usou a imagem da mulher leprosa num poema que escreveu ao seu filho recém-nascido:

A mulher leprosa que teve um filho no meio da noite
Corre para encontrar uma lamparina.
Todos nós temos esse impulso,
Não apenas eu.

Como tinha feito com a poesia de Tao Qian, que o ajudara a escapar para um local mais bucólico, após seus primeiros momentos de refúgio nas montanhas, Zhang não escrevia homenagens — usou a imagem de Tao e a pôs em nova direção, na qual o medo de desfigurar a família se transformou no medo do escritor pela integridade de sua obra como um todo. Zhang dirigiu tal mensagem especificamente a seus filhos, que não trouxeram qualquer harmonia à sua casa; a ansiedade do escritor não era apenas em tranquilizar seus ancestrais, mas usar as imagens dos ancestrais para manter a família unida no momento em que pareciam próximos da maior desintegração.

Em tal mundo, a rivalidade que Zhang Dai conhecia também existia no coração de sua família, no Jardim da Felicidade, e isso deveria ser uma advertência da devastação que qualquer pessoa poderia encontrar num rosto que um dia amou. Para dar conta disso, Zhang incluiu uma "mensagem [especial] às suas crianças" no final das biografias dos três tios e dos ancestrais paternos, e antes de *As biografias de cinco pessoas pouco comuns*. "Passando as biografias desses ancestrais às minhas crianças, eu diria: 'Meus ancestrais estão presentes aqui.' Minhas crianças não entendem isso. Por isso digo que, para entender a natureza fundamental de nossos ancestrais, basta olhar como eles se relacionam entre si como irmãos, mais velhos e mais novos. O meu trisavô serviu ao seu irmão mais velho Zhang Tianqu como serviu ao seu próprio pai. O bisavô, com suas próprias mãos, tomou conta de seus dois irmãos mais novos nascidos das esposas secundárias [de seu pai] como se fossem seus filhos. O avô e meu tio-avô Zhiru eram tão próximos um do outro como se formassem parte do mesmo corpo, enquanto meu pai e meus vários tios nunca perderam o amor uns pelos outros. Mas, desse tempo em diante, os irmãos em nossa família começaram a se tratar como estranhos, ou mesmo como inimigos. Com o passar do tempo, os membros de nossa família caíram em desgraça.

"Se meus filhos e netos puderem moldar a si mesmos como seus antigos pais, e derem valor especial à fidelidade e amizade, assim poderão construir uma fundação para nossa linhagem. Se continuarem em seus excessos, e forem incapazes de uma mudança, então a benevolência de nossos sábios ancestrais terminará após a quinta geração, e meus próprios descendentes chegarão a um fim. Então digo [outra vez]: 'Meus ancestrais estão presentes aqui. Meus descendentes também estão presentes aqui.'" Foi na verdade um desafio difícil que Zhang Dai ofereceu a si mesmo: do alcance de sua pena, do emaranhado de seu jardim alugado, na abrangência de seu próprio crânio e guiado por suas emoções e sua memória, ele de alguma forma se assegurou de que sua família ultrapassaria a dura separação entre passado e presente que assolou o país como um todo.

No início do prefácio pessoal que fez às *Lembranças de sonhos*, Zhang escreveu que após uma série de catástrofes que o pegaram tão de perto — "país destruído, família arrasada, sem casa para voltar" — ele compôs um adeus "aos carregadores de caixão" (como Tao Qian fizera antes dele) e pensou em suicídio. Sua decisão de seguir vivo, mesmo com fome e pobre, não está em qualquer mérito de seus escritos. Ao contrário, foi graças "à história do *Cofre de pedra* ainda por terminar". Zhang escolheu o termo *Cofre de pedra* como título de sua história da dinastia Ming como uma homenagem a Sima Qian, que tanto citou como grande precursor de todos os historiadores: as caixas de pedra eram onde se guardavam as coleções de fontes que Sima recolheu e nas quais se apoiou para seus escritos setecentos anos antes. Sima Qian, que sofreu a terrível punição de castração por ousar duvidar do julgamento de seu imperador, não cometendo suicídio após tanta humilhação, mas sim decidindo seguir vivo, para que pudesse completar seu estudo sobre a unificação do primeiro império da China.

Exatamente como fizera no prefácio de *Lembranças de sonhos* e das biografias familiares, Zhang Dai usou o prefácio de *Cofre de pedra* para dar algumas dicas sobre a data do livro e seu desenvolvimento: "Comecei a escrever este livro em 1628, 'dezessete anos antes, quando o país endureceu em seu caos, levei um rascunho comigo às montanhas. Trabalhei por outros dez anos antes que o livro estivesse completamente terminado. Por sorte, não entrei no mundo da política, e não tinha amigo nem inimigo; e, sem qualquer preocupação ou temas tabus, pude buscar a verdade em todas as suas faces, e tentei usar a linguagem precisa: cinco vezes revisei meu rascunho, e por nove vezes corrigi seus erros." Por isso sua história de *Cofre de pedra* — ou pelo menos seu primeiro rascunho — deve ter sido completada em 1655.

Foi uma decisão que tomou logo no início, escreveu Zhang também no *Cofre de pedra*, parar a história no ano de 1628, quando o novo imperador, Chongzhen, ascendeu ao trono. Mas, ainda que Zhang Dai tenha se aferrado a essa decisão, ele sabia que o colapso dos Ming mudara toda a racionalidade da aventura intelectual. Para entender os Ming, era preciso entender o seu fim e encontrar espaço não apenas para o suicídio do imperador Chongzhen, mas também para o regime do príncipe de Fu, em Nanjing, e mesmo para o príncipe de Lu, em Shaoxing. O sonho de Zhang de encontrar com seu amigo morto Qi Biaojia começou com a terrível dor de suas costas e terminou com o comentário de Qi de que ele deveria terminar a história em vez de seguir lutando. Essa dor deve ter seguido com ele nas montanhas e depois, mais tarde, no Jardim da Felicidade, quando perguntou a si mesmo o que tinha ido tão mal, e como os sintomas óbvios de decadência puderam guiar por tanto tempo despercebidos.

A "particularidade sobre história", escreveu Zhang Dai, no mesmo prefácio ao *Cofre de pedra*, "é que os que realmente a podem escrever não escrevem; enquanto os que não podem escrevem". Para ilustrar seu ponto de vista, ele escolheu duas figuras bem conhecidas dos séculos anteriores: Wang Shizhen e Su Dongpo. Célebre estudioso Ming, Wang Shizhen foi, para Zhang, o perfeito exemplo de alguém que não poderia escrever história e insistiu em fazê-lo. Como diz Zhang, Wang "tinha seus olhos voltados para cima, uma torrente sem fim de palavras, sua pena estava sempre molhada em tinta, se preocupava apenas com o que era certo para ele. Estava convencido de que, se não escrevesse história, ninguém mais poderia fazê-lo, e manteve essa ideia fixa. Tal pessoa é do tipo que não deveria escrever história; e, se vai em frente e escreve, não será boa."

O escritor da dinastia Song, também oficial Su Dongpo, que morreu no ano de 1101, era o perfeito exemplo contrário. Grande poeta e ensaísta, Su recusou-se a escrever história, mesmo quando uma das figuras mais influentes da época lhe implorava. Su permaneceu apegado à sua convicção de que "história nunca foi fácil de escrever e que ele não era a pessoa ideal para fazê-lo". Além disso, escreveu Zhang, a persistência de Su em manter sua decisão deixou as coisas ainda mais difíceis para os que vieram depois. Mas, ainda que Zhang soubesse que ele mesmo fosse dos que "não podiam escrever história" e não tinha nem mesmo uma fração do talento de Wang (deixando de lado o talento de Su), resolveu seguir adiante. Pois sabia que "a palavra não falta aos que estão verdadeiramente aptos a escrever história, mas que não o fazem. E ele não seguraria sua pena esperando por uma inspiração".

Para uma ideia mais completa do caso, Zhang Dai nos apresenta Sima Qian\* (c. 145-85 a.C.), visto pelos estudiosos chineses do tempo de Zhang como o mais completo historiador que o país tivera. Ao contrário de Zhang, Sima Qian fora brilhante porque, "quando aplicava suas energias à biografia, sempre escrevia livre de autojulgamento, nunca aplicava uma palavra não apropriada e não descuidava da escrita de qualquer palavra menor". O resultado era que as histórias de Sima Qian tinham "tanto graça como força". Sua expressão sutil vinha de sua simplicidade. Seus comentários sobre história eram sempre esboçados com prudência — se tivesse um galão de tinta, usaria cada gota da maneira exata."

Zhang, pelo que nos pode contar, literalmente carregou consigo o manuscrito da história dos Ming quando fugiu de Shaoxing, e, mesmo que seja impossível estabelecer exatamente quando escreveu tais passagens, a estrutura básica deve ter sido traçada antes de sua fuga. O formato que Zhang usou era conhecido na China desde os dias de Sima Qian e ganhou força no tempo graças a sua flexibilidade e facilidade de compreensão. Em tais histórias longas sobre uma dinastia ou dinastias, o trabalho normalmente começava com anais de cada reino, arranjados cronologicamente. Aos anais se seguiam capítulos monográficos que focavam em tópicos ou conceitos específicos, trabalhos públicos, astronomia, música, clima e agricultura, filosofia e exames. Muitas vezes, a mais longa seção vinha ao final: as biografias individuais das pessoas que, segundo os historiadores, contribuíram para a história de seu tempo, para o bem ou para o mal, na vida privada ou pública. Tais biografias eram reunidas em categorias,

---

\*Autor do *Shiji – Recordações Históricas* – primeira obra a traçar um quadro geral da China desde as origens até o século II a.C. Inspirado em Confúcio, Sima revolucionou a história chinesa, tratando-a como a "ciência da moral". [*N. do R.T.*]

baseadas na natureza das façanhas descritas. Ainda que o conteúdo dos capítulos analíticos fosse medianamente previsível, o mesmo não era verdade sobre as seções biográficas, ou de tópicos, onde os historiadores estavam livres para se concentrar no que escolhessem, inventando novas categorias inteiras quando lhes parecia apropriado. Os historiadores poderiam mostrar suas próprias opiniões políticas ou estéticas pelo material que escolheram incluir ou omitir. Também poderiam incluir um pequeno "julgamento" ou "discussão" sobre cada tópico, mesmo sobre os próprios governantes. O nível de detalhes era intrincado e intenso, e centenas de indivíduos poderiam figurar em um estudo específico.

Além do mais, muitos dos historiadores chineses seguiam o exemplo de Sima Qian e viajavam grandes distâncias para ver os locais de antigas batalhas ou para entrevistar os que estiveram presentes em eventos-chave. Apesar da pobreza a que foi reduzido após a queda dos Ming, Zhang Dai seguiu seu caminho. No outono de 1653, combinou uma visita a seu primo Dengzi, que servia na província ocidental de Zhejiang, com uma exploração na área de Jiangxi, onde uma batalha recente acontecera. Zhang ficou maravilhado com o que encontrou ali: "Passei por vários condados, e vi cidades onde apenas uns poucos edifícios permaneciam de pé entre a densa selva de espinhos. A visão me fez chorar. Perguntei a alguns dos sobreviventes mais antigos sobre aquilo, e me disseram em detalhes como os exércitos assolaram e queimaram tais comunidades, às vezes voltando diversas vezes." Um grupo de famílias proeminentes de Jiangxi que liderou a resistência "foi por fim eliminado. As palavras não são capazes de descrever. Quando cheguei a Xinzhou, vi que em vários locais a população erguera paliçadas que defendiam até a morte. Mas nos menores vilarejos rurais quase metade da população cortou seus cabelos e seguiu a linha. Entre a pequena nobreza local que sobrevivera, a maior parte fugira para as montanhas e florestas e recusara-se a servir ao novo governante. Havia também muitos sábios famosos que se recusaram a sentar-se para os exames. Nos dez anos que se passaram após a queda da antiga dinastia, havia muita gente ainda fiel ao antigo governante". Explorando as raízes de tais eventos, concluiu Zhang, "não é perfeitamente natural tornar-se um pouco emotivo?"

Em tal contexto de desintegração militar e social, um dos desafios enfrentados por Zhang na escrita de sua história dos Ming foi trabalhar no momento em que tal dinastia passou de seu tempo de glória. Emulando seu herói Sima Qian, Zhang incluiu observações próprias aos anais de cada reino no *Cofre de pedra*. Ainda que fosse crítico quanto a vários dos governantes mais antigos, sua conclusão foi de que, no longo governo do imperador Wanli, que durou de 1572 a 1620 (e, portanto, abarcou toda a infância e juventude de Zhang), era possível ver os primeiros entre os maiores sinais de decadência. Como Zhang escreveu em sua história, ainda que Wanli tivesse começado como um jovem glorioso, "sábio e resoluto", e guiado por bons conselheiros, a situação não perdurou. "Após 1592, Wanli se isolou na residência imperial e evitou muito contato com a corte. Não tinha uma visão geral e não via nada além de trivialidades, desenvolvendo um desinteresse mordaz e transformando-se em um preguiçoso. Além do mais, tornou-se muito guloso. Os comissários eunucos eram enviados a todas as partes para coletar taxas comerciais e supervisionar as menores operações, arrancando do povo seus recursos. Para estabelecer uma comparação, [os eunucos] eram como uma lesão negligenciada que mais tarde seria mortífera para o paciente, mas nesse caso a lesão era muito mais rápida." Por isso, um firme julgamento historiográfico era possível: "Os últimos anos de Wanli prenunciaram a queda de nossa dinastia Ming. Seu reino era quieto e geralmente sem sobressaltos, e por isso as pessoas o chamavam de o governante que trouxe a boa fortuna. Mas como um governante que tinha uma imensidão de negócios de Estado para atender simplesmente usava um sentimento de 'geralmente sem sobressaltos' como evidência de um reino afortunado?"

Perseguindo a mesma metáfora médica, levando-a um passo adiante, em direção ao reino do neto de Wanli, Tianqi, que governou de 1621 a 1627, Zhang viu a doença fatal dos eunucos que crescia em importância. Nos reinos anteriores, incluindo o de Wanli, "as lesões eram na parte posterior da cabeça e na espinha. Como [o paciente] estava bem e seu corpo ainda era robusto, a toxina não invadia o corpo e o paciente era salvo da morte. Mas, no reinado de Tianqi, a doença penetrou na região dos rins: como [o paciente] estava com pouca força física, lesões malignas se desenvolviam nos ossos. Rapidamente, tais lesões cresciam e corriam como pus, e logo a vida se acabava". Nem mesmo o mais famoso entre os médicos poderia encontrar a cura em tais circunstâncias, concluiu Zhang, e por isso o último imperador Ming, Chongzhen, não foi capaz de frear tal catástrofe.

Como historiador, Zhang sabia que mais coisas deveriam ser ditas sobre a queda dos Ming. De certa forma, ficou encurralado por sua própria decisão estrutural de terminar a história do *Cofre de pedra* com a morte de Tianqi, em 1627. A razão pode ter sido impecável na época, mas hoje faz pouco sentido; por isso, logo após a conquista, mas bem antes do final da história do *Cofre de pedra*, Zhang Dai percebeu que sua história dos Ming só teria sentido escrevendo uma *Sequência* ao *Cofre de pedra*, na qual material posterior poderia ser analisado. Desse momento em diante, Zhang Dai trabalhou em dois projetos ao mesmo tempo, mexendo e remexendo, e algumas vezes duplicando seções ou biografias quando era necessário.

Então foi no volume de *Sequência* que Zhang completou a anatomia da queda dos Ming unindo o destino da dinastia à pessoa de Chongzhen, que governou de 1628 até o seu suicídio em 1644. "Desde tempos antigos", escreveu Zhang, "os imperadores perderam o país por várias razões: por causa do vinho, do sexo, da tirania, da extravagância, do expansionismo militar." No caso do último imperador Ming, a economia desastrada também foi um fator importante: exatamente quando o imperador Chongzhen deveria ter gastado cada centavo do tesouro para levantar armas contra os manchus ao norte da Grande Muralha e contra os rebeldes camponeses nas províncias do norte, ele escolheu "praticar uma política de austeridade em comida e roupa, viver como um humilde porteiro". O resultado foi que, uma vez com "as tropas de defesa das fronteiras sem pagamento por anos, vestida em farrapos", os rebeldes, quando cercaram Beijing em 1644, "saquearam grandes somas do tesouro do palácio". Em vez de elevar o moral das forças regulares, o imperador mandou "todo o tesouro para fora do palácio para suprir os rebeldes". A política do imperador Chongzhen era contraditória: como disse Zhang Dai, "era completamente sem sentido para o último imperador, diariamente, acumular riqueza, controlar despesas, aportar impostos e emprestar dinheiro".

Sempre que se escolhe estimar as habilidades de todos os imperadores Ming anteriores que governaram na dinastia desde sua fundação, o décimo sexto e último imperador é condenado a ser lembrado para sempre como o homem que presidiu a desintegração final. Zhang Dai ofereceu uma interpretação astuta do caráter do imperador Chongzhen, focando especialmente na constante mudança de assessores, como um "homem que joga xadrez". Em momentos distintos de seu reinado de 17 anos, escreveu Zhang, Chongzhen buscou seus conselheiros em uma ampla gama de tipos de homens: os burocratas recém-promovidos, membros da Academia Confuciana de Estudos, "ermitãos na montanha e nas florestas", nobres, mulheres palacianas e eunucos, homens do povo e militares; o resultado foi que, quanto mais "as escolhas se mostraram arbitrárias, as coisas pioraram". Zhang Dai relaciona tais escolhas pessoais e erráticas à política fiscal do imperador: constantemente dizendo-se pobre, subindo os impostos a níveis altíssimos e gastando pouco em defesas fronteiriças, com a comida para as tropas e suprimentos, enviando eunucos para conseguir maiores receitas, o imperador fez com que todos acreditassem que ele e sua política estavam na bancarrota. "Parecia que todo mundo estava a seu serviço; no entanto, em tempo de crise nacional, ninguém realmente dividia suas preocupações e oferecia ajuda. Desde os tempos mais antigos, nenhum outro governante ultrapassou nosso último imperador em perda de apoio popular!" A estranha ironia era que "o imperador Chongzhen não apenas morreu de forma mais nobre que os últimos imperadores das dinastias Han, Tang ou Song", escreveu Zhang, mas foi, em geral, "trabalhador, frugal e inteligente"; foram as pessoas irresponsáveis ao seu redor que "juntas destruíram o país" e depois conseguiram transformar "um governante nobre que poderia ter renovado a dinastia em um rei incompetente que a perdeu".

Pela mesma razão, Zhang concluiu, não seria correto culpar apenas um rebelde chinês como Li Zicheng pela catástrofe. A crise chinesa era cumulativa, e a responsabilidade pela catástrofe deveria ser dividida. Culpar Li, escreveu Zhang, era como clamar que "um homem feriu a árvore Ming com seu machado, quando na verdade a árvore estava ferida por insetos que vinham de seu interior e por outros de fora". Nem era possível dizer que a queda dos Ming foi "como uma caça a um cervo", como algumas pessoas disseram. De certa forma, era verdade que Li Zicheng capturara o cervo, mas ele só fez isso porque "algumas pessoas o estavam segurando pelos cornos, enquanto outras amarravam suas patas e o deixavam imóvel". Zhang ofereceu outra metáfora para esse ponto: vespas e escorpiões deram o que parecia ser a picada final, mas "as moscas e larvas já estavam presentes antes da chegada dos bandidos". Esse foi o legado real de corrupção que Zhang e seus companheiros sobreviventes, penosos, herdaram.

## CAPÍTULO 9

## Reformando o passado

Estar de volta à Montanha do Dragão e escrevendo no Jardim da Felicidade não fez Zhang sentir-se mais próximo de suas crianças:

> Meu filho mais velho viaja o mundo,
> Quase não entende nada de como fazer a vida.
> Meu segundo filho diz estar estudando,
> Ainda que só deseje os prazeres do vinho.
> Meu terceiro filho ama as piadas e os jogos,
> Levando amigos para sua vida.
> Meu quarto filho tem grandes esperanças para si mesmo,
> E não tem medo de gabar-se.
> Meus dois filhos mais novos são jovens, e só sabem chorar,
> Puxando meu casaco para pedir castanhas-d'água e raízes de lótus.
> O corpo deste homem velho está fraco,
> E é difícil saber se chegará ao próximo ano.

Mais uma vez, Zhang encontrou sua voz por meio de Tao Qian, cujo célebre poema sobre as deficiências dos seus cinco filhos era uma parte da herança poética chinesa: "Nenhum deles tem carinho pela pena e pelo papel", escreveu

Tao, chateado com a inabilidade dos filhos. No entanto, tão profunda era a preguiça deles, disse Tao, que ele foi levado a beber ainda mais para aguentar as deficiências dos filhos.

Apesar de suas maneiras, os dois filhos mais velhos de Zhang eram estudiosos decentes e pelo ano de 1654 estavam prontos para tentar os exames provinciais de Hangzhou. Zhang notou que nas antigas zonas de batalhas de Jiangxi muitos estudantes e estudiosos ainda se recusavam a passar pelos exames, considerando tal recusa uma expressão de sua hostilidade perante o regime Qing, mas aparentemente Zhang já não sentia que tal rejeição fosse significativa, e deixou seus filhos tomarem suas decisões. Eles não foram aprovados, mas seu esforço levou Zhang de volta à cidade que uma vez amara, com seu famoso lago Oeste, cidade que não via desde 1643, ano anterior à queda dos Ming.

A experiência foi terrível. Em seus vinte anos, Zhang escrevera confidencialmente sobre a dura alegria que a dor pode trazer, limpando os pensamentos como um furúnculo sendo furado ou uma lasca sendo solta por uma sovela. Mas, aos 57 anos, a volta foi difícil, e, num prefácio a um livro sobre o lago Oeste que compilou no final de sua vida, Zhang reviveu o choque e a ambiguidade de seus sentimentos sobre revisitar o cenário de seus antigos prazeres. "Nasci num tempo sem sorte e fui mantido longe do lago Oeste por 28 anos. No entanto, não houve sequer um dia no qual o lago Oeste não fizesse parte de meus sonhos, e o lago, em meus sonhos, nunca foi embora por um dia sequer. Em duas ocasiões, 1654 e 1657, voltei ao lago Oeste; e tudo o que restou de lugares como os salões de estudo da família Shang próximos ao portão Yongjin, ou a propriedade mais casual da família Qi, ou as casas separadas dos Qian's e Yu's, junto aos jardins especiais de minha própria família — de todo esse rol de *villas* às margens do lago não restou nada além de pilhas de telhas quebradas. Então, tudo o que estava presente nos meus sonhos não estava mais às margens do lago Oeste. Quanto à vista da ponte Quebrada, todos os salgueiros delicados e os doces pessegueiros dos velhos dias, todos os pavilhões para cantores e dançarinos, tudo aquilo foi varrido por uma grande inundação, nada foi salvo.

"Por isso saí daquele lugar o mais rápido que pude, dizendo a mim mesmo que tinha ido até lá pelo lago Oeste, mas que vi as coisas em tal estado que deveria proteger o lago Oeste de meus sonhos, para que pudesse mantê-lo inteiro, sem feridas. Naquele momento percebi o quão diferente era o meu sonho do sonho de Li Bo. Quando ele sonhava sobre Tian-mu, a via como uma deusa ou uma beleza célebre; sonhava com algo que nunca tinha visto, seu sonho era uma ilusão. Quando eu sonho sobre o lago Oeste, vejo o jardim de minha família e minha velha casa; ele sonhava com algo que nunca vira, por isso seu sonho era uma ilusão; eu sonho com o que estava lá, por isso meu sonho é genuíno.

"Tenho vivido há 23 anos numa casa alugada de outra pessoa, mas em meus sonhos ainda estou no local onde costumava viver. O jovem empregado que há anos está a meu lado agora tem os cabelos brancos, mas em meus sonhos seus cabelos ainda conservam os tufos negros de um menino."

Tais sonhos eram um enigma para Zhang: "Meus antigos sonhos são tudo o que tenho para me agarrar, as cenas e o estado de espírito do lago Oeste, tudo em perfeita ordem e imóvel. Quando meus filhos me perguntam sobre isso, algumas vezes lhes conto coisas. Mas isso não são mais que palavras de sonho vindas de meus próprios sonhos. Mesmo quando sofro pesadelos ou falo dormindo."

Por mais preciso que fosse o sonho, Zhang Dai sabia que algo estava perdido. Sentia-se como um homem nas montanhas, escreveu (ecoando uma imagem que usara ao falar sobre atuação), um homem que retorna ao seu vilarejo após uma viagem oceânica e tenta compartilhar as maravilhas que viu e provou. Enquanto o homem falava, "os companheiros de vilarejo se amontoavam a seu lado e limpavam seus olhos". Mas o sabor verdadeiro não deveria ser assim, "pois como uns olhos que precisavam ser limpos poderiam satisfazer seu desejo?"

Apesar do forte desapontamento com seus filhos e com o que aconteceu aos centros de prazer de Hangzhou onde antes vivera tão bem, Zhang voltou ao local em 1657. Dessa vez com um convite direto, enviado pelo recém-empossado comissário educacional em Hangzhou, Gu Yingtai. Gu foi um candidato de êxito na segunda rodada de exames nacionais em Beijing após a conquista, e subira rápido na burocracia Qing. Chegando a Hangzhou no verão de 1656, Gu levou consigo seu próprio manuscrito quase completo intitulado *Uma história abrangente da dinastia Ming*, em oito capítulos arrumados em tópicos. Gu montou um escritório de compilação de histórias às margens do lago Oeste para ajudá-lo a completar seu projeto, e, sabendo do conhecimento de Zhang Dai sobre a história Ming, convidou-o a fazer parte de sua equipe editorial. Zhang trabalhou com Gu por todo o ano de 1657, o que deve ter dado a ele o tão necessitado dinheiro. Gu estava tão impressionado com a sabedoria de Zhang que pegou emprestados vários segmentos de seu *Cofre de pedra* para inserir em sua *História abrangente*.

Como bônus, o trabalho historiográfico deu a Zhang acesso à coleção de Gu da *Gazeta da Capital* do período completo de reinado de Chongzhen, de 1628 a 1644, bem como a rascunhos de história oficial do mesmo período. Zhang logo percebeu o imenso valor de tal fonte, que todas as semanas estampava informações sobre o governo antes da queda dos Ming. O próprio tio-avô de Zhang, Rufang, trabalhara na *Gazeta* por duas décadas, como Zhang mencionou em sua biografia. Bem antes de ter terminado a história do *Cofre de pedra*, Zhang usou tal fonte como forma de entrar em detalhes e iniciar a sequência de sua história dos Ming, projetada para cobrir de 1628 até a década de 1640. Essa continuação seguia bem e já tinha vários capítulos escritos quando o projeto de Gu foi terminado e Zhang retornou, no início de 1658, aos 61 anos, ao Jardim da Felicidade e à sua família, em Shaoxing. Pelos seis anos seguintes, trabalhou intensamente em seu vasto projeto, e pelo ano de 1664 pôde considerar completo o *Cofre de pedra*, enquanto lutava para terminar a *Sequência*.

Como Zhang Dai, de acordo com suas próprias memórias, escrevia sua história dos Ming desde 1628, quando Chongzhen, o homem que seria o último imperador, tinha acabando de chegar ao trono, é quase certo que algumas das conclusões de Zhang sobre o passado tenham sido tomadas antes da queda dos Ming — e, tendo sido escrita ainda sob tal dinastia, mostrava uma mescla de reticência e franqueza que poderia ou não ser discutida. Mas, apesar dos problemas causados por tal mudança de foco, seu *Cofre de pedra* oferece um abrangente panorama dos cinquenta homens tão diferentes que governaram a China entre 1368 e 1627: de suas atitudes perante o poder e a usurpação, de suas políticas fronteiriças e exterior, de suas incríveis habilidades militares e incompetência em estratégias, de seus problemas com taxações domésticas e gastos militares, de suas habilidades genuínas e grandiosos programas de reconstrução do palácio.

Em algumas passagens, é possível ver como Zhang teve de ser cuidadoso sobre qualquer dinastia que escrevia: um exemplo claro foi a usurpação do trono em 1402 por Yongle, tio do governante jovem que fora feito sucessor ao trono pelo próprio imperador fundador da dinastia. A prosa delicada de Zhang mostra que o poder de represália do Estado ainda pesava sobre os historiadores de destaque. Então, como Zhang disse sem rodeios, mesmo que fosse verdade que as ações do usurpador "deixassem algo a desejar", "como podemos julgar a sabedoria e conquistas [de Yongle] vistas a partir das mentes excessivamente zelosas de gerações posteriores?" Quanto ao jovem governante expurgado do trono, Zhang o coloca no contexto de algumas figuras antigas da história chinesa que também foram afastadas de seus mandatos, com o comentário de que "seus sacrifícios pelo país têm poucos paralelos na história; mas eu posso, ao menos, emitir um sinal de sentimento e sentir o peso em minha pena. Nenhum assunto de lealdade pode ser deixado sem sua história". Apenas com suas discussões sobre as mágoas que marcaram a crescente incapacidade de dois dos três imperadores que governaram entre 1572 e 1627, a história do *Cofre de pedra* de Zhang Dai mostra claramente como o conhecimento pós-1644 do colapso Ming afetou a forma como expressava a fraqueza (e certas vezes a força) dos que viveram sob tais reinos.

Qualquer tipo de história tem seus problemas, Zhang Dai sabia: "A história política", escreveu, muitas vezes "sofre de erros factuais; enquanto as histórias familiares são distorcidas por favorecimentos". O terceiro gênero básico de história, que era chamado "não domesticado" ou "história não oficial", muitas vezes consistia em "nada além de fabricações". Mas onde buscar outro tipo de princípio de organização, algo que poderia incluir os membros da família de Zhang dentro da história do país como um todo, e ainda manter suas excentricidades e naturezas próprias? Zhang enxergou uma maneira de evitar o problema da adulação de parentes, seguindo o exemplo de Sima Qian, com comentários certeiros e breves. Ao mesmo tempo, evitou a paixão e o excesso que estavam no coração de suas séries de biografias formais de família escritas em 1651.

Como historiador, Zhang tinha de decidir quanto espaço reservaria para sua própria família; alguns deles eram pessoas de destaque, e não é surpresa que em seções biográficas do *Cofre de pedra* surgissem certos sinais de familiares e pessoas ligadas a ele por laços afetivos. Zhang reservou ao bisavô Wengong, por exemplo, um espaço proeminente entre os estudiosos clássicos da dinastia Ming. Em sua longa biografia, Zhang concentrou-se especialmente no interesse filosófico de Wengong no mundo volátil do final da era Ming e sua teoria política, sem nunca antes apresentar seu bisavô como um homem de caráter moral de destaque: "másculo e duro" mesmo quando jovem, apaixonado por valores morais e devoto crente das teorias filosóficas intuicionistas do grande estudioso Wang Yangming.* Sem entrar em detalhes na biografia, Zhang somente mencionou que o bisavô mostrou coragem exemplar na defesa de seu pai durante o julgamento que se seguiu às campanhas militares no sudoeste.

Zhang usou o tempo necessário para oferecer sua visão do caráter do bisavô: "No ano de 1570, estudou na universidade imperial, passando nos exames nacionais do ano seguinte. Seguindo nas entrevistas finais, recebeu o mais alto nível de todos os que tentavam o exame pela primeira vez, e ganhou o posto de secretário na Academia de Estudos Confucianos. Além disso, teve acesso ao seu primeiro gosto de benevolência real. Isso o ajudou a engolir seu orgulho e seguir nos estudos, esperando estabelecer seu nome entre os estudiosos e oficiais." O método do bisavô era simples, continuou Zhang: "Todos os dias, após terminar seus deveres oficiais como escriba, entrava na biblioteca imperial buscando documentos sobre governo e leis. Dessa forma,

---

*1472-1529, filósofo neoconfucionista famoso, que defendia a intuição moral em detrimento da racionalidade do julgamento crítico. Suas teses se centravam na natureza inata do conhecimento no espírito humano. [N. do R.T.]

organizou e refinou seu conhecimento literário. Vivendo numa residência que pertencia ao Estado, Wengong ficou orgulhoso de seus escritos. Após um breve tempo na corte, ele começou a buscar funções oficiais em outros lugares, entre grupos de estudantes e de leitura. Ele se lembraria mesmo dos que quase não encontrava, e os sapatos dos estudantes muitas vezes bloqueavam a entrada de sua casa. Ocasionalmente, comentaria sobre os assuntos nacionais com amigos próximos. Não tolerava o extremismo, sempre buscando equilibrar as visões mais fortes."

O retrato, construído com cuidado e inteligentemente, deixou os leitores com uma ideia de Wengong como um ativista dentro da grande tradição filosófica de Confúcio, que valorizava mais a dedução que as palavras e que mesmo assim foi finalmente destruído por sua própria inabilidade de conseguir ter seu pai eximido de todas as acusações levantadas contra ele por ciumentos e corruptos oficiais do sudoeste. Essa falha em reverter a injustiça balançou a confiança e o sentimento de dever de Wengong, e por fim o matou. Zhang Dai nos apresenta uma cena de morte na cama na qual Wengong, tendo ao lado um de seus últimos estudantes, de repente gritou as palavras "Sua Majestade" várias vezes antes de murmurar: "E, além do mais, esta corte não carece de homens talentosos." Num escorrego revelador — se é que foi por acaso — em seus comentários finais Zhang referiu-se duas vezes ao morto Wengong como "meu ancestral", e não usando seu nome como qualquer escritor não ligado à família teria feito. Como Zhang Dai escreveu em suas últimas linhas de biografia, "enquanto os ensinamentos de Wang Yangming muitas vezes se perdiam em vagueações budistas, meu ancestral conseguiu manter um sólido padrão moral".

No início da biografia de Wengong, Zhang Dai incluiu seu trisavô e, no final, arrumou espaço para seu avô Rulin. Como um exemplo perfeito das formas pelas quais o compilador da história poderia levar o conteúdo em direção à sua própria família, o avô apareceu outra vez, uma página ou duas mais adiante, dessa vez com maior destaque, numa biografia de um dos amigos e colegas de estudo do trisavô, Deng Yizan. Na anedota incluída no *Cofre de pedra*, na biografia de Deng, o comprometimento com os estudos e as habilidades do avô foram desafiados por Deng durante uma visita a Shaoxing, algum tempo após a morte do bisavô. Na história, Deng critica o avô por irresponsavelmente desperdiçar sua vida, para no final deixar o triunfo do avô e responder às críticas, escrevendo um ensaio bajulador sobre um tema clássico de Confúcio, deixando Deng exclamando que o jovem homem iria longe e renovaria a família Zhang. Num final feliz, Zhang Dai escreveu que, imediatamente após seu teste, o avô passou pelos exames provinciais em sexto lugar de toda a província. E, no ano seguinte, viajou a Beijing e passou com êxito nos exames nacionais.

Apareciam outros membros da família e amigos em todas as partes do *Cofre de pedra*. Numa curta seção biográfica sobre "artistas de habilidades especiais", Zhang Dai incluiu o segundo tio Zhongshu, elogiando-o pela amplidão de seu conhecimento e talento como colecionador e pintor. "Quando criança", escreveu Zhang Dai, Zhongshu "entendeu os princípios da pintura; seu tio materno Zhu Shimen tinha uma grande coleção de mestres antigos, da manhã à noite [Zhongshu] estudava e comparava-os, e ainda jovem visitou várias outras coleções". Zhang Dai elogiou especialmente a sutileza e o "espírito refinado" dos longos pergaminhos de suas paisagens, dizendo que, em sua opinião, o tio excedeu os grandes mestres de paisagens da dinastia Yuan. Zhang citou um dentre os mais famosos artistas do final da dinastia Ming, Dong Qichang, que apropriadamente escreveu que Zhongshu tinha "a sabedoria e experiência que ganhou com a leitura de centenas de livros e viajando milhares de quilômetros, mas ainda assim soube manter suas emoções espontâneas e espaçosas". Concluindo com uma sentença, ofereceu também o detalhe pessoal de que Cheng Hongshu era genro de seu tio Zhongshu, e por isso Chen aprendera tanto com esse homem sobre estilo e técnica.

Talvez fosse natural para Zhang Dai incluir Chen Houshou no *Cofre de pedra* na mesma categoria de biografia. Chen morreu em 1652, após um breve tempo de serviço ao príncipe de Lu, um curto período como monge de cabeça raspada e um final de energia selvagem como pintor, durante o qual criou um incrível número de 42 pinturas em 11 dias, uma delas inteiramente devotada ao poema de Tao Qian sobre sua busca interminável e imperiosa por vinho. Ainda que curta, essa biografia também deve ter mostrado aos leitores que Zhang Dai conhecia Chen muito bem como pessoa. Após mencionar seu período de serviço ao príncipe de Lu em Shaoxing (mas não seus vômitos de bebida) e suas habilidades particulares na pintura de paisagens e flores, bem como em suas interações com espíritos e a imortalidade, Zhang seguiu com um franco resumo da carreira artística de seu amigo: "Ainda que os contemporâneos de Chen pagassem altas somas por suas pinturas, ele mesmo era extravagante e irresponsável, nunca conseguindo manter uma base financeira adequada, e quando morreu não tinha sequer um túmulo. Como [Chen] escreveu em um de seus autorretratos: 'Sem pensar sobre isso alcancei uma fama vazia e terminei como um fantasma pobre. Caindo morto como a dinastia, eu não era leal nem fiel.'" Era uma forma curiosa de dizer adeus a um velho amigo: a razão talvez seja que, em 1650, Chen finalmente abandonou qualquer pretensão de se transformar num homem leal aos Ming, e fez as pazes com poderosos colaboradores cuja ajuda finalmente aceitou.

Outras — ainda que menos óbvias — conexões com o passado do próprio Zhang e seus anteriores interesses também entraram no grande livro. Mas, na seção monográfica sobre astronomia, Zhang mostrou um crescente interesse por Matteo Ricci, que seu avô primeiro encorajara, notando que Ricci trabalhara muito próximo a vários astrônomos Ming, mas que a influência desse homem ocidental nas ciências chinesas fora mínima, graças ao fato de que "os que escolhiam o pessoal para o gabinete imperial de astronomia o consideravam um estrangeiro bárbaro, então, após a morte de Ricci, suas habilidades e a importância prática de seu conhecimento ocidental foram totalmente apagadas".

Quando Zhang completou o trabalho em 1664, o *Cofre de pedra* tinha quase 2,5 milhões de caracteres, e cobria em detalhes os anos da ascensão do imperador que fundou a dinastia Ming, na década de 1360, até a morte do imperador Tianqi, em 1627. A *Sequência* era naturalmente mais curta, pois dispensava os ensaios sobre qualquer aspecto, de governo à cosmologia e economia, já abrangentes na história do *Cofre de pedra*, por isso concentrava-se em vinte anos de linhas gerais cronológicas com os "anais" dos governantes e dos últimos príncipes que lutavam entre si. Mas, graças à complexidade e ao intenso detalhamento dos 56 capítulos biográficos de Zhang, o rascunho final da *Sequência* continha algo em torno de quinhentos mil caracteres, num total de 3 milhões de palavras somando-se as dos dois livros.

Numa carta sobre a escrita de história que enviou a um amigo próximo em 1669 (ou talvez um pouco depois), Zhang disse ter alcançado uma espécie de calma sobre o passado, dizendo-se capaz de afastar-se dos eventos e enxergá-los com tranquilidade. "Vinha tentando manter meu coração como reflexos em águas paradas ou como um espelho de bronze Qin, em vez de seguir meus julgamentos independentes. Por conseguinte, quando coloco minha pena sobre o papel e desenho coisas, a beleza e feiura se apresentam. Não ouso dizer que estou descrevendo [o passado] com grande vivacidade; estou apenas tentando encontrar a natureza das coisas como elas são, sem distorção." Na realidade, Zhang, como historiador, era uma testemunha apaixonada pelo passado que terminou quase destruindo tudo. E, especialmente sobre os comentários pessoais que fez no final da seção da *Sequência* (e algumas vezes numa reflexão introdutória que agia como abertura para um tema), tentou alcançar a agudeza moral e a brevidade que acreditava serem a assinatura de Sima Qian.

Zhang gastou muitas páginas de sua *Sequência* tentando estabelecer a culpa para a queda dos Ming e descrevendo como as diferentes pessoas reagiram à crise enquanto ela caía sobre eles. O último dos imperadores Ming, Chongzhen, como explicou Zhang, fora uma pessoa decente que caiu sem perdão graças à incompetência de seu predecessor e também à inabilidade dele próprio em usar de forma criativa os recursos que tinha. Era um homem que merecia mais pena que culpa. No entanto, para o príncipe de Fu, que por um curto tempo manteve sua corte em Nanjing, durante o final de 1644 e o início de 1645, Zhang Dai sentiu apenas um profundo desdém, que reforçou com um julgamento historiográfico, recusando reconhecê-lo e incluí-lo nos anais da dinastia: "Eu poderia ter incluído o príncipe de Fu nos anais [logo após o imperador Chongzhen]", escreveu Zhang em seu comentário, "mas decidi não fazer isso, baseado no fato de que o príncipe de Fu não era apenas estúpido, mas também promíscuo", e empregou os piores homens possíveis como seus ministros durante seu curto reinado. O príncipe era "como uma pessoa que tentava envenenar um tigre tomando ele mesmo o arsênico: se preocupava apenas em matar o tigre, mesmo se esquecendo de que tinha tomado arsênico e desmoronado antes!"

E o que poderia ser dito do príncipe de Lu, breve protetor da realeza em Shaoxing e depois, por muitos anos, fugitivo, exceto que como músico mostrou "certa destreza com *qin*"? O príncipe de Lu não tinha outros pontos fortes, a menos que se conte sua habilidade inicial em agradar. Como disse Zhang, provavelmente refletindo sua breve experiência com a equipe do príncipe, ele era capaz de confiar em você no primeiro minuto e abandoná-lo como "sem valor" ou "intolerável" logo que alguém novo surgia. "Finalmente, o príncipe tinha muitos conselheiros e não se beneficiava de nenhum; ouvia muitos conselhos e não se beneficiava de nenhum. Sua corte estava repleta de conservadores, mas o príncipe não encontrava ajuda. Os conselheiros o deixaram desapontado e ferido. Um barco com velas ao vento e sem destino. A sabedoria do príncipe de Lu era inferior à de um barqueiro. Como seria possível conceber o destino do país junto a ele?"

Em tal atmosfera de corrupção, ganância e incompetência, "generais" como Fang Guo'an emergiram rapidamente ao poder. Apesar dos desastres que Fang pessoalmente imputou a ele e sua família, a entrada biográfica do general Fang foi surpreendentemente justa, mesmo que começasse com as palavras: "Fang Guo'an era nativo de Zhuji, Zhejiang. Quando jovem, deixou-se levar por jogo, vinho e lutas com outras pessoas, e sua comunidade o detestava. Quando secretamente roubou os bois dos fazendeiros de sua localidade para vender e foi descoberto, unanimemente decidiram bani-lo e proibi-lo de entrar no santuário de seus ancestrais. Então, Guo'an foi embora e uniu-se ao exército sob as ordens de Zuo Liangyu, marquês de Ningnan. (...) Guo'an era baixo e corpulento, e sempre marchava à frente de suas tropas. De soldado raso, ascendeu a comandante de todo um exército."

Após um resumo das muitas campanhas de Fang durante os levantes de 1640, Zhang ofereceu sua própria avaliação do homem: "Guo'an era iletrado. Quando recebia documentos oficiais, pedia que outras pessoas lessem em voz alta para ele; por isso, quando ditava estudos, sua escrita era clara e perfeita. Em face do grande perigo, não tinha medo, mas tagarelava e ria. Era rigoroso sobre prêmios e punições. Muitas vezes oferecia altos prêmios em dinheiro, e não tomava vinho em celebrações de aniversário. Com transgressores, não mostrava qualquer leniência aos que estavam abaixo da linha de vice-comandante. Atacava com ótimas estratégias, que iam além da compreensão de muita gente. Seus soldados eram bons em combate corpo a corpo e em várias táticas de movimentos de risco e trapaças. Quando não estavam envolvidos em um trabalho, mostravam comportamento petulante. Consequentemente, suas tropas eram arrogantes, não cediam diante de ninguém."

Como fez na história do *Cofre de pedra*, na *Sequência* Zhang teve de decidir o quanto poderia inserir de histórias sobre seus amigos e familiares. Não forçou nada, mas na seção da *Sequência* sobre "artistas incríveis" repetiu as pequenas biografias do segundo tio Zhongshu e Chen Hongshou que apareceram no *Cofre de pedra*. (É mesmo bem possível que tenha escrito tais biografias inicialmente para a *Sequência* e decidido mais tarde inseri-las no *Cofre de pedra*.) E Zhang fez isso; na biografia do oficial Ma Shiying inseriu uma cópia da carta que escrevera ao príncipe de Lu. Além disso, na seção sobre os mártires da província de Jiangxi, Zhang disse em seu comentário final que tinha visitado as áreas devastadas pela guerra em Jiangxi e conversado com os rebeldes sobreviventes.

Os comentários de Zhang na *Sequência* muitas vezes demonstravam emoções que os ligam à sua própria experiência — não apenas nos longos capítulos sobre suicídios e resistências ao longo dos anos de lutas, da década de 1640 a 1650, mas mesmo nas seções como "o mundo das cartas". Lá, Zhang ecoava alguns de seus pensamentos de *A barra noturna*, e apontou que muitos dos escritores com obras publicadas naqueles dias eram meros "repositores de conhecimento" sem "qualquer espontaneidade e originalidade" e também talvez fossem "estantes de livros ambulantes" mais que autores, pois "liam sem digerir, e seus escritos não continham nada de desafiador". Zhang debochava dos que diziam que todos os maiores autores da dinastia Ming possuíam diplomas dos mais altos níveis nos exames; ele dizia preferir devotar ao menos metade de seu espaço a "estudiosos menos privilegiados", para mostrar de uma vez que "a excelência literária não pode ser julgada por *status* social ou êxito nos exames civis".

Ao desenvolver seu panorama de combate e queda da dinastia, no qual Zhang buscou cobrir todos os aspectos da vida — os rebeldes bem como os defensores da realeza, os mártires e os bravos, bem como os traidores, mulheres e homens, bem-nascidos e pobres, artistas e eunucos —, a ideia de significado e significância da lealdade era um tema sempre dominante. Em seu preâmbulo à seção sobre "mortes heroicas durante o ano convulso de 1644", Zhang tentou pensar nas ramificações de lealdade e sacrifício, temas que havia explorado antes em seu prefácio ao *Perfis de homens justos e honrados ao longo dos tempos*, escrito na década de 1620. Reformulando os antigos escritos, disse: "Muitas vezes comentamos que tal pessoa teve uma morte gloriosa, ou que aquele outro morreu de forma vergonhosa. Para efeito de comparação, é como uma mulher casta que segue seu marido na morte, dizendo 'ofereço minha vida', enquanto uma mulher egoísta morre de abandono sexual, também dizendo 'ofereço minha vida'. A morte em si mesma vem igualmente para as duas, mas as causas são distintas." Usando metáfora diferente, Zhang notou, "a lenha morre no fogo, e pessoas que tiram vantagem de uma conflagração também morrem no fogo. Ainda que tanto aquela como estas morram no fogo, não podemos dizer que as situações não são diferentes". A maior parte dos oficiais chineses nos anos sombrios, sentiu Zhang, era como saqueadores nessa segunda categoria: "Apesar das lutas por todas as partes do país, os oficiais pensaram que isso não era culpa deles, até que o fogo atingiu suas casas, jade e pedra queimando juntas, mariposas que lutavam na luz e andorinhas na entrada principal, tudo virou cinza. Como poderiam tais ministros que seguiram o imperador Chongzhen em morte, no ano de 1644, desculpar suas faltas diante das obrigações simplesmente oferecendo suas vidas triviais?"

E o que fazer com os que ofereceram suas vidas como mártires ao incompetente príncipe de Fu ou de Lu? Seriam essas mortes uma resposta com algum sentido às necessidades de suas dinastias e definições pessoais de lealdade e obrigações? Ou, para o país, tais pessoas eram apenas mulheres "casadas com homens bêbedos e violentos. O homem bate na mulher e na concubina por culpa do álcool, mas sua mulher e concubina não o odeiam por causa do abuso. No dia em que seus homens perecem, a mulher e a concubina ainda querem segui-lo em sua morte para manter sua reputação de castidade. O caso dessas mulheres não é mais difícil que o de um casal completamente apaixonado, no qual a mulher deseja a morte junto ao marido para eternizar seu relacionamento?"

É difícil acreditar que, enquanto escrevia tais passagens, Zhang Dai não estava pensando em seu amigo Qi Biaojia. Pois a biografia de Qi que escreveu e inseriu na *Sequência* era longa e laudatória, e o comentário não era muito diferente. Muitos anos antes, na noite em que se afogou, Qi Biaojia tinha escrito um poema que deixou para sua família. Qi escreveu que o colapso da dinastia Ming o deixou com apenas duas escolhas claras: uma seria construir e liderar uma resistência forte, a fim de reclamar o solo da China para o povo chinês, outra seria cometer suicídio para mostrar sua lealdade à antiga ordem e evitar a vergonha para seus ancestrais e descendentes. Reconquistar a China de seus conquistadores poderia levar gerações e necessitar de sentimento intuitivo de quando agir. Qi escreveu:

Morrer como um mártir, isso é mais fácil,
E por isso escolho o caminho mais fácil,
O que mais desejo é manter-me puro,
E deixar o caminho mais difícil aos nobres de um tempo futuro.

O timing exato de sua morte era insignificante, escreveu Qi. Não importava o quanto tivesse servido aos Ming nos 15 anos anteriores, ou mais, dava no mesmo. Além do mais, a decisão parecia bastante clara:

Então, com um sorriso, eu desço à nascente do Amarelo,
Mas minha energia de vida se mantém com a terra e o céu.

Em algum momento de seus anos de fuga, Zhang Dai escreveu um poema parecido como resposta à morte de seu amigo, poema desenhado como argumento às preocupações lógicas sobre os dois caminhos enxergados por Qi:

É verdade que a mulher casta e o empregado leal
Oferecem serviço a uma pessoa, mas nunca a duas.
Esconder-se como um recluso é apenas um gesto temporário,
E em certas circunstâncias pode ser a estratégia mais perigosa.
Durante os anos, venho pensando nisso tudo com cuidado;
E morrer certamente não é nada fácil!...

Qi disse que morrer 15 anos antes ou depois fazia pouca diferença no longo caminho de ação moral. Mas, disse Zhang, o exato momento da morte é muito importante, ainda que seja apenas porque, atrasando a morte, temos mais tempo para pensar qual seria a melhor forma de ação.

Em sua *Sequência*, Zhang sentiu necessidade de um julgamento definitivo; ainda que fosse difícil dizer tal coisa, ele sentiu que Qi cometera um erro ao dar sua própria vida, especialmente a alguém de tão pouco valor como o príncipe de Lu ou seus descendentes. E, ainda que um erro, foi um ato corajoso, mesmo exemplar: "Pobre de mim! Quanto à morte de Qi, é apropriado dizer que se tratava de um homem leal, mas não é apropriado chamá-lo de inteligente. Ninguém em sua posição teria qualquer razão real para morrer. No entanto, a situação do momento ficava pior até o ponto de ele ter se sentido absolutamente sem saída. Como uma pessoa com alcance de visão, viu que a morte era a única opção! [Qi] Biaojia ofereceu sua vida quando percebeu ter chegado o momento certo. Tomou a decisão e seguiu em frente sem medo. Era capaz de praticar conduta moral, pois sua inteligência era estimulada pelos eventos da crise." Graças ao seu julgamento claro e decisão, Qi deveria ser admirado e incluído no panteão dos verdadeiramente virtuosos.

Seu interesse na história Ming crescia num momento em que todas as esperanças realistas para a causa de lealdade Ming desapareceram, exceto no coração de poucos crentes tenazes. Em 1659, um ataque de simpatizantes Ming na região de Nanjing falhou, ainda que muitos locais — do povo aos donos de terras — tenham mostrado seu apoio aos insurgentes. O último pretendente ao trono Ming — mesmo partindo de uma autopromoção — foi capturado e morto em 1662 por tropas pró-manchus na fronteira com Burma. Nesse mesmo ano, o príncipe de Lu, que bebera copiosamente na casa de Zhang em 1645 e estivera vagando pela costa chinesa em busca de um local tranquilo para viver desde sua fuga de Shaoxing, morreu na ilha de Quemoy. Um ano depois, em 1663, o primo Pei, médico cego e imaginativo planejador militar, filho do sexto tio e dez anos mais novo que Zhang Dai, morreu após pouco tempo doente, aos 56 anos. De acordo com Zhang, a morte de Pei chegou de forma rápida e inesperada: "Ele foi para a cama e não conseguiu levantar-se na manhã seguinte." Zhang presidiu os serviços funerários e ofereceu algumas palavras como o parente mais velho de Pei ainda vivo. Também comparou Pei a outros estudiosos cegos — brilhantes, mas reclusivos — que conhecera bem. O que Zhang mais se lembrava era da maravilhosa agilidade e frescor de Pei.

Apesar do público reconhecimento de suas habilidades como historiador levado a cabo por Gu e outros, foi em 1663 e 1664, enquanto terminava o *Cofre de pedra*, que Zhang Dai escreveu seus poemas mais sombrios sobre as lutas que ainda enfrentava para manter a si mesmo e a sua família alimentados. Ainda que, presumivelmente, tenha recebido algum tipo de contribuição por seus trabalhos para Gu Yingtai, não há qualquer sinal de que sua família de Shaoxing estivesse vivendo melhor que nos anos passados. Em vários poemas escritos na época da morte de Pei, Zhang ironizou sua inaptidão. "De que servem agora", perguntou-se, ao caminhar por seu jardim entre árvores estéreis, "toda a minha educação e conhecimento de economia?"

Alguns dos poemas de Zhang se apoiam na convenção dos versos bucólicos e ecoam os temas de perda e retribuição que tantas vezes apareceram em seus escritos. Mas algumas vezes ele quebra o gênero em direção a uma abordagem mais franca: em um desses poemas diz que escreveu aos 67 anos, portanto em 1664. Evocando Liang Hong, como fez no verso três, conferiu ao poema uma aura de melancolia; Liang Hong, famoso poeta que viveu um século antes de Tao Qian, inicialmente fora pobre e forçado a cultivar arroz para sobreviver. Teve a ajuda de sua mulher, que, mesmo procedente de família rica, trabalhou ao seu lado e serviu o marido de forma leal nos anos mais difíceis. Zhang intitulou seu poema "Amassando arroz":

> Trabalhando com argamassa e pilão,
> Tinha que descansar duas vezes após uns cem golpes.
> Cantando versos sobre os talentos de Liang Hong,
> Tentei reunir minha fraca força.
> Nasci numa família rica, rodeado de objetos ritualísticos,
> Nunca aprendi habilidades agrícolas.
> O arroz era abundante nas despensas,
> Centenas de pessoas trabalhavam para minhas refeições.
> Várias dezenas de criados
> Atendiam minhas necessidades com extremo cuidado.
> Quando minhas refeições me eram servidas em um prato,
> Os cozinheiros observavam com ansiedade minha reação.
> Se eu me mostrasse feliz, todos estariam felizes,
> Se ficasse nervoso, todos temeriam.
> Agora, eles me deixaram,
> Nenhum dos cem permaneceu.
> Meus filhos estão espalhados por todas as direções,
> Seus próprios filhos gemendo em seus joelhos.
> Comprei vários alqueires de arroz no mercado,
> Pois os filhos que ainda estão ao meu lado têm muita fome.
> O velho homem ainda aguenta a argamassa,
> Como poderia se atrever a atrasar a amassar o arroz em um minuto?
> Após uma dezena de golpes,
> Ele perde o fôlego.
> Agora me arrependo de, quando era jovem,
> Nunca ter aprendido a usar a argamassa e o pilão.
> Contando meus anos,
> Tenho agora sessenta e sete,

Um homem inútil.
Amassar o arroz nunca foi minha responsabilidade.
Então, como poderiam meus braços estar fortes?
Apenas amassando arroz no vilarejo.
Olhei meus filhos mais novos,
Que trabalham ardorosamente em seus estudos.

Como Zhang escrevera em outro poema alguns anos antes, suas concubinas sobreviventes estavam longe de mostrar a graça e cortesia da esposa de Liang Hong:

Minha duas concubinas são velhas, secas como macacos,
E mal podem levantar água do poço.
Clamam por trigo e lenha,
Enchem o dia com gemidos nervosos.
Todos os dias, ao amanhecer, não tenho café ao levantar-me,
Sendo forçado a buscar comida antes de o sol se levantar.
Vivi assim por onze anos,
E sinto vergonha mesmo de falar sobre isso.

Talvez tenha sido a repentina morte de Pei que deu a Zhang a ideia de escrever o que chamou de "Obituário autoescrito", completado em 1665. Tais "obituários" eram um gênero venerado, como sabia Zhang Dai, e fora praticado não apenas por seu admirado Tao Qian, mas também pelo amigo íntimo do bisavô, Xu Wei. Zhang Dai nos dá uma dica sobre o contexto de sua decisão no próprio obituário: "Após os eventos de 1644, estava num completo atordoamento: não era capaz de encontrar uma morte nobre nem trabalhar em minha vida. Com meus cabelos brancos cada dia mais florescentes, habitava um local nos confins do mundo dos homens, temendo que em algum amanhecer eu morreria sob o orvalho da manhã, apodrecendo como grama. Ocorreu-me que alguns homens de tempos antigos, como Wang Ji, Tao Qian e Xu Wei, escreveram seus próprios epitáfios. Por que eu não deveria tentar o mesmo? Então descartei alguns pensamentos primários, mas logo percebi que nem meu caráter nem minhas habilidades literárias estavam em tal ordem de excelência. Por isso deixei de lado minha pena, mas logo a peguei de novo, pois me ocorreu que deve haver algum ponto no qual poderia passar aos demais minha lista de obsessões e falhas."

O conceito de Zhang de como apresentar suas falhas era lírico e imaginativo, ainda que inicialmente com um toque de compostura, usando a terceira pessoa ao descrever a si mesmo, assim como fizera em muitos outros escritos pessoais. Começou seu obituário com estas palavras: "Zhang Dai, homem cuja família fugiu do reinado de Shu, atendia pelo nome de Taoan. Quando jovem, era um verdadeiro dândi, enamorado da ideia do excesso: adorava refúgios bem-construídos, bonitas criadas domésticas, bonitos empregados, roupas de cores brilhantes, boa comida, cavalos bonitos, lanternas coloridas, fogos de artifício, teatro, som de trombetas, antiguidades, pintar flores e pássaros. Além disso, seduzido pelo chá e pelas laranjas, envenenado pelas histórias e poemas, drenou a primeira metade de sua vida, que se transformou em sonhos e ilusões." Ainda escrevendo na terceira pessoa, Zhang começou a contrastar sua mocidade com os anos que se seguiram: "Quando fez trinta anos, seu país estava arrasado, sua família destruída. Tomou o caminho das montanhas. (...) Usava roupas de algodão, comia vegetais crus e muitas vezes não era capaz de manter seu forno aceso. Voltando sua mente vinte anos antes, o mundo parecia ter sido posto à deriva."

Se ocasionalmente ele teve chance de fazer um escrutínio de si mesmo, Zhang continuou, aparentemente vivendo com sete paradoxos:

> O primeiro estava no passado, mesmo quando vestia roupas simples, comparava-se a ricos duques e condes; mas atualmente, ainda que vindo de uma família distinta, ele se classificava junto aos pobres pedintes. Nesse ponto a riqueza e a decadência se confundiam.
>
> O segundo era que, com propriedade que não era nem de mediana qualidade, sentiu-se livre para competir com os homens

mais ricos que já existiram; num mundo com tantos caminhos para a riqueza, manteve vigia solitária no cepo [como um simples camponês espera um coelho para seu jantar]. Por isso as ideias de pobreza e riqueza cresciam em contradição.

O terceiro era que, mesmo tendo sido criado entre livros, enveredou pelas cavalarias e campos de batalhas; aspirando a general, tudo o que sabia era estar num escritório movendo papéis. Como poderia mesclar vida civilizada e o chamado marcial?

O quarto era que, sentindo-se boa companhia ao imperador Jade, que está acima, sem qualquer necessidade de favorecimento, na terra reuniu-se sem arrogância a crianças pobres de orfanatos. E assim desfez as linhas entre a honra e o desdém.

O quinto era que, quando fraco, recebia cuspe na cara, e esperava que secasse sozinho; quando se sentia forte, despertava a si mesmo e corria contra o inimigo. Eis a flexibilidade e a firmeza, em pontos opostos.

O sexto era que, quando competindo por fama e lucros, ficava muito feliz e não tinha limites. Mas, quando brincava, não deixava ninguém tomar o comando. De forma absurda, ligeireza e seriedade se mesclavam.

O sétimo era que, quando em um jogo de xadrez, ou de dados, ele nunca sabia a diferença entre estar perdendo ou ganhando; mas, quando escolhia a água para a infusão de seu chá, distinguia com cuidado entre os riachos adjacentes. Por isso, nele, esperteza e estupidez caminhavam juntas.

Exatamente como é possível distinguir tais paradoxos, disse Zhang, era tarefa que deixava para outros. Ele estava contente em deixar todas as inconsistências em seus lugares, especialmente no momento em que já tinha falhado em quase tudo que tentara, de educação a armas, de normas de boa conduta a artes de magia, de escrita a horticultura.

Um certo orgulho inato, no entanto, levou Zhang Dai a listar todos os livros em que trabalhara até então: encabeçando a lista estavam o *Cofre de pedra* e as biografias dos membros de sua família. Na lista, também, as suas duas outras coleções de biografias de homens valorosos do passado, bem como vários estudos de textos canônicos de tradições chinesas, tais como os Quatro Livros e *O tratado das mutações*. Zhang incluiu as *Lembranças de sonhos*, que completara em 1646, e *Localizando o lago Oeste em um sonho*, no qual ainda trabalhava. Eram 15 os títulos, no total, ainda que muitos permanecessem em rascunhos e apenas o primeiro volume dos *Perfis* tenha sido publicado para distribuição geral.

Numa seção conclusiva de seu obituário, Zhang abruptamente mudou o relato para a primeira pessoa. Após apresentar alguns detalhes sobre seus problemas de saúde na infância e precocidade com palavras e jogos de palavras, Zhang mudou a cena para sua independência: "Preparei minha tumba na montanha Cabeça de Galo, no vilarejo de King Xiang, e meu amigo Li Yanzhai escreveu uma inscrição para ela, contendo estas palavras: 'Eis aqui a tumba do escritor da dinastia Ming e estudioso Zhang Changgong, que atende pelo nome de Taoan.' Um órfão solitário pode se transformar em um estudioso, o monte da tumba está pronto para o legalista; por isso estou preparado para minha viagem ao vilarejo de [King] Xiang. O ano que vem será o meu aniversário de setenta anos, mas, como não sei exatamente o dia e o mês de minha morte e enterro, eles não são dados aqui."

A morte não chegou tão rápido, pois Zhang não tinha os poderes de previsão de seu pai. Ao contrário, continuou escrevendo e explorando as formas de controle do passado. A *Sequência* ao *Cofre de pedra* se avolumou enquanto novo material se tornava disponível, pois nesse momento já lidava com censores da dinastia Qing, não mais com os Ming. A perfídia dos últimos oficiais Ming e a estupidez de seus governantes abriram terreno para o historiador, mas ainda existia necessidade de grande cautela quando lidava com os que levaram os exércitos Qing à vitória ou destruíram o interior do país. Ainda que as tenha listado, algumas das figuras controversas nunca entraram na história. Era muito perigoso. Zhang adorava polir seus escritos, e seguiu modificando seus manuscritos como o *Localizando o lago Oeste em um sonho*, suas notas sobre os Quatro Livros e *A barra noturna*; atualizou suas *Lacunas históricas* para incluir material Ming e adicionou seus *Perfis Ming* à antiga coleção de mesmo nome.

Zhang também pensava na primeira coleção que reuniu no momento da queda dos Ming e em 1674, aos 77 anos, quando compôs um novo prefácio para as *Lembranças de sonhos*. Começava com um aviso: "De todos os meus vários trabalhos", escreveu, "tenho maior orgulho do *Cofre de pedra*. [Em contrapartida] as *Lembranças de sonhos* estão cheias de dicções coloquiais e cantos populares, histórias de humor e detalhes triviais. E a isso incluí certas cores, para chegar à versão que temos hoje. Lendo-a, é possível sentir-se penetrando em rios e montanhas, ver os costumes dos lugares e alcançar "a beleza dos palácios e templos ancestrais". Escrevi uma série de peças e não tinha qualquer intenção de ganhar fama com elas. Ao sul de Yangzi reuni todos em meu ninho, os taoístas e os homens de luta, os ritualistas, os performáticos e os artesãos.

"Naqueles dias reinava a paz e o mundo parecia bem. Fiz minha casa na vizinhança do Dragão, entre os jardins mais bonitos, pavilhões e lagos, as mais lindas orquídeas e campos de arroz. Meus ganhos anuais eram contados em centenas. Quando o tempo passou, mergulhei numa vida dissoluta de todas as formas possíveis: havia brigas de galos e caça com falcões, jogos, a música do *qin* e todo tipo de arte performática — não deixei de experimentar nada. Trinta anos já se passaram; mantive os portões de minha casa fechados e disse 'não' a visitas, e os visitantes gradualmente se distanciaram de mim. Agora, se vou à cidade, muitos não saberão quem foi minha família e qual a sua origem. Esse segredo me deleita, cheguei mesmo a criar alguns nomes, 'O sonhador-borboleta' e 'Velho homem de pedra'.

"Quanto ao livro que escrevi, o *Cofre de pedra*, enterrei-o na minha montanha Langhuan; e esse pequeno volume das *Lembranças de sonhos*, que tem à sua frente e para o qual escrevi este prefácio, ele também devo esconder."

No espaço de muitos anos, Zhang vinha reunindo seus escritos ocasionais numa coleção que chamou *Langhuan Wenji* (escritos reunidos da terra de Langhuan). Langhuan, ele nos diz num pequeno ensaio, é um "local paradisíaco" primeiro visitado por um estudioso da dinastia Jin, séculos antes. Tais visões do descobrimento acidental de um mundo anteriormente escondido e secreto Zhang conhecia bem, esteve no coração do ideário chinês desde o século V, como Tao Qian escreveu em seu célebre conto "O desabrochar das flores de pessegueiro". Nessa história, Tao Qian conta sobre um pescador que, viajando por um caminho de águas com muito vento, encontrou uma floresta de pessegueiros em flor, cujas pétalas cobriam toda a água. Enquanto o caminho se estreitava, ele chegou a uma fissura numa pedra, onde encontrou uma terra tranquila e perfeita, de fazendas prósperas e famílias felizes. As pessoas que lá viviam o receberam bem e disseram que, havia muito tempo, tinham escapado da luta e do terror que acompanharam a unificação da dinastia Qin, e que naquele local viviam em paz por muitos séculos, alheios à ascensão e queda das dinastias que governavam o resto do mundo. Com curiosidade, ouviram as histórias do pescador. Mas, quando ele finalmente partiu, ninguém o acompanhou; levou apenas o pedido de que não contasse a ninguém o que tinha visto ali. Desobedecendo a tal pedido, o pescador marcou a entrada na pedra e correu para dizer ao governador local o que encontrara. No mesmo momento foi montada uma operação de busca, mas, ainda que tenham encontrado as marcas da rota, nenhum deles foi capaz de voltar ao vale.

Zhang Dai escreveu um ensaio sobre a visão de Tao a respeito do *Desabrochar das flores de pessegueiro*, no qual descreve a raridade de encontrar tal descrição de um espaço que estava além de todos os tipos de tempos formalizados. Num mundo onde tudo estava dominado por calendários, marcas dinásticas, solstícios e festivais, o povo daquele lugar "conhecia o calor e o frio, mas não o verão e o inverno, conhecia a germinação e a colheita, mas não a primavera e o outono. Sem governantes ou oficiais, não sabiam nada sobre as angústias das taxações e dos exames". Em vez de tentar forçar a inclusão do calendário àquele povo, o melhor seria que o mundo aceitasse o calendário sem data daquele vale esquecido, que seguia os ritmos naturais da vida e da morte.

Apesar do elogio do mundo aberto e nada estruturado do *Desabrochar das flores de pessegueiro*, Zhang Dai tomou um caminho bem diferente em seus escritos sobre o Paraíso de Langhuan. Na história de Zhang ainda havia um viajante que perdeu seu rumo, mas esse era um estudioso, não um pescador. E o estudioso encontrou não um riacho cheio de flores de pessegueiros e uma vila feliz, mas um sábio sarcástico que vivia numa pedra. Após cumprimentar o sábio de forma bem cortês, o estudioso contou que — apesar dos livros que escrevera nos vinte anos anteriores — lera todos os livros antigos. Sorrindo, o sábio abriu uma porta escondida nas pedras e levou o estudioso a uma série de salas. Lá, o estudioso encontrou livros escritos em todas as línguas do mundo, em todos os países e em todas as épocas. Em um desses quartos, estavam guardados os livros chineses, e, em outro, os de história e geografia chinesas e de todas as outras partes do mundo. Chegaram a uma porta mais pesada, na qual estava escrito Paraíso de Langhuan. Dois grandes cachorros guardavam a porta, e dentro o estudioso encontrou "todas as histórias das gerações anteriores às dinastias Qin e Han, e de países desconhecidos do além-mar". Após o sábio ter-lhe oferecido vinho e frutas "fresquíssimas", o estudioso que visitara o paraíso de livros saiu da pedra, dizendo que queria "encontrar alojamento para a noite, mas que voltaria outro dia para ler todos aqueles livros". O sábio apenas sorriu, e, uma vez que o estudioso já estava fora, os portões se fecharam atrás dele. Buscando a entrada com cuidado, o estudioso não foi capaz de encontrar qualquer traço: "Tudo o que pôde ver foi um pedregulho coberto de musgo, com vegetação selvagem, e muita hera."

O avô de Zhang Dai conhecia uma versão mais antiga para essa história e usou o termo Paraíso de Langhuan para descrever o Jardim da Felicidade quando levou Zhang Dai pela primeira vez, ainda criança. Zhang Dai usou uma versão mais pessoal do mesmo nome para um local que construiu na sua mente, quando se escondeu nas montanhas, e começou a organizar o turbilhão de sua memória em alguma espécie de ordem para o seu *Lembranças de sonhos*. "As *Lembranças de sonhos*", ele escreveu, "deviam ter uma relação com o carma. Muitas vezes em meus sonhos cheguei a uma pedra, próxima a uma montanha, onde antes corria um riacho de correnteza forte cujas águas pareciam neve. Entre os pinheiros e pedras de formas estranhas, surgiam todos os tipos de flores conhecidas. Em meu sonho, me sentava entre elas. Um menino servente me trazia o chá que eu escolhera e frutas. Estantes cheias de livros estão à minha volta. Abrindo os vários volumes, eu dou uma olhada e encontro páginas cobertas com escritos em caligrafias não conhecidas — traços, pés de pássaros, galhos retorcidos. E no meu sonho sou capaz de ler tudo aquilo, entender o sentido de tudo, apesar de sua dificuldade. Sonho este sonho todas as noites e penso nele quando estou acordado."

Esse, disse Zhang, era o refúgio que construiria um dia. Os espaços seriam limpos e precisamente alinhados, as árvores cresceriam. Haveria água e montanhas e flores, com caminhos que levariam ao rio. Haveria pavilhões e vistas das montanhas. E uma placa com os dizeres 'Paraíso de Langhuan'. Haveria um santuário com uma inscrição marcando o local da tumba de Zhang Dai, e monges do monastério vizinho se reuniriam por lá para queimar incenso em seu nome. Haveria salas de estudo, com vista para o lago rodeado de salgueiros, onde poderia ler em paz. Um pequeno e sinuoso caminho daria acesso a seu barco para que, sempre que quisesse, pudesse passear pelo lago. Um rio largo poderia levá-lo ao norte.

Mas, antes que embarcasse nessa grande viagem, ele chegaria a uma ponte que cruzaria o rio. Era uma velha ponte construída de pedra e rodeada de árvores e arbustos. Se quisesse, poderia parar ao lado da ponte, sob as árvores. Poderia sentar-se por lá e escutar o vento. E, sob as árvores, sendo tocado pelo vento, estaria livre dos cuidados do mundo e "estaria sozinho com a lua".

Dos últimos anos de vida de Zhang temos apenas alguns lampejos. Estava com 81 anos quando, de forma adorável, lembrou-se, em poesia e prosa, do som da voz de sua mãe enquanto recitava a oração de Guanyin, na época de seu nascimento. No ano seguinte, escreveu um breve poema que intitulou simplesmente "Dia do Ano-Novo, 1679". Naquele tempo, a guerra civil contra o regime Qing estava endurecendo no sul graças a novos colaboradores, e o poema parece sugerir o acelerar do passo de seu sangue e o pensamento em um conflito renovado, interceptados pelas invocações ambíguas dos dois símbolos chineses de longevidade, os pinheiros e a garça:

Homens velhos estão sempre preocupados com algo,
Quando emagrecemos, já não cabemos em nossas próprias roupas.
Lanças são levantadas, as palavras se tornam mais incisivas;
Os músculos dissecam, vemos suas conexões intricadas.
O pinheiro ganha rugas, não precisa esperar pela idade;
A garça está abatida — será por culpa da fome?
Aqui estou na terra da fartura:
Mas ainda preciso de uma vitória na batalha que me faça engordar.

O derradeiro escrito que temos de qualquer natureza vindo da própria mão de Zhang é datado do oitavo mês lunar de 1680, exatamente por volta da época de seu aniversário de 83 anos. Está na forma de um prefácio a um livro não completado chamado *Retratos com comentários de nobres imperecíveis da região de Shaoxing na época dos Ming*, e nos mostra como, mesmo durante os últimos anos de sua vida, Zhang ainda estava ocupado com seus planos de reorganizar o passado. No prefácio, ele discute como tinha estado ocupado por anos na coleção de retratos de tais figuras nobres. Em particular, acumulara imagens e comentários escritos sobre os que tinham "três atributos imperecíveis — integridade, realizações e palavras". Com o neto de Xu Wei como colaborador literário e companhia, escreveu Zhang, passou de porta em porta entre os residentes de Shaoaxing, buscando registros pictóricos do passado que pudessem compartilhar com ele.

 Enquanto a notícia sobre sua busca se espalhava, escreveu Zhang, as pessoas respondiam de acordo, "algumas enviando imagens familiares de famosas figuras de muitas centenas de anos atrás", ainda que restasse ser dito que outras famílias "o faziam esperar por anos e anos, mas delas nunca recebera nada".

A coleção começou a crescer, e o poder dos exemplares de mortos logo passou a entrar no seu ser e afetá-lo profundamente: "Na presença dos mestres de ensinamentos morais, eu tremia como se treme à noite, na cama; na presença da lealdade e da piedade filial, me sentia envergonhado por não ter essas virtudes; em face dos puros e cheios de princípios, culpava a mim mesmo por preocupar-me tanto com lucro e fama; na presença dos grandes estudiosos dos clássicos, me envergonhava das lacunas em minhas leituras dos poemas canônicos e história; em face dos que se dedicaram ao serviço público, me arrependia de ter deixado a safra fértil ser comida pelas pragas; e, diante dos gênios literários ou pintores, percebi que me faltava mesmo a menor das habilidades." Tão forte era o poder de seus exemplos que "senti uma profunda vergonha, e por isso meu espírito se estraçalhou de medo, minhas feições foram completamente transformadas, e não importava se estivesse dormindo ou acordado, eu sentia suas forças. Mas essa habilidade de me despertar e inspirar me levou ao ponto de que, sem que eu me desse conta, minhas mãos e pés começassem a dançar".

Zhang e Xu formaram uma coleção de 108 retratos. Muitos, claro, eram de estranhos que Zhang nunca conhecera pessoalmente. Outros, como o do seu trisavô Tianfu e bisavô Wengong, morreram antes de seu nascimento, mas sempre estiveram presentes, colorindo sua educação. E ainda outros que, com sua presença, modelaram sua vida e modo de pensar. O avô estava lá, junto ao pai da vovó Zhu e o segundo tio Zhongshu. O general Zhu, habilidoso administrador e grande glutão, em cujo funeral Zhang Dai viu o macaréu, estava lá. Assim como dois íntimos companheiros de Zhang naquele momento de fábula: Chen Hongzhou e Qi Biaojia, que estiveram ao seu lado enquanto a água se revolvia ao lado deles. Os dois sorriam ligeiramente, Qi em sua roupa de oficial e Chen vestido como um simples cidadão. "Coloquei tais imagens no altar da sala de estudos de minha família", escreveu Zhang em 1680, "[e] fiz oferendas de jujubas e peras ante eles; de manhã e à noite ofereci meus respeitos. Sempre que abria um livro para ler, me sentava em frente a eles." Foi sua esperança, escreveu Zhang, que tais retratos, junto ao seu comentário, fizessem com que os dois se transformassem "em lembranças impermeáveis do passado" e que "pessoas das várias gerações futuras leriam tal volume". Assinou o prefácio com outro nome que recentemente adotara para si mesmo: "Velho homem com espada antiga."

Ainda que Zhang Dai tenha conhecido tanta gente ao longo dos anos, tenha tido tantos filhos, tenha trabalhado tanto para entender a vida das pessoas quando elas morriam, parece que ninguém tomou para si a responsabilidade de registrar o exato momento ou as circunstâncias de sua viagem final. Por isso estamos livres para lembrar-nos dele em seu fim, se quisermos, dando à luz as suas últimas palavras como a da mulher leprosa no momento do nascimento de seu filho, que imediatamente busca uma luz para ver se a cria querida está livre de sua ferida. Ou podemos nos lembrar de Zhang sentado à sua mesa de estudos, como tantos em sua família sentaram antes, olhando fixamente para a sua coleção final de imagens do passado: um velho homem que, sem ter pretendido de forma deliberada, percebeu, subitamente, que suas mãos e pés estavam dançando.

# Notas

PRÓLOGO

17. **Sociedade Ming**: Para cobertura básica em inglês, veja *The Cambridge History of China*, v. 7, parte 1, e v. 8, parte 2 (1988 e 1998); e *The Dictionary of Ming Biography*, 2 volumes (1976). A revista *Ming Studies* (*Mingshi yanjiu*), de 1975 até hoje, apresenta excelente cobertura de pesquisas e novas publicações sobre os Ming em todos os campos de investigação. Três boas e acessíveis introduções à sociedade Ming são os livros de Timothy Brook, *The Confusions of Pleasure*; de Ray Huang, *1587, A Year of No Significance*; e de Craig Clunas, *Superfluous Things*.
17. **A vida de Zhang Dai**: O primeiro estudo biográfico em inglês foi editado por Fang Chao-ying, "Chang Tai" [Zhang Dai], em Arthur Hummel, ed., *Eminent Chinese of the Ch'ing Period* (1943), um bom exemplo da erudição do doutor Fang. O primeiro estudo extenso em língua ocidental do famoso *Taoan Mengyi*, de Zhang Dai, foi o de Philip Kafalas, "Nostalgia and the Reading of the Late Ming Essay: Zhang Dai's Taocur Mengyi" (1995). Foram bastante úteis dois estudos de Hu Yimin sobre Zhang Dai, publicados em 2002, e o estudo de 2004 de She Deyu sobre a família Zhang. Para a vida e os escritos de um contemporâneo de Zhang Dai, Li Yu (1610-80), que, como Zhang, era um estudioso, sensualista, escritor profissional e diretor de trupes teatrais, veja um estudo absorvente de Patrick Hanan, *The Invention of Li Yu*. Para uma valiosa edição anotada em francês de *Taoan Mengyi*, veja Brigitte Teboul-Wang.
19. **População Ming**: Números retirados do *Cambridge History of China*, v. 8, parte 2, p. 438.
20. **Possessão de terras no período Ming**: Uma análise recente com extensas fontes é "Agrarian Urbanization" de Xue Yong, Universidade de Yale, History PhD, 2006.

21. **Política Ming:** Para um recente estudo sobre os fundadores da dinastia Ming, veja o trabalho de Sarah Schneewind, ed., "The Image of the First Ming Emperor". Sobre eunucos e estudiosos, veja, de John Dardess, *Blood and History*; sobre moral e governo, veja, de Charles Hucker, *Censorial System*; de Cynthia Brokaw, *Ledgers of Merit and Demerit*; e de Joanna Handlin, *Action in Late Ming Thought*. O renascimento budista na época é analisado em *Renewal of Buddhism*, de Yü Chün-fang.
22. **Grande Muralha da China:** Dois amplos estudos são os de Arthur Waldron, *The Great Wall of China*; e o de Julia Lovell, *The Great Wall*. Para as campanhas frustradas dos Ming contra os mongóis, veja *Cambridge History of China*, v. 7, parte I, pp. 416-21.
23. **Conquista da Manchúria:** Duas pesquisas importantes são as de Frederic Wakeman, *The Great Enterprise*; e a de Lynn Struve, *The Southern Ming*.
25-26. **Lembranças de Sonhos,** de Zhang Dai: O mais completo estudo é o de Philip Kafalas, *In Limpid Dream: Nostalgia and the Zhang Dai's Reminiscences of the Ming*, EastBridge, 2007. Também me beneficiei enormemente da tradução completa do *Taoan Mengyi* para o francês por Brigitte Teboul-Wang (Paris, 1995). Uma boa análise do curto ensaio ou vinhetas de Zhang Dai, com várias traduções, nos foi oferecida por Ye Yang, *Vignettes from the Late Ming: A Hsiao-p'in Anthology*.

CAPÍTULO 1: CÍRCULOS DE PRAZER

27. **Prazeres de Nanjing:** Zhang Dai, *Taoan Mangyi* [Recompilações de sonhos do Taoan] (daqui em diante na abreviatura *TM*), seção 4, número 2 (4/2). Tradução francesa do *TM*, de Brigitte Teboul-Wang (*T-W* daqui por diante), número 48, p. 72. Zhang descreve o festival do quinto dia do quinto mês lunar, em Nanjing, no rio Qinhuai.
27. **Primeiras lanternas:** *TM* 4/10, "Shimei tang deng"; *T-W*, número 56, pp. 81-82 e notas; Xia ed. *TM*, p. 59, n. 3.
28. **Lanternas baratas:** *TM* 6/4; *T-W*, número 81, pp. 112-13.
28. **Ruas de Shaoxing:** *TM* 6/4, "Shaoxing dengjing": *T-W*, número 81, pp. 112-13. Kafalas (2007), pp. 86-87; tem uma tradução integral.
29. **Lanternas do templo:** TM 6/4; T-W, número 81, pp. 112-13.
29. **Peixe gigante:** *TM* 6/15; *T-W*, número 92, pp. 123-24. Sobre o doador, Tao Yunjia, veja *TM*, ed. Xia, p. 108, nn. 5-7 e pp. 63-64, n. 1. Também em Kafalas (1995), pp. 86-87, e (2007), p. 37.
29-30. **The tidal bore:** *TM* 3/5, "Baiyang chao." Para duas boas traduções antigas dessa célebre passagem, às quais sou muito grato, veja Kafalas (2007), p. 104, e *T-W*,

número 35, pp. 58-59. Haining estava do outro lado da baía de Hangzhou, a oeste da cidade. Para as pedras Kan e Zhe, contra as quais Zhang disse ter batido a onda, veja *Shaoxing fuzhi*, pp. 108-9. Para o fim da área de impacto da onda, veja ibid., p. 165, "chaozhi". (Agradecimentos especiais a Shiyee Liu.) O funeral foi para o ministro morto Zhu Xieyuan; veja *Mingshi*, pp. 2825-28, para sua carreira e extraordinário alcance. Veja também Qi Biaojia, *Qi Zhongmin Gong riji* (1992, ed., p. 1129), sob o décimo primeiro ano de Chongzhen, 8/4, para entrada no diário de Qi. Essa fonte mostra que 1638 era o ano correto; algumas variantes de *TM* mostram 1640. Veja também *Qi Zhongmin Gong riji* (1937), *ce* 5, parte I, pp. 23b-24.

31. Fonte do santuário: *TM* 3/3 e *T-W*, número 33, pp. 56-57.
31. Chá Orquídea de Neve: *TM* 3/4 "lanxue cha" e *T-W*, número 34, pp. 57-58. Receitas: *TM* 4/8; veja especialmente *T-W*, número 54, p. 79, para uma tradução elegante. Kafalas (2007), p. 47, fala sobre produtos do leite.
32. Fonte poluída: *TM* 3/6; *T-W*, número 36, pp. 59-60. Zhang e seus amigos jogavam seus jogos de adivinhação com fontes de águas — veja *TM* 3/7 "Min Laozi cha"; *T-W*, número 37, pp. 61-62; Ye, *Vignettes*, pp. 88-90, Kafalas (2007), pp. 82-83.
32. Água circulava: *TM* 7/13 "Yugong"; *T-W*, número 106, pp. 137-38; Kafalas (2007), pp. 93-94.
33. Artesão de lanternas: *TM* 4/10; *T-W*, número 56, pp. 81-82.
33. Conservador jovem: *TM* 4/10; *T-W*, número 56, pp. 81-82.
34. Clube do *Qin*: *TM* 3/1; *T-W*, número 31, pp. 53-54, traduz o manifesto. Para a data de fundação do clube, veja *TM* 2/6. (*T-W*, número 21, p. 43 tem a data correta de 1616 [não 1676, como na edição Xia *TM*, p. 27, n. 1].) O *qin* descrito por Zhang Dai era de uma forma qualquer maior e mais ressonante que os modelos europeus da mesma época.
34. Fan tocando: *TM* 2/6; *T-W*, número 21, p. 43.
34. Quarteto: *TM* 2/6; *T-W*, número 21, p. 44.
35. Rinhas de galos: *TM* 3/13; *T-W*, número 43, p. 67; O ensaio de Zhang é traduzido por Robert Joe Cutter, *The Brush and the Spur*, p. 128. Sobre o treinamento de galos, veja Cutter, pp. 16, 99; sobre características-chave, ibid., p. 118; esporas de metal e mostarda, p. 119; apostando nas lutas por ouro, p. 118; três assaltos e luta até a morte, p. 119; manifesto de Wang Bo, pp. 58 e 174, n. 3; a perda do imperador Tang, p. 99. Também Kafalas (2007), p. 48.
36. Futebol: *TM* 4/7; *T-W*, número 53, p. 78; *TM* 5/12 descreve lutadores, rinhas de galos e jogo de bola em um festival; para associações similares, veja Cutter; *The Brush and the Spur*, pp. 17, 20, 99, 113.

36. **Clube de poesia:** Muitos exemplos no *TM*. Para um exemplo de 1637, veja *TM* 1/12; *T-W*, número 12, pp. 31-32.
36. **Cartas e Yanke:** *TM* 8/11; *T-W*, número 121, p. 154.
36. **Outros clubes:** Veja as biografias do pai e do avô em *Zhang Dai shiwenji* (citado daqui para a frente como *ZDSWJ*), pp. 253-56. O clube do humor está em *TM* 6/11; *T-W*, número 88, p. 120.
37. **Clube dos comedores de caranguejo:** *TM* 8/8; *T-W*, número 118, p. 151, contém uma tradução ótima. Também traduzido em Ye, *Vignettes*, pp. 96-97, e Kafalas (2007), p. 31.
37. **Neve em 1627:** *TM* 7/8, "Longshan xue", e Xia ed. *TM*, p. 116, n. 3; *T-W*, número 101, pp. 133-34. Traduzido em Kafalas (1995), pp. 145-46; e (2007), pp. 102-3.
38. **Neve no lago Oeste:** Owen, *Anthology*, tem uma ótima tradução na p. 818, assim como Kafalas (1995), p. 143; Campbell (1998), pp. 36-37; e Ye, *Vignettes*, p. 90. Veja também *TM* 3/15; "Huxinting kan xue"; *T-W*, número 45, pp. 68-69; Kafalas (2007); p. 100.
39. **Música de barco:** *TM* 7/9; *T-W*, número 102, p. 134; Xia ed. *TM*, p. 112, n. 1.
40. **Observadores da lua:** *TM* 7/3; "Xihu qiyue ban"; *T-W*, número 96, pp. 128-29. Uma das mais famosas passagens de Zhang Dai. Veja traduções completas em Strassberg, *Inscribed Landscapes*, pp. 342-45; Ye; *Vignettes*, pp. 93-95; Owen, *Anthology*, pp. 816-17; Pollard, *Chinese Essay*, pp. 86-88; Kafalas (1995), pp. 133-34, e (2007), pp. 88-90.
41. **Velho Bao:** *TM* 3/12; *T-W*, número 42, pp. 65-66. Bao era um amigo íntimo do avô de Zhang Dai — veja Xia ed. *TM*, p. 53, n. I.
41. **Caçando:** *TM* 4/4; *T-W*, número 50; pp. 74-75.
41. **Bordéis de Yangzhou:** *TM* 4/9; *T-W*, número 55, pp. 79-80; Xia ed. *TM*, p. 67, nn. 1-8. Tradução completa em Strassberg, *Landscapes*, pp. 347-48. Sobre a cidade de Yangzhou no mesmo período, veja Finnane, *Speaking of Yangzhou*; sobre a reconquista da cidade, veja Meyer-Fong, *Building Culture*.
42. **"As éguas magras":** *TM* 5/16; *T-W*, número 77, pp. 105-7. Esta peça também é uma das mais célebres de Zhang Dai. Veja traduções em Pollard, *Chinese Essay*, pp. 90-92; Mair, *Anthology*, pp. 597-98; Kafalas (1995), pp. 137-38, e (2007), p. 95.
44. **O casamento:** TM 5/16, seguindo a tradução de Pollard em *Chinese Essay*, pp. 91-92.
44. **Sapatos:** *TM* 8/1; *T-W*, número 111, p. 144. A passagem é discutida em Brook, *Confusions*, p. 236.

44. **Mulheres e vinho:** *TM* 8/1; *T-W*, número 111, p. 144. A mesma seção descreve uma mulher, vestida como homem, mostrando-se num bordel masculino.
44. **Mulher no lago:** *TM* 3/16; *T-W*, número 46, p. 69. Também em Kafalas (1995), pp. 125-26, e (2007), pp. 75-76.
45. **Cortesãs eruditas:** Veja Chang, *The Late Ming Poet*, passim; Brook, *Confusions*, pp. 229-33.
45. **Wang Yuesheng:** Veja *TM* 2/3; *T-W*, número 18, p. 40, para uma excursão com Wang Yuesheng.
46. **A carreira de Wang Yuesheng:** *TM* 8/2; *T-W*, número 112, pp. 145-46. Traduzida em Pollard, *Chinese Essay*; pp. 88-89; e Ye, *Vignettes*, pp. 95-96.
46. **O silêncio de Wang:** *TM* 8/2; *T-W*, número 112, p. 146; Pollard, *Chinese Essay*, p. 89. No texto chinês, suas duas palavras foram *chu jia* ("Estou voltando para casa.")
46. **Poema para Wang:** *ZDSWJ*, pp. 45-46, "Quzhong ji Wang Yuesheng" [Para a prostituta cantora Wang Yuesheng]. A data não é especificada, mas o poema seguinte da coleção, escrito por seu amigo Qi Biaojia, é datado de 1636 (*bingzi year*). Para uma tradução ao inglês em *TM* 3/7 de sua amizade com o conhecedor de chás Min, veja Ye, *Vignettes*, pp. 88-90 e Kafalas (2007), pp. 82-83.
48. **Ópera Kunqu:** Para uma boa introdução, ver Nienhauser, *The Indiana Companion to Traditional Chinese Literature*, pp. 514-16, sob *K'un-ch'u*; e ibid., pp. 13-30, "Drama", de Stephen West.
48. **Liu Marcas-de-Varíola:** *TM* 5/7; *T-W*, número 68, pp. 95-96. Traduzido por Ye, *Vignettes*, pp. 92-93; e Pollard; *Chinese Essay*, pp. 89-90.
49. **Trupes antigas:** *TM* 4/12; *T-W*, número 58, pp. 83-84; Kafalas (2007), p. 50.
49. **Trupes de mulheres:** Compare *TM* 4/12 com os nomes listados em *TM* 7/8, na neve.
49. **Zhang sobre atores:** *TM* 4/12; *T-W*, número 58, pp. 83-84. Para outro uso da mesma imagem de Zhang, veja Owen, *Anthology*, p. 820, sobre o lago Oeste. Sobre fama mútua, *TM*, 7/16; *T-W*, número 101, p. 141.
49. **Professor Zhu:** *TM* 2/5; *T-W*, número 20; pp. 42-43.
50. **Excessos de Zhu:** *TM* 2/5; *T-W*, número 20; pp. 42-43.
50. **Portão de espadas:** *TM* 7/16; *T-W*, número 109, p. 141.
50. **Cenários flutuantes:** *TM* 8/4; *T-W*, número 114; p. 147.
51. **Jovens atrizes:** *TM* 7/12; *T-W*, número 105, pp. 136-37. Para seus nomes completos e trupe de Pingzi, veja *TM* 4/12.
51. **Atriz Liu Huiji:** *TM* 5/14; *T-W*, número 75; pp. 103-4.

51. **Professor Peng:** *TM* 6/1; *T-W*, número 78; pp. 109-10. Local de nascimento de Peng, Xia ed. *TM*, p. 93, n. 1. Traduzido em Owen, *Anthology*, pp. 818-19.
51. **Performances de Peng:** *TM* 6/1; *T-W*, número 75; p. 109. Traduzido em Owen, *Anthology*, pp. 818-19.
52. **Atriz Zhu:** *TM* 5/15; *T-W*, número 76; pp. 104-5; Xia ed. *TM*, p. 91.
52. **Tristeza de Zhu:** *TM* 5/15; *T-W*, número 76, p. 105.
53. **Montanha de Ouro:** *TM* 1/6; *T-W*, número 6, p. 26. Traduzido em Ye, *Vignettes*, pp. 87-88, Owen, *Anthology*; pp. 815-16, Kafalas (1995), pp. 153-54, e (2007), p. 110. A passagem é discutida por Timothy Brook, *Praying for Power*, pp. 37-38.

CAPÍTULO 2: MAPEANDO O CAMINHO

55. **Sistema de exames:** O mais completo guia para o sistema e seus detalhes no livro de Benjamin Elman, *A Cultural History of Civil Examination in Late Imperial China*. O incrível sucesso da prefeitura de Shaoxing é discutido por James Cole em *Shaohsing*. Sobre os problemas de colas e memorização dos ensaios na época, veja Chow Kai-wing, "Writing for Success", especialmente pp. 126-27.
56. **Ambições de Tianfu:** O exame de Tianfu: *ZDSWJ*, p. 224; *Dictionary of Ming Biography* (daqui em diante citado como *DMB*), pp. 110-11 sob Chang Yuan-pien; e *Shaoxing fuzhi*, 48/52, reimpresso p. 137.
56. **Graduação de Tianfu:** O episódio está na biografia de Zhang Dai sobre Tianfu, *ZDSWJ*, p. 244. O examinador foi Xu Wenzhen, de Huating (Songjiang). O irmão mais velho de Tianfu, que recebeu o nível *juren* em 1516, de acordo com o *Shaoxing fuzhi* (32/37), continuou a estudar com Tianfu no templo de Tianyi.
57. **Sala de estudos de Tianfu:** *TM* 1/7; *T-W*, número 7, pp. 26-27. Para sua localização, veja Xia ed. *TM*, p. 13, nn 1-2. Discutido em Kafalas (2007), pp. 62-63.
57. **Ai e exames:** Ensaio de Zhang sobre os exames, cita Ai Nanying, é o Shigui shu, de Zhang (daqui em diante citado como *SGS*), *juan* 17, pp. 1-6b (reimpressão de Xangai, v. 318, pp. 419-22). O ensaio é também resumido em Chow Kai-wing, *Publishing, Culture, and Power*, pp. 94-95, e em Kafalas (2007), p. 128. A biografia de Ai está em *Mingshi*, *juan* 288 (reimpressão pp. 32-41). Para resultados, veja Ai em *SGS*, *juan* 27, p. 3b (reimpressão de Xangai p. 420).
58. **Ensaio de oito partes:** Zhang em *SGS*, *juan* 27, pp. 1b-2 (reimpressão de Xangai, pp. 419-20). Julgamento de Ai: *SGS*, *juan* 27, p. 6b (reimpressão de Xangai, p. 422).
58. **Saúde de Wengong:** *Mingshi*, p. 3191 (*juan* 283), biografia de Deng Yizan e Zhang Yuanbian (Wengong).

59. **Candidato dos cabelos brancos:** (*Zhuang yuan*), *ZDSWJ*, pp. 248-49. Para uma sinopse da história de Xu Wei (Hsu Wei) e da campanha de Yunnan, veja *DMB* biografias de Hsu e Chang Yuan-pien (Wengong).
58. **Modelo de Wengong:** *ZDSWJ*, pp. 250-51. Lentidão de Wengong: *ZDSWJ*, p. 247. Amigos de Wengong: seus melhores amigos de estudos eram Zhu Geng e Luo Wanhua. Seus níveis *jinshi* com data e status *zhuang yuan* são dados em *Shaoxing fuzhi*, pp. 728-29 (30/46b-47).
59. **Estudos do avô:** *ZDSWJ*, pp. 251-55. Deve ter nascido em 1556 ou 1557; recebeu seus níveis *juren* em 1594 e *jinshi* em 1595. Para Xu Wei (Hsu Wei) (1521-93), veja *DMB*, pp. 609-12 (Xu estava na prisão por assassinato de 1566 a 1573). Natureza de Xu: *DMB*, p. 611.
60. **Olhos do avô:** *ZDSWJ*, p. 252.
60. **Exames provinciais do avô:** *ZDSWJ*, p. 252. Para aspectos do sistema de avaliação que mais ou menos se enquadram no esquema apresentado por Zhang Dai, veja Etienne Zi, *Pratique*, pp. 107, 130, 142-43, 152, 159. O avô foi classificado em sexto, que foi considerada uma posição de honra. Veja Zi, op. cit., p. 153 (agradecimentos a Taisu Zhang). Para o sistema em geral, veja Elman, *Examinations*.
62. **Demissão do avô:** Suas escolhas erráticas nos exames são exploradas em *ZDSWJ*, p. 253.
62. **Exames e olhos do pai:** *ZDSWJ*, p. 255.
63. **Sétimo tio:** *ZDSWJ*, p. 265.
63. **Raiva do décimo tio:** *ZDSWJ*, p. 273. Ibid., p. 272, diz que a senhora Chen foi a mãe dos dois. *Shaoxing fuzhi*, reimpresso 732 (31/53b) confirma 1628 como data da graduação *jinshi* do nono tio.
64. **Exame especial do décimo tio:** *ZDSWJ*, pp. 274-75, "Guinzhou Section". Zhang Dai sentiu que o décimo tio seria assassinado, Jing Ke, veja *ZDSWJ*, p. 276.
64. **Custos:** O preço de quatro a cinco taéis era norma entre 1570 e 1640. Veja Chow Kai-wing, *Publishing, Culture, and Power*, p. 262, apêndice 4.
64. **Olhos de Pei:** O outro nome de Pei era "Boning", veja *ZDSWJ*, p. 280. Aparentemente, Pei piorou após o seu avô Zhiting ter levado o menino com ele, em 1612, numa viagem a Xiuning. Mas a gazeta da região, o *Xiuning Xianzhi* (1693), não dá qualquer indicação de que a região fosse especialmente famosa por seus produtos doces ou açucarados.
65. **Memória e medicamentos de Pei:** *ZDSWJ*, p. 280. O trabalho de Zhu Xi é o *gangmu*. As nove escolas eram classificadas por Liu Xin, e os "cem nomes" estavam

no *baijia*. Veja também a breve biografia no *Shaoxing fuzhi*, 70/23a (reimpressão, p. 692), e também, para a lacuna de 11 anos, o obituário de Zhang Dai sobre Pei, em *ZDSWJ*, p. 359.

66. **Avô e o Jardim da Felicidade:** "Kuaiyuan Ji", em *ZDSWJ*, pp. 181-82. (Agradecimentos especiais a Xin Dong.)
68. **Pavilhões de Zhang:** *TM* 7/6; *T-M*, número 99, p. 132. Zhang Dai diz que era "seis *sui*", que seria cinco anos mais velho pelo calendário oriental.
68. **Demolição do pavilhão:** *TM* 7/6; *T-M*, número 99, p. 132.
68. **Visita a Huang:** *TM* 1/11; *T-M*, número 11, pp. 30-31.
69. **A vida de Huang:** As complexas interseções entre as carreiras do avô e de Huang são claramente demonstradas em *ZDSWJ*, pp. 252-53. Para os vários nomes de Huang Ruheng, veja Xia, ed. *TM*, p. 16, nn. 2-3; *T-M*, p. 165, nn. 54-57; e *DMB* 79. O retorno de Zhang em 1626 está em *TM* 1/11; *T-M*, número 11, p. 31.
70. **Livros de Zhang:** *TM* 2/15; *T-M*, número 30, pp. 51-52; Kafalas (1995), p. 103, e (2007), pp. 59-60.
70. **Zhang e comentários:** A fonte-chave é o prefácio de Zhang Dai ao seu *Sishu yu*, também reimpresso em *ZDSWJ*, pp. 107-8. As traduções são principalmente de Duncan Campbell, "The Body of the Way", pp. 38-39.
72. **Depressão de Zhang:** Qi Biaojia diário (e reimpressão de 1992) de 1635, 10/28 e 11/1. Para outras doenças de infância de Zhang, veja *ZDSWJ*, p. 296.
72. **Esperanças nos exames de Zhang:** Prefácio ao *Sishu yu*, traduzido por Campbell, "The Body of the Way", p. 39.
72. **O bebedor:** "Zhang the Beard" (1565?-1632). Veja *ZDSWJ*, pp. 270-72.
72. **Ensaio do avô:** Incorporado à biografia, *ZDSWJ*, pp. 270-72. Alterei o nome Zhongzhi para "Rusen" para consistência.
75. **Zhang Dai sobre licor:** Veja *TM* 8/3; *T-W*, número 113, pp. 146-7. Também Kafalas (2007), p. 30. Zhang não era obviamente completamente avesso à bebida, apesar de suas advertências. Em conclusão, mencionou similaridades entre a bebida de Rusen e o humor no celebrado poema "Lisao" de Qu Yuan.
75. **Dispersão da biblioteca:** *TM* 2/15; *T-W*, número 30, pp. 51-52.
75. **Montanha da Rima do avô:** *TM* 6/5 (*yunshan*); *T-W*, número 82, pp. 113-14. Kafalas (2007), pp. 31-32, tem uma tradução completa.
76. **Escondendo o manuscrito:** *TM* 6/5; *T-W*, número 82, p. 114, e nn. 122, 391; Xia ed. *TM*, p. 98, n. 9, coloca a montanha nove *li* ao sul de Shaoxing e oferece seus vários nomes.

## CAPÍTULO 3: EM CASA

77. **Elixir do pai:** *TM* 3/10; *T-W*, número 40, p. 64. Também traduzido em Kafalas (1995), pp. 84-85, e (2007), pp. 42-43.
78. **Preces da mãe:** Zhang dá os detalhes no prefácio e no poema "In Praise of the White-robed Guanyin" (*Baiyi Guanyin zan*), *ZDSWJ*, p. 328. Para representações de Guanyin, veja Yü Chün-fang, *Kuan-yin*, pp. 126-30.
78. **Rodas de sutra:** Zhang Dai, *Xihu mengxun*, ed. Xia, p. 255 ("*Gaoli si*"). O episódio é discutido em Timothy Brook, *Praying for Power*, p. 43, como parte de sua análise de Zhang Dai e do budismo.
79. **Comunidade de Shaoxing:** Veja as biografias de familiares em *ZDSWJ* e no *Shaoxing fuzhi*. Sobre os êxitos nos exames de Shaoxing, veja James Cole, *Shaohsing*. Sobre a própria família Tao, veja *Shaoxing fuzhi*, 34/37b (reimpresso p. 813), e Xia ed., *TM*, p. 63, n. 1.
79. **Senhora Liu:** *ZDSWJ*, pp. 245-46. Seu filho Zhang Yuanbian tem uma biografia em *DMB*, pp. 110-11.
80. **Senhora Wang e marido:** *ZDSWJ*, p. 250. Ela era da região de Liuhu.
82. **Execução ilícita:** Para a morte de Yang Jisheng, por ordem de Yan Song, veja *DMB*, p. 110; *ZDSWJ*, p. 247; *SGS*, *juan* 201, p. 42b.
82. **Poemas:** Veja a biografia do bisavô em *Mingshi*, p. 3191, com biografia de Deng Yizan. Esses poemas formam as famosas seções "Zhounan" e "Shaonan" da poesia clássica. Veja Legge, *She king*, prefácios, pp. 36-41. Morte de Wengong: *Mingshi*, biografia, p. 3191. Zhang Dai descreve algo similar e mais elaborado em *SGS* (v. 320, p. 82), *juan* 201, p. 43b.
83. **A promessa:** *ZDSWJ*, p. 254. A biografia de Zhu Geng está em *Mingshi*, p. 2538. A data chinesa para a promessa era Jiajing 35, sétimo mês, sétimo dia.
83. **Zhang e Zhu:** As datas em que obtiveram seus diplomas provinciais podem ser vistas em *Shaoxing fuzhi*, 32/47b e 32/48 (reimpressão pp. 763-64).
83. **Zhu Geng:** *TM* 3/10; *T-W* número 40, pp. 63-64; Sobre Zhang Jiucheng, veja Xia ed. *TM*, p. 52, n. 3.
84. **Cabeça de Zhongshu:** Descrita na biografia de Zhang Dai sobre seu tio, *ZDSWJ*, p. 259.
84. **Sanshu:** *ZDSWJ*, p. 262.
85. **Lágrimas de Zhongshu:** Para as datas da viagem do bisavô e a separação das crianças, veja *ZDSWJ*, pp. 249, 259, 262.
85. **Supervisão de Zhang:** *ZDSWJ*, pp. 254-55.
86. **Influência da família de Zhu:** *ZDSWJ*, p. 255.

86. **Coleção de Zhongshu:** *TM* 6/10 ("Zhongsju gudong"); *T-W* número 87, p. 119.
86. **Segundo tio:** *ZDSWJ*, p. 260.
87. **Mesa:** *ZDSWJ*, p. 260; *TM* 6/10; *T-W* número 87, p. 119.
87. **Coleção de arte:** *TM* 6/9; *T-W* número 86, p. 118. Sobre a cena artística do final da dinastia Ming, veja especialmente Craig Clunas, *Superfluous Things*, que também tem várias referências a Zhang Dai; James Cahill, *The Painter's Practice*; e Hongnam Kim, *Life of a Patron*.
87. **Vila do tio:** *ZDSWJ*, p. 260. Os outros quatro colecionadores nomeados por Zhang Dai eram Wang Shouren; o tio materno de Zongshou, Zhu Shimen; Xiang Yuanbian; e Zhou Mingzhong.
87. **Casa Flutuante:** *TM* 5/11; *T-W* número 62, p. 90.
88. **Melhor arte:** *TM* 6/13; *T-W* número 80, p. 111 e 179, nn. 379-83; Xia ed. *TM*, p. 95, nn 1-3, para discussão de Zhang Dai sobre porcelana. Três tesouros: *TM* 6/10; *T-W* número 87, p. 119, sobre as aquisições de Zhongshu.
88. **Bronzes:** *TM* 6/10; *T-W* número 87, p. 119.
88. **Grandes lucros:** *TM* 6/10; *T-W* número 87, p. 119.
89. **Objetos roubados:** *TM* 6/16; *T-W* número 93, p. 124. Os objetos foram roubados da tumba do príncipe Jing, de Qi.
89. **Mãe:** Veja biografias familiares em *ZDSWJ*, p. 296.
90. **Exposição da lanternas familiares:** *TM* 8/1, "Longshan fangdeng"; *T-W* número 111, pp. 143-44. Uma tradução completa está em Kafalas (1995), pp. 151-52; e mais análises em Kafalas (1998), p. 71-74, e (2007), pp. 112-13.
92. **Irmão mais novo de Zhang:** Veja obituário de Zhang Dai para Shanmin em *ZDSWJ*, p. 292. Para os irmãos mais novos de Zhang Dai nascidos da senhora Tao, veja Hu Yimin, *Zhang Dai yanjiu*, p. 170; e She Deyu, *Zhang Dai jiashu*, pp. 68-75.
92. **Habilidades de Shanmin:** *ZDSWJ*, pp. 292-94. Entre seus irmãos mais novos, Zhang Dai lista Jiang Yuegang e Zhao Weihuan (*DMB*, ref. 774). Os poetas no círculo de seu irmão incluem Zeng Hongjiang, Zhao Wofa e Lu Ruzi.
93. **Coleção de arte de Shanmin:** *ZDSWJ*, pp. 293-94.
93. **Engenhosidade da mãe:** *ZDSWJ*, p. 258. Para o menos conhecido Min Ziqian, veja Confúcio, Diálogos, livro 11, caps. 2 e 4. Zengzi era um de seus mais conhecidos discípulos.
94. **Espírito dos sonhos:** *TM* 3/2; *T-W* número 32, pp. 54-55, 170-71, nn. 167-79, sobre as muitas alusões de Zhang. Zhang data sua petição de 1612.
94. **Paralelo com Feng Tang:** Sima Qian, trad. Watson, *Records of the Grand Historian, Han Dinasty*, v. 1, pp. 472-75.

96. **Indulgência do pai**: *ZDSWJ*, pp. 255-56. Para a doença de intestino do pai, veja *ZDSWJ*, pp. 112-14. A data cíclica apresentada lá (*gengchen* ou 1580) é aparentemente um erro de impressão para *gengxu* (1610).
96. **Crédito da mãe**: *ZDSWJ*, pp. 258-59.
96. **Mãe glutona**: *ZDSWJ*, p. 258.
96. **Doença do pai**: *ZDSWJ*, pp. 112-14.
96. **Situação do pai**: *ZDSWJ*, p. 258.
97. **Concubinas do avô**: *ZDSWJ*, p. 253.
97. **Esposa de Zhu**: *TM* 3/10; *T-W* número 40, p. 64-65.
98. **Concubina de Zhongshu**: *ZDSWJ*, p. 261.
98. **Concubina do pai**: *ZDSWJ*, p. 257. Para a história de Bo Pi, veja Nienhauser, *Grand Scribe's Records*, v. 7, pp. 55-59.
99. **Sogra de Zhang**: A elegia mais poderosa de Zhang Dai foi preservada em *ZDSWJ*, pp. 348-51. Zhang Dai escreveu que havia "dezenove anos" entre suas mortes. Na contagem ocidental, equivalem a 18 anos do calendário solar.
101. **Dr. Lu**: A elegia de Zhang Dai ao Dr. Lu Yungu está em *ZDSWJ*, pp. 285-86. O poema de agradecimento de Zhang está em *ZDSWJ*, p. 34. (Agradecimentos especiais a Zhang Taisu.)
101. **Elegia final**: *ZDSWJ*, p. 350.

CAPÍTULO 4: MAIS ALÉM

103. **Pai em Lu**: *ZDSWJ*, pp. 256-58. Para o posto e as responsabilidades, veja *Yanzhou fuzhi* (1596), *juan*, p. 8b, "Changshi si". Galho de pinheiro do príncipe, *TM* 6/7; *T-W* número 89, p. 121.
104. **Glórias de Lu**: "Lu fan yanhuo", *TM* 2/4; *T-W* número 19, pp. 41-42. Traduzido e belamente analisado em Kafalas (1995), pp. 155-56, como um momento que "divide com a memória as ambiguidades do artifício" (ibid., p. 156). Modifiquei levemente sua tradução seguindo Teboul-Wang. Veja também Kafalas (2007), pp. 115-16.
105. **Monte Tai**: O relato de Zhang Dai foi incluído em *ZDSWJ*, pp. 150-59. Seção "Daizhi". Uma boa análise da viagem e várias seções longas de tradução estão em Wu Pei-yi, "Ambivalent Pilgrim", pp. 75-85; para a data da viagem de Zhang, veja ibid., p. 73. O termo *ya-jia* parece mais equivalente a um gerente que a um guia.
106. **Taxas**: Um segundo relato de Zhang Dai está em *TM* 4/15; *T-W* número 61, pp. 87-88. Também traduzido em Wu Pei-yi, "Ambivalent Pilgrim", p. 75; e por Strassberg, *Inscribed Landscapes*, pp. 339-41.

106. **Acomodação e restauração:** *TM* 4/15; *ZDSWJ*, pp. 151-52. Traduções também em Wu Pei-yi, "Ambivalent Pilgrim", pp. 74-75; e Strassberg, *Inscribed Landscapes*, p. 341.
106. **Entretenimento e extras:** *ZDSWJ*, pp. 151-52; Wu Pei-yi, "Ambivalent Pilgrim", p. 77. Sobre Zhang, veja também Dott, *Identity*, pp. 96-99.
107. **Moedas dos Pedintes:** *ZDSWJ*, p. 152. Wu Pei-yi, "Ambivalent Pilgrim", p. 77.
107. **Padrões de clima:** *ZDSWJ*, p. 150.
107. **Palácio Bixia:** *ZDSWJ*, p. 155; e breve história em Wu Pei-yi, "Ambivalent Pilgrim", pp. 79-80, Dott, *Identity*, pp. 265-67.
107. **Oferendas e guardas:** *ZDSWJ*, pp. 155-56; Wu Pei-yi, "Ambivalent Pilgrim", pp. 78-79.
108. **A descida:** *ZDSWJ*, p. 156. (Agradecimento especial a Zhang Taisu.)
108. **A volta:** *ZDSWJ*, pp. 156-57; Wu Pei-yi, "Ambivalent Pilgrim", pp. 81-82.
109. **Avaliação final:** *ZDSWJ*, p. 153; Wu Pei-yi, "Ambivalent Pilgrim", pp. 77-78.
109. **Casa de Confúcio:** *TM* 2/1; *T-W* número 16, pp. 37-38. Traduzido em Strassberg, *Inscribed Landscapes*, pp. 338-39; Kafalas (2007), p. 29.
110. **O monge louco:** *TM* 3/14; *T-W* número 44, pp. 67-68.
111. **Peregrinação a Putuo:** *ZDSWJ*, p. 159-72, seção "Haizhi". A viagem de Zhang Dai é comentada por Timothy Brook em *Praying for Power*, pp. 46-49, e em Wu Pei-yi, "Ambivalent Pilgrim", p. 83. A área de peregrinação é descrita em detalhes por Yü Chün-fang em seu ensaio "P'u-t'o Shan: Pilgrimage and the Creation of the Chinese Potalaka". (A peregrinação de Zhang Dai a Putuo está em Yü, pp. 227-29.) A revisão sobrevivente de Zhang Dai, datada de 1658, não inclui o prefácio de Xiao. Veja também Yü, pp. 202-3, para pano de fundo econômico e um detalhado mapa de Putuo.
111. **Hangzhou:** *TM* 7/1; *T-W* número 94, pp. 125-27. Comentário em Wu Pei-yi, "Ambivalent Pilgrim", pp. 83-84.
111. **Putuo como destino:** *ZDSWJ*, pp. 159-60. Ibid., p. 170, sobre Qin Yisheng. Números de templos e santuários, ibid., p. 169. Avô materno Tao Lanfeng, veja *ZDSWJ*, p. 163.
112. **Barcos de peregrinação:** *ZDSWJ*, p. 169. Também discutido em Wu Pei-yi, "Ambivalent Pilgrim", p. 83, e Yü, "P'u-t'o Shan", p. 241, n. 25. Para "barcos-tigre", veja *ZDSWJ*, pp. 169-70. Superstições dos marinheiros estão em *ZDSWJ*, p. 161.
112. **Zhang no convés:** *ZDSWJ*, p. 161.
112. **Vigília noturna:** *ZDSWJ*, p. 164, e Yü, "P'u-t'o Shan", pp. 227-28.
113. **A praia:** *ZDSWJ*, p. 165. As distantes ilhas estão em *ZDSWJ*, p. 166.
114. **Comida de Dinghai:** *ZDSWJ*, p. 168. Também, Yü, "P'u-t'o Shan", p. 241, n. 25.
114. **Tai e Putuo:** *ZDSWJ*, p. 272. (Agradecimento a Zhang Taisu.)

116. **Barca noturna:** Veja Zhang Dai, *Yehang chuan*, p. 1 (prefácio) e p. 334 sobre países estrangeiros. (A Biblioteca de Shaoxing também tem uma edição anterior completamente anotada, Liu Yaolin, ed., Hangzhou, 1987.) Sobre o papel das barcas noturnas na área rural do delta de Yangzi, veja Xue Yong, "Agrarian Urbanization", especialmente pp. 356, 360-62.
116. **Categorias de barcas:** Veja todo o quadro de conteúdo de *Yehang chuan*, e o prefácio de Zhang, sem data. Parcialmente traduzido em Xue Yong, "Agrarian Urbanization", p. 360. Também Kafalas (2007), pp. 190-91.
116. **Terras estrangeiras listadas:** *Yehang chuan*, seção 15, 2004 ed., pp. 331-37.
116. **Avô e Ricci:** Zhang Rulin, "Xishi chaoyan xiaoyin" (página com número ilegível), em Yang Tingyun, *Juejiao tongwen ji* (1615). O comentário está em *Qiren shipian*, de Ricci, de 1608. Veja também *DMB*, p. 1141; D'Elia, *Fonti Ricciane*, v. 2; pp. 301-6; e Spence, *Memory Palace*. Sobre o editor Yang Tingyun, veja *Eminent Chinese of the Ch'ing Period (1644-1912)* (daqui em diante citado como *ECCP*), p. 894.
117. **Avô no texto:** Zhang Rulin, Xishi chaoyan xiaoyin (páginas sem numeração), primeira página, linhas 5-7.
117. **Legado de Ricci:** Zhang Dai, GS reimpressão, v. 320, pp. 205-7; peregrinação original, *juan* 204, "Fangshu liezhuan" (praticantes de artes pouco comuns), pp. 45b-49. Estrangeiros ou tribos eram chamados *Lu* (viajante em chinês). Para uma análise mais erudita e abrangente das forças jesuítas chinesas no período, veja o trabalho de Hui-hung Chen, "Encounters in Peoples, Religions, and Sciences: Jesuit Visual Culture in Seventeenth Century China", Brown University, tese de PhD, 2003.
117. **Zhang sobre Ricci:** *GS*, v. 320, p. 207 (*juan* 204, p. 49). Para um resumo sobre a vida de Ricci por um contemporâneo e amigo de Zhang, o escritor de Xiaopin, Yuan Zhongdao, veja Ye, *Vignettes*, p. 60.
120. **Templo de Asoka:** "A-yu wang si sheli", *TM* 7/15; *T-W* número 108, pp. 139-40. Também em Victor Mair, *Columbia Anthology*, pp. 594-95 (da tradução de Strassberg, *Inscribed Landscapes*, pp. 350-51), e discutido em Timothy Brook, *Praying for Power*, p. 43. Asoka governou de 268 a 232 a.C. Para amizade de Zhang Dai com Qin Yisheng, veja também *TM* 1/13, *T-W* número 13, p. 33.
121. **A visão:** *TM* 7/15, seguindo a tradução de Strassberg, *Inscribed Landscapes*, p. 351.
121. **Concisão de Zhang:** Veja o comentário de Qi Biaojia em seu prefácio à primeira peça de história escrita por Zhang Dai, discutida em Hu Yimin, *Zhang Dai pingzhuan*, pp. 85-87; os comentários de Qi Biaojia estão citados em Hu Yimin, *Zhang Dai yanjiu*, pp. 102-3.
122. **Destino de Qin:** O comentário final é meu, não de Qi Biaojia.

CAPÍTULO 5   NÍVEIS DE SERVIÇO

123. **Imperador Tianqi e Wei:** *Cambridge History of China*, v. 7, p. 1. *The Ming Dinasty*, capítulo 10; John Dardess, *Blood and History in China*, nos oferece uma análise detalhada das últimas cortes políticas Ming.
125. **Livro dos Perfis:** O *Gujin yilie zhuan*, de Zhang Dai, prefácio, é citado inteiramente em *Zhang Dai pingzhuan*, de Hu Yimin, pp. 85-87, que discute as duas edições: uma de 1628, outra de pouco tempo depois. As duas têm prefácio de Qi Biaojia.
125. **Empolgação de história:** Do prefácio de Zhang, citado em *Zhang Dai pingzhuan*, de Hu Yimin, p. 86.
127. **História e espontaneidade:** Metodologia de Zhang (*fanli*), citado em Hu Yimin, *Zhang Dai yanjiu*, p. 62.
127. **Cavalos e cães:** *Fanli*, de Zhang, como resumido em *Zhang Dai yanjiu*, de Hu Yimin, p. 63. Infelizmente, tais páginas estão muito danificadas, quase ilegíveis, na Biblioteca do Congresso.
128. **Montanha de gelo (*Bingshan*):** Para biografia básica de Wei Zhongxian, veja *ECCP*, pp. 846-47. Para a apresentação de ópera, veja *TM* 7/17; *T-W*, número 110, p. 142.
128. **Yang Lian:** Dardess, *Blood and History*, c. 3, "Political Murders". Para biografia básica, veja *ECCP*, pp. 892-93. Veja outras referências em *DMB*, pp. 237, 707, 1569.
129. **Cidade de Yan:** *TM* 7/17; *T-W*, número 110, p. 142. Sobre batalhas urbanas, veja Spence e Wills, *From Ming to Ch'ing*, pp. 293-95, 316.
129. **Perfomance de Shandong:** *TM* 7/17; *T-W*, número 110, p. 142. A transcrição da peça ainda não foi encontrada: Qi Biaojia a lista entre suas buscas de dramaturgia do final da era Ming, mas não coloca Zhang como autor. Veja *Ming qupin jupin*, de Qi, p. 87.
129. **Mu e Yunnan:** *ZDSWJ*, p. 245; *Mingshi, juan* 283, p. 3194. Para o bisavô de cabelos brancos, veja *ZDSWJ*, p. 248; *SGS, juan* 201, pp. 41b-45, reimpressão pp. 81-83.
129. **Sobre Luo:** Para *zhuang yuan* de 1568, veja *DMB*, p. 739; e *ZDSWJ*, p. 248. Sobre as relações de Zhang Zhuzheng com Wengong, veja *ZDSWJ*, p. 249; essa passagem é quase exata à de *SGS, juan* 201, p. 44, reimpressão, p. 82. Para menção de Wengong por Zhang Dai, veja *SGS, juan* 201, pp. 44b-45a, reimpressão pp. 82-83.
130. **Falta de senso prático do avô:** *ZDSWJ*, p. 251. Para apontamento como magistrado de Mao Shounan de 1587 a 1592, veja *Shaoxing fuzhi*, 27, 28b, e sua biografia em ibid., 43/17. (Agradecimento a Huang Hongyu.)

130. **Rulin como magistrado:** *Qingjian xianzhi* (ed. 1870), *juan* 5, p. 49b, reimpressão, p. 668. Avô serviu de 1598 a 1604. Para as polícias de Mao, ver *Shaoxing fuzhi*, 43/17.
131. **Campanha do pai:** *ZDSWJ*, p. 256. Para disputas nessa região, naquela época, veja Wakeman, *Great Enterprise*, pp. 429- 31.
131. **Pai em Lu:** *ZDSWJ*, p. 257, para o pai na cadeia de Jiaxing; e ibid, pp. 256-57, para Zhao Eryi e as dificuldades financeiras da família.
132. **Tio-avô Rufang:** *ZDSWJ*, p. 268, usando seu nome de Rufang, em vez de Ruiyang ou outros nomes alternativos.
133. **Viagem de barco de Rufang:** Veja *ZDSWJ*, p. 268.
133. **Gazeta da Capital:** O jornal circulou amplamente no final da era Ming, bem como no início da era Qing — Zhang Dai o lia regularmente, também. Veja Spence, *Treason by the Book* [*Manual da Traição*, São Paulo: Companhia das Letras, 2002], em diversos trechos, para a *Gazeta* no início do século XVIII. Barbara Mittler, *A Newspaper for China*, pp. 173-207, oferece um bom resumo da história da *Gazeta*.
134. **Contratos Ming:** Veja *Tian Collection, Contracts* (3 volumes, Beijing 2001), especialmente o volume 3, itens 587-809 (cobrindo os anos de 1585-1681), com resumos e fac-símiles.
134. **Políticas de Chu:** Veja *DMB*, pp. 768-70 (sobre Kuo Cheng-yu); *Mingshi, juan* 116, reimpressão p. 1499; Rufang em Beijing: *ZDSWJ*, p. 269.
135. **Caso de Chu:** Para a história principal sobre Hua Kui, veja *Mingshi, juan* 116, reimpressão, pp. 1498-99; e *Ming shilu* (reino de Wanli), *juan* 383, 385, 387. Os ministros-chave envolvidos aqui foram Guo Zhengyu e Shen Yiguan — veja outras biografias em *DMB*, pp. 768-70, 1179-82.
136. **Esquema de Rufang:** Sua biografia contendo os detalhes está em *ZDSWJ*, pp. 268-70.
137. **Retorno de Rufang:** *ZDSWJ*, p. 270.
137. **Nobres sem título:** Sima Qian, trad. Watson, *Shiji*, Han, v. 2, p. 437; *ZDSWJ*, p. 270, para o comentário de Zhang Dai.
137. **Êxito de Rufang:** *ZDSWJ*, p. 270. Veja Sima Qian, trad. Watson, *Shiji*, Han, v 2, p. 433. Taogong é o outro nome de Fan Li. Zhang Dai também cita outros famosos por pobreza ou atitude autodestrutiva.
138. **Balada de Qian:** Poema traduzido em Hightower. *T'ao Ch'ien*, pp. 268-69; original em *Tao Yuanming Ji* (T'ao Ch'ien e Tao Yuanming Ji são outros nomes de Tao Qian), Taipei, 2002, pp. 328-37.
138. **Balada de Tao:** De acordo com Hightower, tradução p 269, com mudanças menores.

139. **Terceiro tio:** *ZDSWJ*, p. 262, que também traz referências a He Shiyi e Xu Fanggu, que foram prefeitos de Shaoxing em 1626-27.
139. **Caráter do terceiro tio:** *ZDSWJ*, p. 264.
141. **O caso Xu:** *ZDSWJ*, p. 263.
143. **Queda de Sanshu:** Mais detalhes em *ZDSWJ*, pp. 263-64, e em *Mingshi, juan* 253, reimpressão p. 2869, biografia de Xue Guoguan, discutindo o destino de Shi Fan (Zhang é identificado equivocadamente como "Liu" na passagem). O nono tio tem uma breve biografia em Mingshi, *juan* 291, reimpressão p. 3272; e em *Shaoxing fuzhi*, 31/53, reimpressão p. 732.
143. **Terceiro tio como Cai Ze:** *ZDSWJ*, p. 264. Para Cai Ze, veja Sima Qian, trad. Watson, *Shiji, juan* 79, no volume Qin, p. 157, no final da biografia de Fan Ju e Cai Ze.
144. **Os fora da lei do pântano:** Veja os poemas de Zhang em *ZDSWJ*, pp. 333-45 (Wu Song, p. 333); e elogio de Zhang sobre Cheng Hongshou em *TM* 6/7; *T-W*, número 84, pp. 116-17. Para a série de quarenta ilustrações de Chen, veja Weng Wan-go, *Chen Hongshou*, vol. 3, pp. 62-71. Para a tradução completa do romance, veja Shi Nai'an, tradução Sidney Shapiro, *Outlaws of the Marsh*. Discutido em Kafalas (2007), pp. 66-68, 207-12.
145. **Imagens de Wu Daozi:** *TM* 6/7; *T-W*, número 84, pp. 116-17.
145. **Seca de 1632:** *TM* 7/4; *T-W*, número, 97, pp. 130-31. Sobre marés e mar, *Shaoxing fuzhi*, 80/27b, reimpressão p. 964. Sobre a seca de 1598-99 e fome, veja *Shaoxing fuzhi*, 80/26, reimpressão, p. 963.
145. **Gente parecida:** *TM* 7/4; *T-W*, número 97, pp. 130-31M ed. Xia. *TM*, p. 113. Também traduzido em Kafalas (1995), pp. 121-22.
146. **Lemas:** *TM* 7/4; *T-W*, número, 97, p. 131.
146. **Análises de Zhang:** *TM* 7/4; nota explicativa em Xia ed. *TM*, p. 113, nn. 11-12. Mais seca (em 1625), inundações (em 1629 e 1630) e terremotos (em 1635 e 1636) aparecem em *Shaoxing fuzhi*, reimpressão pp. 963-65.

## CAPÍTULO 6: NO LIMITE

147. **Zhang sobre suas falhas:** Do "obituário" escrito por ele mesmo. *ZDSWJ*, pp. 295-96, também traduzido em Kafalas, "Weighty Matters", p. 65.
147. **Paradoxos:** *ZDSWJ*, p. 295; Kafalas, "Weighty Matters", p. 64.
148. **Lacunas históricas:** O prefácio de Zhang Dai ao seu *Shique*, também em *ZDSWJ*, pp. 103-4. Zhang retorna à metáfora do eclipse da lua em suas biografias familiares.

149. **Portão Xuanwu:** Zhang, *Shique*, prefácio, em *ZDSWJ*, p. 103. Uma introdução concisa ao famoso caso Tang está presente em Hansen, *Open Empire*, pp. 196-97.
150. **Quatro palavras simples:** Zhang Dai, *Shique*, pp. 88-89.
150. **Paixões e defeitos:** *TM* 4/4; *T-W*, número 60, p. 86, Eu traduzi *pi* como "desejos" ou "obsessões", e *ci* como "flaws" [erros]. Para o estudo de Zhang sobre os Diálogos de Confúcio, veja seu *Sishu yu* [Os quatro livros].
150. **Manchas:** *ZDSWJ*, p. 259, introdução a biografias suplementares. Em Xie Jin, ver DMB, pp. 554-58, conforme Hsieh Chin.
151. **Paixões:** Introdução à seção das cinco biografias: *ZDSWJ*, p. 268.
151. **Medida:** *ZDSWJ*, p. 259.
153. **Sétimo tio Jishu:** (Nascido 1585?, morto 1615). Todas as datas de *ZDSWJ*, p. 264-67.
153. **Sétimo tio:** *TM* 6/2; *T-W*, número 79, pp. 110-11. (Agradecimentos especiais a Shiyee Liu.)
154. **Biografia de Yanke:** *ZDSWJ*, pp. 277-80. Yanke morreu em 1646. Outros relatos em *ZDSWJ*, p. 261, e uma recapitulação da história do jardim em *TM* 8/12 e *T-W*, número 122, pp. 155-57. Para Yanke e jogos de cartas, veja *TM* 8/11. Fixei seu nome como "Yanke". Existem muitas outras referências a Yanke no *Kuaiyuan daogu*, de Zhang Dai.
156. **Senhora Shang:** O texto original coloca a "senhora Wang" como esposa de Yanke. Isso foi provavelmente um deslize por "senhora Shang", pois Shang Dengxian era sogro de Yanke.
157. **Jardineiro Jin:** Sobre Jin e os nomes de insetos e flores, veja *TM* 1/4; *T-W*, número 4, pp. 23-24. Kafalas (2007), pp. 76-77. Uma tradução da passagem, ligeiramente modificada aqui.
158. **Loucas mudanças no terreno:** Veja a biografia em *ZDSWJ*, pp. 277-80; e na sua variante em *TM* 8/12 e *T-W* número 122, p. 156.
158. **Árvores de Yanke:** Citação de *TM* 8/12; *T-W* número 122, p. 156.
159. **Peixe dourado:** Esse e o exemplo seguinte são de *ZDSWJ*, pp. 277-80.
159. **Nome dado pelo próprio Yanke:** Veja *TM* 8/12; *T-W*, número 122, p. 157, e notas em Xia ed., *TM* 8/12.
160. **Perda de Yanke:** Para Yuhong, veja *ZDSWJ*, p. 279; *TM* 8/12; *T-W* número 122, p. 157, Xia ed. *TM*, p. 138, n. 9. "O imperador que perdeu tudo" é literalmente "um arruinado Qin Shihuang" no original, em referência ao imperador fundador da dinastia Qin.
161. **Poema para Qi:** *ZDSWJ*, pp. 46-47, referindo-se à generosidade de Qi em 1636 como sendo "último ano".

162. **Vítimas da fome:** Visto por Zhang em Hangzhou, *TM* 7/1; *T-W* número 94, página 126. Kafalas (2007), p. 55.
162. **Tumbas violadas:** *TM* 1/1; *T-W* número 1, pp. 19-21. Veja cuidadosas anotações em Xia ed. *TM*, p. 6. Também traduzido em Kafalas (1995), pp. 96-97, e (2007), pp. 23-26.

CAPÍTULO 7: CORTE EM FUGA

163. **Piratas e pescadores:** *ZDSWJ*, pp. 167-68. Zhang Dai estava em Fanshan e notou a estranheza da experiência.
163. **Ópera *Mulian*:** *TM* 6/2; *T-W* número 79, pp. 110-11. Evidência interna sugere que a data tenha sido tanto 1613 como 1614.
164. **Sétimo tio e prefeito:** O prefeito era Xiong Mingqi, que serviu de 1613 a 1622. Veja Xia ed., *TM*, p. 95, n. 4, e *Shaoxing fuzhi*, reimpresso p. 596 (*juan* 26, p. 22). Sétimo tio morreu em 1615.
164. **Barcos-dragão:** *TM* 5/13; *T-W* número 74, pp. 102-3.
165. **Manobras Dinghai:** *TM* 7/14; *T-W* número 107, p. 139; Xia ed. *TM*, p. 1212, n. 1. Traduzido em Kafalas (1995), p. 149, e (2007), pp. 107-8.
165. **Lanternas:** *TM* 7/14; *T-W* número 102, p. 139.
165. **Exposição do príncipe de Lu:** *TM* 4/4; *T-W* número 49, p. 73.
165. **Os acrobatas:** *TM* 4/3; *T-W* número 49, p. 73-74; Kafalas (2007), pp. 108-9.
166. **Bandidos:** Veja Des Forges, *Cultural Centrality*, pp. 182-84.
166. **Falhas do governo:** Listado em Zhang Dai, *Shigui shu houji* (daqui em diante citado como *SGSHJ*), p. 493.
167. **Habilidades do segundo tio:** *ZDSWJ*, p. 261. Para fontes locais que corroboram, veja *Mengjin xianzhi*, reimpresso pp. 183, 291-93 (*juan* 5, p. 32), *juan* 11, pp. 12b-15, para conto sobre Wang Duo. Veja também *DMB*, pp. 1432-34. Para a região de Henan na época, veja a admirável análise de Roger Des Forges, em *Cultural Centrality*, pp. 182-85.
167. **As terras de Lu:** Tabelas dos incumbidos das terras de Lu e suas mortes por suicídio ou na guerra estão em *Qingshi*, p. 1133, e comentários (sobre o ano de 1639) em ibid., p. 1500. Em *ZDSWJ*, p. 256, Zhang usa um caractere alternativo ao nome "Xian" do príncipe. Sobre o príncipe e os pinheirais, veja *TM* 6/12; *T-W* número 89, p. 121.
168. **A morte do segundo tio:** *ZDSWJ*, p. 261. "Roving bandits" são *liuzei*, On Shi Kefa (Shi Daolin), veja *ECCP*, pp. 651-52. Sobre detalhes das campanhas Henan,

veja Des Forges, *Cultural Centrality*, capítulo 5. Eu usei coordenador militar para *Su-ma*. Para outras opções, veja Hucker, *Dictionary*, número 5713.

168. **Fúria de Sanshu:** *ZDSWJ*, p. 264.
168. **Fantasma de Sanshu:** *ZDSWJ*, p. 264. No original, o "nono mês "aparece equivocadamente como "oitavo".
169. **Sétimo e segundo tios:** *ZDSWJ*, p. 266.
170. **Décimo tio Shishu:** biografia em *ZDSWJ*, pp. 272-76.
171. **A morte do décimo tio:** *ZDSWJ*, pp. 275-76.
171. **Queda dos Ming:** Para a principal narrativa da queda, veja especialmente Frederic Wakeman, *The Great Enterprise*; Roger Des Forges, *Cultural Centrality and Political Change*; *Cambridge History of China*, v. 7, *The Ming Dinasty*; Lynn Struve, *The Southern Ming*.
172. **Fugas de Shanmin:** *ZDSWJ*, p. 293, no obituário de Zhang Dai. Zhang usa "Shi Daolin" para designar Shi Kefa.
173. **Qi Biaojia:** *ECCP*, p. 126, em Ch'i Shih-p'ei; Wakeman, *Great Enterprise*, p. 320, n. 4, Struve, *Southern Ming*, p. 208, n. 71; Smith, "Gardens", em diversos trechos; e Qi Biaojia "Yuezhong Yuanting ji".
173. **Testas raspadas:** Struve em *Cambridge History of China*, vol. 7, parte I, p. 662.
174. **Zhang sobre a morte de Qi:** *SGSHJ*, pp. 307-11, citação ibid., pp. 310-11. Em seu diário, Qi dá mostras de seus sentimentos quase até o dia de sua morte. Para a versão completa dos poemas, veja também o próprio *Collected Writings*, de Qi, pp. 221-22, e *ZDSWJ*, p. 392.
175. **Sobre Ma Shiying:** Zha Jizuo, *Lu Chunqiu*, p. 14 (sétimo mês de 1645); *SGSHJ*, pp. 389-91; *Mingshi, juan* 308, *liezhuan, juan* 196. Uma biografia de Ma está em Qian Haiyue, *Nanming shi*, pp. 5388-94.
175. **Carta ao príncipe de Lu:** Texto completo em *SGSHJ*, pp. 391-94. De acordo com Mencius, Shun na verdade exilou três homens e executou um. Qian Haiyue, *Nanming shi*, p. 288, oferece uma breve referência à carta de Zhang.
177. **Frustração de Zhang:** veja *SGSHJ*, pp. 398-400, biografia de Fang Guo'an.
177. **Príncipe para Shaoxing:** Zha, *Lu Chunqiu*, p. 15, é óbvio que foi no oitavo mês lunar (i.e., após 20 de setembro de 1645).
177. **Visita do príncipe de Lu:** *TM*, suplemento número 1, "Lu Wang". Existem quatro suplementos encontrados na edição de 1775 do *TM*, e esse é o primeiro. Teboul-Wang não inclui os suplementos na sua tradução, ainda que estejam presentes nas mais recentes edições chinesas do *TM*.

178. *O Vendedor de Óleo*: Lenda largamente conhecida no final do período Ming. Veja Lévy, *Inventaire*, pp. 580-86. Uma tradução de uma versão da narrativa (*O Vendedor de Óleo*) está em Geremie Barmé, ed., *Lazy Dragon: Chinese Stories from the Ming Dinasty*, pp. 69-116. (Isso não inclui o episódio do príncipe Kang.) Uma detalhada e evocativa história da sobrevivência do príncipe Kang após a invasão Jin e seu subsequente papel sobre os Song do sul está em F. W. Mote, *Imperial China*, pp. 289-99.

179. **Bebida do príncipe:** *TM*, suplemento número 1, os criados do príncipe estão em *Shutang guan*. Sobre o "estúdio único", veja *Qi Biaojia ji, juan* 8, p. 189, e Smith, "Gardens", p. 68.

180. **Posto de Zhang:** Hu Yimin, *Zhang Dai pingzhuan*, p. 357. O título exato está em *Fangbu Zhushi*. Veja também Hucker, *Dictionary*, número 1420. Sobre o entusiasmo inicial em Shaoxing, veja Struve no *Cambridge History of China*, v. 7, pt. I, p. 666. A posição de Chen Hongshou está em *Hanlin taichao*, Hucker, *Dictionary*, número 2150. Hu Yimin, ibid., p. 357.

180. **Serviço de Yanke:** *ZDSWJ*, p. 279. Yanke seguiu com o papel de *Zongrong*. Hucker, *Dictionary*, número 7107, sugere que existe uma "referência não oficial ao comando regional".

181. **Pei e Yanke:** *ZDSWJ*, pp. 281-82. "Olhos (...) inutilizados": Zhang Dai escreveu literalmente "teve seus olhos arrancados", numa referência específica à história de Sima Qian de Jing Ke e do menestrel.

181. **Fugas de Zhang:** *TM*, suplemento número 4, Foi o nono mês lunar — que em 1645 foi de 19 de outubro a 17 de novembro. Chen Hongshou e seu primo Zhang Youyu estão em Hu Yimin, *Zhang Dai pingzhuan*, p. 357. Detalhes sobre a decisão budista de Chen estão em Liu Shi-yee, "An Actor", pp. 22-27.

182. **General Fang:** *SGSHJ*, pp. 398-400; *TM* 1/10; *T-W* número 10, pp. 29-30; *ECCP*, p. 181; Qian Haiyue, *Nanming shi*, pp. 5510-15, oferece uma biografia de Fang.

183. **Sonhos de Zhang sobre Qi:** *TM*, suplemento número 4. (A passagem não incluída em Teboul-Wang.) Vinte e seis de fevereiro foi o décimo primeiro dia do primeiro mês lunar de 1646. Para simplicidade, consultei "Qi Shipei" como "Qi Biaojia".

184. **Perda da biblioteca:** *TM* 2/15; *T-W* número 40, pp. 51-52. Sobre sequestros, resgates e morte no noroeste de Zhejian naquela época, veja Liu Shi-yee, "An Actor", pp. 193-99.

184. **Morte de Yanke:** *ZDSWJ*, p. 279. A descrição de Zhang Dai da morte de Yanke é uma complexa rede de analogias e jogos de palavras do *Shiji*, de Sima Qian, *juan* 129 (v. 10, p. 3257), sobre Fan Li, Wu Zixu e a guerra entre os estados de

Wu e Yue. Após a guerra, Fan Li ganhou o nome de "Pele de Vinho Velho". Para traduções ao inglês, veja Nienhauser, *Grand Scribe*, v. 7, pp. 58-60, sobre Wu Zixu, citando *Shiji, juan* 66; e Sima Qian, tr. Watson, *Records of the Grand Historian*, Han Dynasty, v. 2, pp. 437-38. Sobre envolver os mortos de valor em guerras ao lombo do cavalo, veja *SGSHJ*, p. 438.

## CAPÍTULO 8: VIVENCIANDO A QUEDA

185. **Templo:** Hu Yimin, *Zhang Dai pingzhuan*, pp. 357-58. Os poemas citados como evidências por Hu podem ser encontrados em *ZDSWJ*, pp. 36, 357, 393. Para uma análise dos muitos outros fugitivos Ming ao campo, veja Wang Fansen, *Wanming qingchu*, pp. 217-30 e 243-47.
186. **Fome:** Do prefácio de *TM*, *ZDSWJ*, p. 110. Zhang admite que não sabe nem preparar para comer: *TM* 7/2; *T-W* número 95, p. 127.
186. **Aparência selvagem:** Veja tradução em Owen, *Remembrances*, p. 134.
186. **As *Lembranças de sonhos*:** Esse célebre prefácio de Zhang ao seu *Taoan Mengyi* (*TM*) foi publicado em separado do livro em si, no *ZDSWJ*, pp. 110-11. Para traduções completas, veja Owen, *Remembrances*, pp. 134-35, e o ensaio de Owen que o acompanha; e Kafalas (1995), pp. 71-72, e (2007), pp. 10-14, 46, uma tradução quase completa, com comentário. (Existem pequenas variantes em diferentes versões chinesas.) Veja também Martin Huang, *Literati*, pp. 106-7 e 157, n. 17. Teboul-Wang em sua introdução (*T-W*, p. 10) apresenta diferentes hipóteses de que esse trabalho só tenha aparecido após 1657, e que foi coletado de algum dos vários cadernos de Zhang. As próprias palavras de Zhang parecem sugerir a data mais antiga e a composição informal. O estudos de Kafalas (1995 e 2007) dão a mais detalhada análise que já vi desse trabalho.
187. **Retribuição:** Baseio-me em duas traduções anteriores: *Remembrances*, de Owen, p. 134; e Kafalas (2007), II (ainda que tenha tentado de alguma forma conciliar as duas versões diferentes).
187. **Joia de vida:** Veja a tradução de Owen, *Remembrances*, p. 135. Owen define *śarī* como "a joia (...) encontrada nas cinzas de Buda".
187. **Tao Qian:** A análise e tradução de Tao Qian (Tao Yuan-ming) citadas aqui são de James Hightower, *The Poetry of T'ao Ch'ien*. Para sua tradução de "Inspired by Events", veja seu poema 46, pp. 165-66. O poema similar de Zhang Dai está em *ZDSWJ*, pp. 24-25. Para "Em Honra do Cavalheiro Empobrecido", veja Hightower, poema 50, pp. 203-15. Os poemas similares de Zhang Dai estão em *ZDSWJ*, pp.

21-23. Para as sequências de pinturas de Chen Hongshou sobre Tao Qian, veja Liu Shi-yee, "An Actor", em diversos trechos, especialmente capítulo 3. Também Weng Wan-go, *Chen Hongshou*, v. 2, pp. 222-30.

188. **Comentários sobre Tao:** Hightower, *T'ao Ch'ien*, p. 204, comentários sobre o poema 50:1. *ZDSWJ*, p. 21, colofão, oferece a localização da família de Zhang. Na terceira linha de seu poema, Zhang se refere à "destruição" dos Ming e, na nona linha, à "força tempestuosa" dos Qing.

188. **Poema completo de Tao:** Tradução em Hightower, *T'ao Ch'ien*, pp. 203-4.

190. **Poema similar de Zhang:** *ZDSWJ*, p. 21. (Agradeço a Zhang Taisu.)

190. **Possessões destruídas:** *ZDSWJ*, pp. 294-95.

190. **Jardim da Felicidade:** Sobre voltar ao jardim de Kuaiyuan, veja *ZDSWJ*, p. 1, colofão data nono mês lunar de 1649. Naquele ano, o nono mês lunar era equivalente a outubro. Hu Yimin, *Zhang Dai pingzhuan*, p. 359, nota que, no poema número 8, a referência ao "coração da história" (*xinshi*) refere-se à história do *Caixão de pedra*. Sobre os lucros que poderiam ser retirados de tal jardim, veja Craig Clunas, *Fruitful Sites*. Para outros detalhes e as visitas anteriores de Zhang com seu avô, veja *ZDSWJ*, pp. 181-83. Sua brincadeira sobre o povo miserável no Jardim da Felicidade é contada ao senhor Lu, *ZDSWJ*, pp. 182-83.

192. **Composição familiar:** *ZDSWJ*, pp. 31-32, datado de 1654.

192. **Naufrágio do barco da família:** *ZDSWJ*, p. 33, poema para o seu segundo filho. Para outros detalhes da família, veja She Deyu, *Zhang Dai jiashi*; ibid., pp. 76-77, evidencia quão pouco sabemos sobre a infância de Zhang Dai.

192. **Senhora Chen:** Os parabéns por seu aniversário de 50 anos dados por Zhang, com colofão, estão em *ZDSWJ*, p. 52.

193. **Qi Zhixiang:** O poema de aniversário de 18 anos de Zhang para o irmão mais velho de Qi Biaojia está em *ZDSWJ*, p. 59. Para sua identidade, veja Xia ed. *TM*, p. 73; nn. 1-2. Para a descrição de Zhang dele como um homem espiritual, veja *TM* 4/14; *T-W* número 60, p. 86.

193. **As conversas:** Zhang Dai, *Kuaiyuan daogu* (Shaoxing ms, segundo prefácio). Uma versão diferente do prefácio é oferecida por She Deyu, *Zhang Dai jiashi*, p. 125.

193. **Seis satisfações:** Zhang Dai, *Kuaiyuan daogu, juan* 13, p. 39. (Agradecimento a Dong Xin.)

194. **Biografias familiares:** Reunidas em *ZDSWJ*, pp. 243-82.

195. **Biografias organizadas:** *ZDSWJ*, p. 259, explicando sua "inserção" na linhagem paterna. Sobre Xie Jin, editor do *Yongle dadian*, veja *DMB*, pp. 554-57, "Hsieh Chin". Veja também Kafalas (2007), p. 52.

195. **Sobre obsessões:** *ZDSWJ*, p. 267. Zhang usou a mesma sentença antes, em suas reminiscências de Qi Zhixiang. Veja *TM* 4/14; *T-W* número 60, p. 86.
195. **Linhagem paterna:** *ZDSWJ*, p. 243. Veja Nienhauser, *Companion*, p. 543-45, e *DMB*, pp. 841-45, sobre Li Meng-yang († 1529); e Nienhauser, ibid., pp. 369-70, e *DMB*, pp. 408-9, sobre Chung Hsing († 1624). Nenhuma das fontes menciona os dois trabalhos destacados por Zhang Dai.
195. **Procedimentos biográficos:** *ZDSWJ*, p. 244. Em alguns casos, claro, estavam tão firmemente entrelaçados no tempo os projetos do *Cofre de pedra* e as biografias familiares que Zhang Dai era capaz de transportar material de um para o outro, deixando os leitores incertos sobre qual era o suplemento do outro.
196. **Zhang e a mulher leprosa:** *ZDSWJ*, pp. 243-44. A passagem originalmente estava nos trabalhos de Zhuangzi. Veja Chuang-tzu, *Complete Works*, cap. 12, trad. Burton Watson, p. 140.
197. **Tao Qian e a mulher leprosa:** Hightower, *T'ao Ch'ien*, p. 35, poema número 9. "Nomeando meu filho". Ao contrário de Watson, Hightower fala sobre o pai como sendo leproso. Quando Honglong em seu *Tao Yuanming ji*, pp. 33, 37-38, nos oferece uma paráfrase sem gênero.
197. **Mensagem aos seus filhos:** *ZDSWJ*, p. 267. Eu usei "natureza fundamental" para a frase chinesa *hunpo* ou "bloco descoberto". Zhang usou a designação "Hanyang" para referir-se a Zhang Tianqu.
198. **Carregadores de caixão:** Os poemas de Tao Qian podem ser encontrados em Hightower, pp. 248-54 (sob o título "Canções de carregadores").
198. **Cofre de pedra:** O termo é analisado em Brook, *Praying for Power*, p. 41.
198. **História do *Cofre de pedra*:** *ZDSWJ*, pp. 99-100. Como no prefácio a *Dream Recollections*, esse prefácio também foi publicado em separado. (Agradecimento a Zhang Taisu.)
198. **Escritores de história:** Do prefácio de Zhang Dai ao *Shigui shu*, *ZDSWJ*, p. 99. A passagem é traduzida em Kafalas, "Weighty Matters", pp. 59-60, e Kafalas (2007), p. 187. Para uma análise de Wang Shizhen (1526-90), veja Hammond, "Chalice". Entre os que tentaram pressionar Su, de acordo com Zhang, estavam Ouyang Xiu e Wang Anshi.
198. **Sima Qian:** Uma boa introdução ao trabalho de Sima é oferecida por Burton Watson em *Ssu-ma Ch'ien: Grand Historian of China*.
201. **Campos de batalha de Jiangxi:** Incluído por Zhang Dai em seu "comentário" sobre os mártires de Jiangxi em *SGSHJ*, p. 379 (*juan* 46). Em 1653, o oitavo mês lunar foi de 22 de setembro a 20 de outubro. Para a identificação de seu primo

Dengzi, veja Hu Yimin, *Zhang Dai pingzhuan*, p. 360. Sobre a visita a Jiangxi, veja também Brook, *Praying for Power*, p. 50.
202. **Sobre Wanli:** *SGS*, v. 318, p. 192. Um quadro evocativo do caráter e letargia de Wanli é oferecido por Ray Huang em *1587, A Year of No Significance*, cap. 1.
202. **Lesão Ming:** Zhang Dai, *SGS* (reimpressão v. 318), p. 208, comentário sobre o reinado de Xizong (imperador Tianqi, 1621-27). Essa passagem também faz referências aos reinados Zhengtong (1438-65) e Zhengde (1506-22). "Lesão cancerígena" é *yong*. "Rins" são *mingmen*. (Agradecimentos especiais a Huang Hongyu.) Os maiores doutores: Zhang Dai, *SGS* (reimpressão v. 318), p. 208. A frase de Zhang Dai é "mesmo tendo Liezong (i.e., Chongzhen) sido Bian Que" em referência ao grande médico do passado.
203. **Perdendo o país:** *SGSHJ*, p. 58.
203. **Política sem sentido:** *SGSHJ*, p. 58.
204. **Problemas de Chongzhen:** A longa análise de Zhang está em *SGSHJ*, p. 59. Complementado por ibid., p. 71, julgamento incluído na crônica do príncipe de Fu. (Agradecimento a Huang Hongyu.)
204. **Legado de corrupção:** Veja a introdução de Zhang a "biografias de bandidos", *SGSHJ*, p. 493.

CAPÍTULO 9: REFORMANDO O PASSADO

205. **Os filhos de Zhang:** *ZDSWJ*, p. 32, referindo-se ao "Jiawu" ano de 1654. Esta passagem foi extraída de um poema longo. (Agradeço a Zhang Taisu.)
206. **Os filhos de Tao:** Hightower, *T'ao Ch'ien*, pp. 163-64, poema 45, "Encontrando falhas em meus filhos".
206. **Lago Oeste devastado:** Prefácio ao *Xihu Mangxun*, de Zhang, em *ZDSWJ*, pp. 144-45. Traduzido por completo por Owen, *Anthology*, pp. 819-20; e em Ye, *Vignettes*, pp. 102-3. Essa é outra entre as mais célebres passagens de Zhang Dai. (Diferentes textos chineses contêm tempos e datas ligeiramente distintos.)
207. **O viajante do oceano:** Owen, *Anthology*, p. 820; *ZDSWJ*, p. 145. Zhang usou a mesma metáfora, com uma pequena diferença, como forma de definir as legendas das trupes de ópera chinesas. Veja *TM* 4/12; *T-W* número 58, p. 84.
208. **Escritório de história de Gu:** Hu Yimin, *Zhang Dai pingzhuan*, pp. 361-62; *ECCP*, p. 426, sobre "Ku Ying-t'ai"; O livro de Gu era o *Mingshi jishi benmo*. As tabelas do Qing *jinshi* mostram como Gu recebeu seu grau em Shunzhi, no quarto ano (1647), como décimo quinto na segunda turma. Sobre Rufang (Ruiyang) e a

*Gazeta*, veja *ZDSWJ*, pp. 268-70. Para a discussão de Zhang sobre a *Gazeta* como fonte, veja *SGSHJ*, p. 121, biografia de Mao Wenlong. Shi-yee Liu (2003), pp. 220-21, discute a leitura de Chen Hongshou sobre a *Gazeta*. As extensas influências de Gu no trabalho de Zhang Dai são discutidas em Hu Yimin, *Zhang Dai pingzhuan*, p. 91. Para uma análise detalhada imediata comparando passagens de Zhang com outras histórias Ming, veja Ming, "A Study of Zhang Dai's *Shigui shu*", v. 2.

209. **Usurpação de Yongle**: *SGS*, v. 318, p. 53. Zhang escreve um "comentário" após cada análise de imperador. Para Jianwen, que perdeu seu trono, veja ibid., p. 30.

209. **Três tipos de história**: Prefácio ao *SGS*, em *ZDSWJ*, pp. 99-100. Traduzi *Guoshi* como "história política"; "história familiar" é *jiashi*; "sem tema" é *yeshi*. Veja também Kafalas (2007), p. 187.

210. **Biografia de Wengong**: *SGS*, v. 320, pp. 81-83 (original *juan* 201, pp. 41b-45).

211. **Avô e Deng Yizan**: *SGS*, v. 320, pp. 84-85 (original *juan* 201, pp. 46b-49b). Muito do material está também em *ZDSWJ* (biografia do avô).

212. **Segundo tio e Chen Hongshou**: *SGS*, v. 318, p. 725. (O *juan* original foi alterado e está provavelmente na 56, pp. 1-2.) Esse pequeno suplemento, com apenas cinco pintores, está separado da entrada principal sobre pintores, que vem em *SGS*, v. 320, pp. 175-83. É claramente algo posterior, e pode ter sido transferido do *SGS* para o *SGSHJ*, onde os mesmos pintores aparecem nas pp. 485-86.

212. **Biografia de Chen**: *SGS*, v. 318, p. 725. Sobre a energia de Chen expressa na pintura de Zhou Lianggong, veja a vívida descrição de Liu Shi-yee, "An Actor", pp. 188-90. Também discutida em Kim, *Life of a Patron*, pp. 75-79.

213. **Sobre Ricci e ciência**: *SGS*, v. 318, p. 589.

213. **Volumes e quantidades**: Com base em minha contagem dos números de caracteres por página multiplicado pelo número de páginas. Hu Yimin calcula *Shigui shu* com 3 milhões de caracteres, provavelmente incluindo a *Sequência* no total. Veja seu *Zhang Dai pingzhuan*, p. 62.

214. **O desapego de Zhang**: Carta de Zhang para Li Yanweng, *ZDSWJ*, pp. 232-34 (p. 232). (Agradecimento especial a Huang Hongyu.) Zhang contou a Li que estava "escrevendo *Shigui shu*... por mais de quarenta anos", provavelmente incluindo a *Sequência*.

214. **Príncipe de Fu**: *SGSHJ*, pp. 67-68. (Entre os ministros, Zhang enfatiza Ruan Dacheng e Ma Shiying.) A metáfora dos tigres de veneno está no preâmbulo dos martírios de "Yiyou", ibid., p. 263.

215. **Príncipe de Lu:** *SGSHJ*, p. 85, sobre "a hereditariedade do príncipe de Lu". O comentário de Qin está em ibid., p. 67, preâmbulo dos cinco príncipes hereditários.
215. **General Fang Guo'an:** *SGSHJ*, pp. 398, 400, biografia de Fang Guo'an. (Agradecimento a Liu Shi-yee.)
216. **Biografias de artistas:** *SGSHJ*, *juan* 60, pp. 485-86, para Zhang Ribao (i.e., Zhongshu) e Chen Hongshou. À parte um personagem acidentalmente esquecido, são cópias exatas das duas biografias em *SGS*, v. 318, p. 725. Essa seção *miaoyi* é discutida em Liu Shi-yee (2003), pp. 68-69.
216. **História do próprio Zhang:** Carta ao príncipe de Lu, *SGSHJ*, *juan* 48, pp. 391-94. Reviravolta na guerra, Jiangxi, ibid., *juan* 46, p. 379, segundo comentário. Biografia de Qi Biaojia, ibid., *juan* 36, pp. 307-11, com extensos comentários de Zhang na p. 11. O "mundo das cartas", ibid., *juan* 58, pp. 473-74. Zhang apontou que nem Li Bo nem Du Fu tinham os mais altos níveis, e claro que a literatura Tang não seria a literatura Tang sem eles!
217. **Significado da morte:** *SGSHJ*, *juan* 20, p. 183, comentários iniciais.
218. **Marido alcoólatra:** *SGSHJ*, *juan* 32, p. 264, últimas linhas do preâmbulo.
218. **Qi escolhe o suicídio:** *Qi Biaojia ji*, pp. 221-22.
219. **Evidência de Zhang:** *ZDSWJ*, p. 392
219. **Decisão de Qi:** *SGSHJ*, *juan* 36, p. 311, biografias de "mártires *yiyou*". Eu traduzo *min* como "shrewd" [perspicaz]. (Agradecimento a Zhang Taisu e Huang Hongyu.)
220. **Morte de Pei:** *ZDSWJ*, p. 282, oferece a data da morte, mas não a causa. Pei nasceu em 1607. A data de 1663 é muito posterior a qualquer outro evento nas biografias dos "Cinco homens obsessivos", e esse item pode ter sido adicionado depois. Outros poemas para Pei estão em ibid., pp. 356-57.
220. **Historiadores buscam Zhang:** Entre os historiadores estavam Zha Jizuo († 1676), Tan Qian e Mao Qiling. (Veja *ECCP* para Zha e Mao.) Para fontes sobre o período, veja Hu Yimin, *Zhang Dai pingzhuan*, p. 368; e ibid., pp. 72, 89-90, sobre o neto de Xu Wei, Xu Qin.
220. **Poemas de fazenda:** *ZDSWJ*, p. 36, sobre esterco, p. 30 sobre bicho-da-seda, incluindo a frase sobre economia.
221. **"Triturando Arroz":** *ZDSWJ*, p. 35. Liang Hong e sua esposa Meng Guang são homenageados em *Hou Han shu*, na seção "Yimin liezhuan". (Agradecimento especial a Zhang Taisu.)
222. **Velhas concubinas:** *ZDSWJ*, p. 31. Na p. 32, outro poema, Zhang chama as duas mulheres "velhas concubinas [*laoqie*] corcunda e baixa". Ele não menciona outras companhias jovens.

222. **"Obituário Escrito por Ele Mesmo":** Impresso em *ZDSWJ*, pp. 294-96; e o mais célebre dos escritos curtos de Zhang. Existem uma tradução integral em Ye, *Vignettes*, pp. 98-101, e outra quase completa em Kafalas (1995), pp. 21-23. Kafalas (1998), p. 61-68, tem uma análise detalhada e vastas traduções. Sobre os "obituários" como gênero chinês, veja Wu Pei-yi, *Confucian's Progress*, pp. 24-32, "necrólogios autoescritas". Uma tradução parcial está também em Brook, *Praying for Power*, pp. 40, 43, e em Martin Huang, *Literati*, pp. 4-5. Perante tantas versões, tentei combiná-las com minhas próprias ideias.
223. **Paixões de Zhang:** *ZDSWJ*, p. 295; Kafalas (1995), p. 21; Kafalas (1998), p. 63; Kafalas (2007), p. 53; Brook, *Praying for Power*, p. 40.
223. **Sete paradoxos:** *ZDSWJ*, p. 295. Existem boas traduções da passagem inteira em Martin Huang, *Literati*, p. 4; Campbell, "The Body of the Way", pp. 45-46; Ye, *Vignettes*, p. 99; e Kafalas (1998), p. 64. Kafalas ibid, p. 80, n. 29, discute a versão que difere da versão de Huang. Tentei montar minha própria versão.
225. **Epitáfio:** *ZDSWJ*, p. 297; Kafalas (1995), p. 23. "Estudioso sublime" e "legalista firme" são literalmente "Bolan" (i.e., Liang Hong) sobre o período Han, e Yaoli sobre o final do período Chunqiu. A inscrição termina com uma série alusiva a três referências sobre as manias de Zhang, traduzido em Ye, *Vignettes*, p. 101.
226. **Biografias perdidas:** Entre as biografias marcadas no *SGSHJ* de Zhang com o termo "perdido" (*que*) estão as de Wu Sangui, Qian Qianyi, Hong Chengchou e Zheng Zhilong.
226. **Novo prefácio a *Lembranças de sonhos*:** Como impresso na página 5, *Taoan Mengyi*, ed. Chen Wanyi, de uma cópia no congshu de Yueyatang. A "beleza dos palácios" é uma referência de *Analects*, 19:23.
227. **"Desabrochar da Flor de Pessegueiros":** Para tradução e discussão, veja Hightower, *T'ao Ch'ien*, pp. 254-58; Owen, *Anthology*, pp. 309-10. (Apenas passagem em prosa de Tao.)
227. **O calendário natural:** O ensaio de Zhang Dai "Taoyuan li xu" está em *ZDSWJ*, p. 115.
228. **História de Langhuan:** O primeiro conto de Zhang Dai sobre essa história, em *ZDSWJ*, pp. 148-49 ("Langhuan fudi ji"), é retirado quase literalmente da versão de Yuan do prefácio de Yi Shizhen para sua coleção "Langhuan ji". Discutido e parcialmente traduzido em Kafalas (1995), pp. 77-79. Existe também uma útil paráfrase da versão de Yuan em *T-W*, pp. 183-84, n. 490.
228. **Jardim do avô:** *ZDSWJ*, p. 182.

229. **Langhuan de Zhang:** *TM* 8/13, completamente traduzida em *T-W* número 123, pp. 157-59; e em Ye, *Vignettes*, pp. 97-98. "Estar com a lua" é minha tentativa de alcançar o significado da frase conclusiva de Zhang "*Keyue*". Também traduzido em Kafalas (2007), pp. 18-19.
229. **Poema de Ano-Novo, 1679:** *ZDSWJ*, p. 96. Existem originalmente três poemas, mas dois estão perdidos.
230. **Último livro de Zhang:** O prefácio está em Hu Yimin, *Zhang Dai pingzhuan*, pp. 89-90, e numa reimpressão de 1973, v. 77, pp. 3-4. O oitavo mês lunar em 1680 foi equivalente ao final de agosto, início de setembro, no calendário ocidental. Em seu obituário, Zhang escreveu que nasceu no vigésimo quinto dia do oitavo mês de 1597. Veja *ZDSWJ*, p. 296.
230. **Completando a busca:** O original está em Hu Yimin, *Zhang Dai pingzhuan*, p. 90.
231. **Os retratos:** Zhang Dai e Xu Qin, *Youming Yüyue sanbuxiu tuzan* (1918), reimpresso em Taipei, 1973. Para as mencionadas aqui, veja reimpressão de 1973, pp. 41, 67, 213, 219, 223, 237, 259, 261. Ainda que Zhang Dai tenha colecionado as imagens, muitos dos blocos não foram talhados até 1689, ou mais tarde. Veja Hu Yimin, p. 89, e reimpressão, v. 77, pp. 5-6.
232. **Datas das mortes:** Ao longo desses séculos, surgiram estimativas que falam da idade da morte de Zhang entre 69 e 92 anos. (Veja Hu Yimin, *Zhang Dai pingzhuan*, p. 370, n. 2.) Hu estima, o que eu aceito, que sua morte foi no oitavo mês ou mais tarde, no final de 1680, quando Zhang tinha 83 anos. Veja Hu, ibid, pp. 71-78, para maiores discussões.

# Bibliografia

Barmé, Geremie, ed. *Lazy Dragon: Chinese Stories from the Ming Dynasty*. Hong Kong: Joint Publishing Co, 1981.

Brokaw, Cynthia J. *The Ledgers of Merit and Demerit: Social Changes and the Moral Order in Late Imperial China*. Princeton, N.J.: Princeton University Press, 1991.

Brook, Timothy. *The Confusions of Pleasure: Commerce and Culture in Ming China*. Berkeley: University of California Press, 1998.

———. *Praying for Power: Buddhism and the Formation of Gentry Society in Late-Ming China*. Cambridge, Mass.: Council on East Asian Studies, Harvard University, 1993.

Cahill, James. *The Painter's Practice: How Artists Lived and Worked in Traditional China*. Nova York: Columbia University Press, 1994.

*The Cambridge History of China, The Ming Dynasty, 1368-1644*, v. 7, pt. 1, e v. 8, pt. 2, eds. Denis Twitchett e Frederick W. Mote. Cambridge: Cambridge University Press, 1988-98.

Campbell, Duncan. "The Body of the Way Is without Edges: Zhang Dai (1597?-1684) and His Four Book Epiphanies." *New Zealand Journal of East Asian Studies*, 6:1 (junho de 1998), pp. 36-54.

Chang, Kang-I Sun. *The Late Ming Poet Ch'en Tzu-lung: Crises of Love and Loyalism*. New Haven: Yale University Press, 1991.

Chen Hui-hung. "Encounters in Peoples, Religions, and Sciences: Jesuit Visual Culture in Seventeenth Century China." Tese PhD, Brown University, Dept. of History of Art and Architecture, setembro de 2003.

Chow Kai-wing. *Publishing, Culture, and Power in Early Modern China*. Stanford, Calif.: Stanford University Press, 2004.

_____. "Writing for Success: Printing, Examinations and Intellectual Change in Late Ming China." *Late Imperial China*, 17:1 (junho de 1996), pp. 120-57.

Chuang-tzu [Zhuangzi]. tr. Burton Watson. *The Complete Works of Chuang-tzu*. Nova York: Columbia University Press, 1968.

Clunas, Craig. *Fruitful Sites: Garden Culture in Ming Dynasty China*. Londres: Reaktion Books, 1996.

_____. *Superfluous Things: Material Culture and Social Status in Early Modern China*. Urbana e Chicago: University of Illinois Press, 1991.

Cole, James H. *Shaohsing: Competition and Cooperation in Nineteenth Century China*. Monograph, n. 44. Tucson, Ariz.: Association for Asian Studies, 1986.

Confucius. *The Analects (Lun yü)*, tr. D. C. Lau. Nova York: Penguin Books, 1979.

Cutter, Robert Joe. *The Brush and the Spur: Chinese Culture and the Cockfight*. Hong Kong: Chinese University Press, 1989.

DMB. Ver *Dictionary of Ming Biography*.

Dardess, John W. *Blood and History in China: The Donglin Faction and Its Repression, 1620-1627*. Honolulu, Havaí: University of Hawaii Press, 2002.

D'Elia, Pasquale. *Fonti Ricciane* [Sources on Matteo Ricci], 3 volumes. Roma: Libreria dello Stato, 1942-49.

Des Forges, Roger V. *Cultural Centrality and Political Change in Chinese History: Northeast Henan in the Fall of the Ming*. Stanford, Calif.: Stanford University Press, 2003.

*Dictionary of Ming Biography, 1368-1644*, eds. L. Carrington Goodrich e Chaoying Fang, 2 volumes. Nova York: Columbia University Press, 1976.

Dott, Brian R. *Identity Reflections: Pilgrimages to Mount Tai in Late Imperial China*. Cambridge, Mass.: Harvard University Asia Center, 2004.

ECCP. Ver *Eminent Chinese of the Ch'ing Period*.

Elman, Benjamin A. *A Cultural History of Civil Examinations in Late Imperial China*. Berkeley: University of California Press, 2000.

*Eminent Chinese of the Ch'ing Period (1644-1912)*, ed. Arthur W. Hummel, 2 vols. Washington, D.C.: The Library of Congress, 1943.

Fang Chao-ying. "Chang Tai" [Zhang Dai]. Ensaio biográfico em *Eminent Chinese of the Ch'ing Period*, ed. Arthur Hummel, vol. 1, Washington, D.C.: The Library of Congress, 1943, pp. 53-54.

Finnane, Antonia. *Speaking of Yangzhou: A Chinese City, 1550-1850*. Cambridge, Mass.: Harvard University Asia Center, 2004.

Hammond, Kenneth J. "The Decadent Chalice: A Critique of Late Ming Political Culture." *Ming Studies*, 39 (Primavera, 1998), pp. 32-49.

Hanan, Patrick. *The Invention of Li Yu*. Cambridge, Mass.: Harvard University Press, 1988.

Handlin, Joanna F. *Action in Late Ming Thought: The Reorientation of Lü K'un and Other Scholar-Officials*. Berkeley: University of California Press, 1983.

Hansen, Valerie. *The Open Empire: A History of China to 1600*. Nova York: W. W. Norton, 2000.

Hightower, James R. *The Poetry of T'ao Ch'ien*. Oxford: Clarendon Press, 1970.

Hu Yimin. *Zhang Dai pingzhuan* [Biografia crítica de Zhang Dai]. Nanjing: Nanjing University Publishers, 2002.

———. *Zhang Dai yanjiu* [Estudo de Zhang Dai]. Hefei, Anhui: Haitang Wencong, 2002.

Huang Guilan. *Zhang Dai shengping ji qi wenxue* [A vida e literatura de Zhang Dai]. Taipei: Wenshizhe chubanshe, 1977.

Huang, Martin W. *Literati and Self-Re/Presentation: Autobiographical Sensibility in the Eighteenth Century Chinese Novel*. Stanford, Calif.: Stanford University Press, 1995.

Huang, Ray. *1587. A Year of No Significance: The Ming Dynasty in Decline*. New Haven: Yale University Press, 1981.

Hucker, Charles O. *The Censorial System of Ming China*. Stanford, Calif.: Stanford University Press, 1966.

———. *A Dictionary of Official Titles in Imperial China*. Stanford, Calif.: Stanford University Press, 1985.

Kafalas, Philip A. *In Limpid Dream: Nostalgia and Zhang Dai's Reminiscences of the Ming*. Norwalk, Conn.: East Bridge, 2007.

———. "Nostalgia and the Reading of the Late Ming Essay: Zhang Dai's Tao'an Mengyi." Tese de PhD, Stanford University, Dept. of Asian Languages, 1995.

———. "Weighty Matters, Weightless Form: Politics and the Late Ming *Xiaopin* Writer. *Ming Studies*, 39 (Primavera de 1998), pp. 50-85.

Kim, Hongnam. *The Life of a Patron: Zhou Lianggong (1612-1672) and the Painters of Seventeenth-Century China*. Nova York: China Institute, 1996.

Legge, James, trad. *The She King*, or *The Book of Poetry*, em seu *The Chinese Classics*, v. 4, Prefácio. Hong Kong, 1871.

Lévy, André. *Inventaire analytique et critique du conte chinois en langue vulgaire* [Inventário analítico e crítico dos contos vernaculares chineses]. *Mémoires*, vol. 8-2. Paris: College de France, Institut des hautes études chinoises, 1979.

Liu Shi-yee. "An Actor in Real Life: Chen Hongshou's Scenes from the Life of Tao Yuanming." Dissertação de PhD, Yale University, Dept. of the History of Art, 2003.

Lovell, Julia. *The Great Wall: China against the World, 1000 BC-AD 2000*. Londres: Atlantic Books, 2006.

Mair, Victor, ed. *The Columbia Anthology of Traditional Chinese Literature*. Nova York: Columbia University Press, 1994.

*Mengjin xianzhi*, ed. Xu Yuancan, 1709. Taiwan: Cheng-wen chubanshe reimpressão, 1976.

Meyer-Fong, Tobie. *Building Culture in Early Qing Yangzhou*. Stanford, Calif.: Stanford University Press, 2003.

*Mingshi* [História dos Ming], ed. Zhang Tingyu, 1739, 336 *juan*. Taipei: Guofang yanjiuyuan reimpressão, 6 vols., 1963.

*Ming Shilu* (Shenzong) [Registros do reinado de Wanli], ed. Yao Guangxiao et al., in 3375 *juan*. Nanjing, 1940.

Ming Yau Yau. "A Study of Zhang Dai's *Shigui shu*", 2 vols. Tese de MPhil, University of Hong Kong, dezembro de 2005.

Mittler, Barbara. *A Newspaper for China? Power, Identity, and Change in Shangai's News Media, 1872-1912*. Cambridge, Mass.: Harvard University Asia Center, 2004.

Mote, F. W. *Imperial China, 900-1800*. Cambridge, Mass.: Harvard University Press, 1999.

Nienhauser, William H., Jr., ed. *The Grand Scribe's Records*, vol. 7, "The Memoirs of Pre-Han China by Su-ma Ch'ien." Bloomington: Indiana University Press, 1994.

———. *The Indiana Companion to Traditional Chinese Literature*. Bloomington: Indiana University Press, 1986.

Owen, Stephen. *An Anthology of Chinese Literature: Beginnings to 1911*. Nova York: W. W. Norton, 1996.

———. *Remembrances. The Experience of the Past in Classical Chinese Literature*. Cambridge, Mass.: Harvard University Press, 1986.

Pollard, David. *The Chinese Essay*. Londres: Hurst, 2000.

Qi Biaojia. *Ming qupin jupin* [Dramas e peças Ming], ed. Zhu Shangwen. Tainan: Yen wen, 1960.

———. *Qi Biaojia ji* [Escritos reunidos de Qi Biaojia], Xangai: Guohua shuju, 1960.

———. *Qi Zhongmin Gong riji* [Diário de Qi Biaojia], 10 vols. Shaoxing County Gazetteer Revision Committee, 1937.

———. *Qi Zhongmin Gong riji* [Diário de Qi Biaojia], 15 *juan*, em *Qi Biaojia wengao*, 3 vols., pp. 921-1447. Beijing: Shumu wenxian, 1992.

———. "Yuezhong yuanting ji" [Jardins e pavilhões de Shaoxing] em *Qi Biaojia ji* [Escritos reunidos de Qi Biaojia], *juan* 8, pp. 171-219. Xangai: Zhongua shuju, 1960.

Qian Haiyue. *Nanming shi* [História do Ming, sul], 14 vols. Beijing: Zhonghua Shuju, 2006.

*Qingjiang xianzhi*, 5 vols., comp. Pan Yi [1870]. Taipei: Chengwen chubanshe reimpressão, 1975.

*Qingshi* [História da dinastia Qing], comp. Guofang yanjiu yuan, 8 vols. Taipei: Lianhe chubanshe, 1961.

Ricci, Matteo. *Qiren shipian* [Dez capítulos sobre os homens sutis], em *Tianxue chuhan* [Collected writings on Catholicism], vol. 1, comp. Li Zhizao. Taiwan: Taiwan Students Press reimpressão, 1965.

Schneewind, Sarah, ed. "The Image of the First Ming Emperor, Zhu Yuanzhang." *Ming Studies*, 50 (Outono de 2004), edição especial.

*SGS*. Ver Zhang Dai, *Shigui shu*.

*SGSHJ*. Ver Zhang Dai, *Shigui shu houji*.

*Shaoxing fuzhi* [Gazetteer of Shaoxing prefecture], edição revisada, Gioro Ulana, 1792, 80 *juan*. Xangai shudian reimpressão, em 2 vols., 1993.

She Deyu. *Zhang Dai jiashi* [História da família de Zhang Dai]. Beijing: Beijing chubanshe, 2004.

She Nai'an and Luo Guanzhong. *Shuihu zhuan* [Os fora da lei do pântano], tr. Sydney Shapiro, 2 vols. Beijing Foreign Languages Press and Indiana University Press, 1981.

Sima Qian, *Shiji*, tr. Burton Watson. *Records of the Grand Historian: Qin Dynasty and Han Dynasty*. Nova York: Columbia University Press, (1961) 1993.

Smith, Joana F. Handlin. "Gardens in Ch'I Piao-chia's Social World: Wealth and Values in Late Ming Kiangnan." *Journal of Asian Studies*, 51:1 (fevereiro, 1992), pp. 55-81. (Veja também: Handlin, Joanna.)

Spence, Jonathan. "Cliffhanger Days: A Chinese Family in the Seventeenth Century." *American Historical Review*, 110:1 (fevereiro, 2005, pp. 1-10).

———. *The Memory Palace of Matteo Ricci*. Nova York: Viking, 1986.

———. *Treason by the Book*. Nova York: Viking, 2001.

Spence, Jonathan, e John E. Wills, Jr., eds. *From Ming to Ch'ing: Conquest, Region and Continuity in Seventeenth-Century China*. New Haven: Yale University Press, 1979.

Strassberg, Richard. *Inscribed Landscapes: Travel Writing from Imperial China*. Berkeley: University of California Press, 1994.

Struve, Lynn A. *The Ming-Qing Conflict, 1619-1683: A Historiography and Source Guide*. Ann Arbor, Mich.: Association for Asian Studies, 1998.

———. *The Southern Ming, 1644-1662*. New Haven: Yale University Press, 1984.

Tao Yuanming (Tao Qian). *Tao Yuanming ji* [Trabalhos reunidos de Tao Qian], ed. Wen Honglong. Taipei: Sanmin shuju, 2002.

Teboul-Wang, Brigitte. Ver Zhang Dai, *Taoan mengyi*.

*Tian Collection, Contracts*. Ver *Tiancang qiyue wenshu cuibian* [Contratos e documentos tradicionais da China da coleção Tian (1408-1969)], ed. Tian Tao, Hugh T. Scogin, Jr., e Zheng Qin, 3 vols. Beijing: Zhonghua Shuju, 2001.

*TM.* Ver Zhang Dai, *Taoan mengyi.*

*T-W.* Ver Zhang Dai (trad. Brigitte Teboul-Wang), *Taoan mengyi.*

Wakeman, Frederic, Jr. *The Great Enterprise: The Manchu Reconstruction of Imperial Order in Seventeenth-Century China,* 2 vols. Berkeley: University of California Press, 1985.

Waldron, Arthur. *The Great Wall of China: From History to Myth.* Cambridge: Cambridge University Press, 1992.

Wang Fan-sen. *Wanming qingchu sixiang* [Final da dinastia Ming e início da Qing]. Xangai: Fundan University Press, 2004.

Watson, Burton. *Ssu-ma Ch'ien: Grand Historian of China.* Nova York: Columbia University Press, 1958.

Weng Wan-go. *Chen Hongshou: His Life and Art,* 3 vols. Xangai: People's Fine Arts Publishing House, s/d.

Wu Pei-yi. "An Ambivalent Pilgrim to T'ai shan in the Seventeenth Century," em *Pilgrims and Sacred Sites in China,* eds. Susan Naquin e Chünfang Yü, pp. 65-88. Berkeley: University of California Press, 1992.

_____. *The Confucian's Progress: Autobiographical Writings in Traditional China.* Princeton, N.J.: Princeton University Press, 1990.

Xia ed. *TM.* Ver Zhang Dai, *Taoan mengyi,* ed. Xia Xianchun.

Xia Xianchun. *Mingmo qicai—Zhang Dai lun* [Talentos do final da era Ming—O caso de Zhang Dai]. Xangai: Shehui Kexue yuan, 1989.

*Xiuning xianzhi* [Gazetteer of Xiuning County Anhui], 8 *juan* [1963], ed. Liao Tenggui, 3 vols. Taipei: Chengwen chubanshe reprint, 1970.

Xue Yong. "Agrarian Urbanization: Social and Economic Changes in Jiangnan from the Eighth to Nineteenth Century." Tese de PhD, Yale University, Dept. of History, 2006.

Yang Tingyun. *Juejiao tongwen ji* [Ensaios reunidos e tradução de escritos sobre Ocidente e cristianismo], prefácio datado de 1615, 2 *juan.*

*Yanzhou fuzhi* [Gazetteer of Yangzou prefecture], comp. Yu Shenxing [1596], 6 volumes. Tsinan, 1985.

Ye Yang, trad. e ed. *Vignettes from the Late Ming: A Hsiao-p'in Anthology.* Seattle: University of Washington Press, 1999.

Yi Shizhen. *Langhuan ji* [Registros de Langhuan], Yuan dynasty, Baibu congshu jicheng ed., s/d., pp. 1, 2. Taiwan, 1967.

Yü Chün-fang. *Kuan-yin: The Chinese Transformation of Avalokiteśvara.* Nova York: Columbia University Press, 2001.

_____. "P'u-t'o Shan: Pilgrimage and the Creation of the Chinese Potalaka," em *Pilgrims and Sacred Sites in China,* eds. Susan Naquin e Chün-fang Yü, pp. 190-245. Berkeley: University of California Press, 1992.

———. *The Renewal of Buddhism in China: Chu-hung and the Late Ming Synthesis.* Nova York: Columbia University Press, 1981.

ZDSWJ. Ver Zhang Dai, *Zhang Dai shiwenji.*

Zha Jizuo [Cha Chi-tso]. *Lu Chunqiu* [Crônica do regime Lu], Wen xian congkan, vol. 118. Taipei, 1961.

Zhang Dai. *Gujin yilie zhuan.* Zhejiang?: 1628. (Preservado na Biblioteca do Congresso).

———. *Kuaiyuan daogu* [Tempos passados no Jardim da Felicidade], vol. 1, *juan* 1-5, e vol. 2, *juan* 12-15. Prefácio, assinado por Zhang Dai na Montanha do Dragão, 1655. (Na biblioteca municipal de Shaoxing.)

———. *Kuaiyuan daogu* [Tempos passados no Jardim da Felicidade], datado 1655, transcrito por Gao Xuean e She Deyu. Hangzhou, Zhejiang: Zhejiang guji chubanshe, 1986.

———. *Langhuan Wenji* [Escritos da terra de Langhuan]. Xangai: Zhongguo wenxue, 1935 (reimpressão da edição de 1877).

———. *Mingji shique* [Suplemento Ming ao *Shique*], s/d. Taipei: Xuesheng shuju, 1969.

———. [SGS], *Shigui shu* [Livro do cofre de pedra]. Das bibliotecas de Nanjing and Xangai, 208 *juan*, em *Xuxiu siku quanshu* [Continuação dos Quatro Tesouros], vols. 318-320. Xangai: Shangai guji chubanshe, ?1995.

———. [SGSHJ] *Shighi shu houji* [Sequência do *cofre de pedra*], 63 *juan*. Taipei: Zhonghua shuju, 1970.

———. *Shique* [Lacunas históricas], s/d., 14 *juan*, (1824). Reimpresso em Taipei: Huashi chubanshe, 1977.

———. *Sishu yu* [Os quatro livros, encontros transformadores]. Hangzhou, Zhejiang: Zhejiang guji chubanshe, 1985.

———. [TM], *Taoan mengyi* [Lembranças de sonhos], ed. Chen Wanyi. Taipei: Jinfeng chubanshe, s/d.

———. *Taoan mengyi* [Lembranças de sonhos], ed. Xia Xianchun. Xangai: Xangai guji chubanshe, 2001.

———. [T-W], *Taoan mengyi: souvernirs rêvés de Tao'an* [Lembranças de sonhos], tr. Brigitte Teboul-Wang. Paris: Gallimard, 1995.

———. *Xihu Mengxun* [Sonhando com o lago Oeste], ed. Xia Xianchun. Xangai: Shangai guji chubanshe, 2001.

———. *Yehang chuan* [A barca noturna], ed. Tang Chao. Chengdu: Sichuan wenyi chubanshe, 1998, ed. revista de 2004.

———. [ZDSWJ], *Zhang Dai shiwenji* [Coleção de poesia e prosa breve de Zhang Dai], ed. Xia Xianchun. Xangai: Guji chubanshe, 1991.

Zhang Dai and Xu Qin. *Youming yüyue sanbuxiu tuzan* [Retratos com comentários de nobres imperecíveis da região de Shaoxing na era Ming], 1918 ed. com prefácio de Cai Yuanpei, reimpresso no *Mingqing shiliao huibian*, série 8, vol. 77, pp. 1-272, Taipei: Wenhai chubanshe, s/d. (1973?); edição em caixa de quatro livros, Shaoxing Library. Beijing: Chinese Archive Publishers, 2005.

Zhang Rulin. "Xishi chaoyan xiaoyin" [Breve introdução à moral educacional do Ocidente], incluída em Yang Tingyun, ed., *Juejiao tongwenji* [1615].

Zi, Ettiene. *Pratique des examens littéraires en Chine* [O sistema chinês de exames civis]. Xangai, *Variétés Sinologiques*, n. 5, 1894.

# ÍNDICE

Academia Confuciana de Estudos, Beijing, 83, 88, 216
acidente da pedra-tinteiro, 159
agricultura,
água, 145, 155, 157, 158, 222, 224, 225, 226, 227, 228, 229, 230, 231, 235
Ai Nanking, 57-58
animais, honoráveis, 127-8
artesãos de lanternas, 18
artistas, 212-3
Asoka, 120
astronomia, 18, 213
atores e atrizes, 36, 37, 49-52
avô materno. *Ver* Tao Lanfeng, tratamentos médicos, 19, 66, 96
avô. *Ver* Zhang Rulin

Bao (amigo do avô), 40-1
"barco de caligrafia e pintura", 87
barcos de peregrinos, 112
barcos-tigre, 112
bebendo, 44, 91, 110, 155, 179,
Beijing,11, 19, 22, 23, 41, 48, 56, 59, 60, 71, 76, 80, 81, 84, 85, 86, 116, 117, 124, 126, 128, 129, 130, 133, 134, 135, 136, 137, 139, 140, 142, 156, 168, 169, 170, 171, 173, 175, 180, 203, 208, 212; academia, 60, 82, 85, 204, 210, ; corte imperial e burocracia, 18, 21, 22, 23, 133, 134, 136, 140, 208; exames nacionais, 56, 60, 61, 63, 71, 80, 161, 208, 210, 212; cercada por rebeldes e manchus (1644), 166, 167, 169, 171, 173, 176, 177, 178, 180, 182, 184, 203, 220; família Zhang em, 20, 23, 56, 57, 59, 64, 77, 79, 82,
"Biografias de nobres mulheres do passado", 82
bisavô. *Ver* Zhang Wengong
Bo Pi, 98
bordéis, 41, 45, 46
bronze das três dinastias, 88. Tian-mu, 207
bronzes, 88
Buda, 18, 29, 92, 107, 110, 120, 121, 154, 163, 187
budismo, 19, 118, 120, 147
budistas, lanternas, 32-33
budistas, sutras, 77, 78, 83, 112, 154
budistas, templos e locais, 78, 102, 105, 110, 120, 173, 182

caça, jogando em, 37, 41, 170, 204, 226,
Cai Ze, 143
câmara dos oito, 41

cargo, restrições no, 79
casamento, 17, 44, 78, 79, 82, 88, 89, 100, 125, 155
Centro de Estudos Confucianos, Shaoxing, 179-80
Chá Orquídea de Neve, 31
chá, 18, 31, 32, 42, 43, 47, 93, 110, 139, 158, 163, 178, 223, 224, 229
Chen Hongshou, 10, 44, 45, 145, 179, 180, 188, 216
Chen, senhora (esposa do irmão mais novo Zhang Shanmin), 192
Chen, senhora (mãe do nono e décimo tios), 63
Chenzhou, Henan, província, 88, 166, 167, 168
China: população, 4; doença e inquietação, 19, 64, 201
Chongzhen, imperador, 160, 199, 203, 204, 214, 217,
Chu, clã principesco, 134, 135, 136, 138,
cinco clássicos, 70
círculo de poesia, 34
*Clássicos da poesia*, 82
clássicos de Confúcio, 70, 82, 109, 119, 150, 211, 212
clube dos comedores de caranguejo, 37
clubes, 34, 35, 36, 37
"Coleção do Sul, A", 82, 83
colecionadores de arte, 85-90, 92, 143
competições de comida, 95, 96
concubinas, 45, 97, 98, 104, 132, 135, 156, 218
confucianismo, 116, 120, 210
Confúcio, 70, 82, 93, 109, 110, 116, 118, 119, 127, 148, 150, 176, 191, 211, 212; *Analectos*, 150, casa original, 109
contemplação da lua, 39, 41
Coreia, 23, 113, 116
corridas de barco de dragão, 164
cortesãs, 27, 40, 41, 50; escolaridade, 55

cristianismo, 116, 118-9

Daqing (Grande Cinza) (cavalo), 152
décimo tio. *Ver* Zhang Shishu
Deng Yizan, 211
Dengzi (primo), 201
Dinastia Canção do Sul, 53, 83, 178-9
Dinastia Ming17, 21, 23, 24, 36, 82, 85, 103, 125, 128, 135, 148, 162, 183, 184, 196, 198, 202, 208, 210, 212, 213, 216, 218, 225; decadência, 95, 199, 202, 223; queda (1644), 17, 24, 25, 108, 128,143, 162, 163, 178, 185, 191, 201, 202, 203, 204, 206, 208, 214, 217, 226, 227. *Ver também* escritos de Zhang Dai, *Cofre de pedra* (história da dinastia Ming)
dinastia Qing, 23 171, 190, 206, 208, 225, 229. *Ver também* Manchu
Dinastia Song, 83, 88, 125, 178, 199
Dinghai, ilha de Choushan, 113, 164,
divinação, 77, 83, *Ver também* Sonhos
Dong Hu, 127
Dong Qichang, 86, 212
Dongyang, Zhejiang, província, 48, 79, 80, 85, 102, 124, 164, 175, 201, 215
drama operístico, 48
Du Fu, 68
Du Shenyan, 68

engenharia hidráulica, 18
ensaios, 9, 25, 51, 60, 61, 63, 64, 65, 69, 213; oito partes, 58
escritores, 127, 195, 216, 255, 25
espetáculo naval, 164
espetáculos militares, 165
estudiosos, 9, 10, 19, 21, 82, 114, 116, 117, 119, 125, 127, 152, 153, 200, 206, 210, 217, 220, 231; cortesãs, 27, 40, 41, 50; resistência aos Qing,201. *Ver também* sistema de exames

eunucos, 21, 23, 82, 123, 124, 144, 202, 204, 217,
exames nacionais, 56, 60, 61, 63, 71, 80 161, 208, 212. *Ver também jinshi.*
exames provinciais, 57, 60, 61, 62, 63, 71, 80, 83, 87, 89, 103, 206, 212
excursões de barco, 10, 38, 39, 22, 45, 153. 164, 167, 171, 186
exposição de lanternas, 28; naval, 164

Família de Zhang, 91, 131, 171; trupes de ópera e canto, 36, 37, 40, 49, 50, 51, 52, 128, 154; vendedores e colecionadores de arte, 85, 87, 143; clubes, 36; concubinas, 42, 44, 96, 97, 102, 119, 156, 160, 166, 184, 222; declínio, 62; festa extravagante (1601), 90, 104; problemas com olhos,; gordura, 188; casamentos, 17, 79; nobreza e propriedades, 20, 67, 90, 96, 130, 135, 137, 201; biografias de Zhang Dai, 21, 82, 150, 151, 155, 167, 194, 195, 196, 197, 198, 200, 203, 210, 216, 225; influência de Zhu Shimen, 85, 86
Fan Ju, 143
Fan Li, 137, 138, 143
Fan Yulan, 34
Fang Guo'an, general, 182, 183, 215
Feng Tang, 94, 95
festivais, 28, 33, 182, 227
*Fora da lei do pântano, Os* (romance), 144, 146
Fu, príncipe de, 172, 173, 199, 214, 217
Fujian, província, 33, 89, 175
futebol, 36, 106, 151, 155, 235

*Gazeta da Capital* (Beijing), 133, 208
Gong Sanyi, 61
Grande Canal, 41, 45, 53, 111, 114, 133, 167, 172
Grande Muralha, 22, 124, 166, 203

grau *jinshi*, 63. *Ver também* exames nacionais
Gu Yingtai, 207, 220; *História abrangente da dinastia Ming*, 208
Guan Si, 86
Guangling, 146
Guangxi, província, 141, 142
Guangzhou (Cantão), 117
Guanyin, 111, 112, 113, 121, 229

Haining, 30
Han Shizhong, 53
Han, dinastia, 94
Hangzhou, 29, 38, 40, 44, 45, 48, 56, 67, 68, 75, 78, 87, 88, 111, 114, 116, 117, 124, 133, 162, 177, 179, 182, 206, 207; Casa de Huang Zhenfu,; templo coreano, 78. *Ver também* Lago Oeste, Hangzhou
Hebei, província,
Henan, província, 88, 166, 167, 168
Histórias, 18, 21, 23, 35, 42, 48, 56, 70, 83, 85, 102, 106, 125, 126, 146, 150, 155, 167, 193, 195, 200, 208, 209, 216, 223, 226, 227, 228; formato, 200; lacunas em, 115, 231
Hormuz, 116
Huaian, 87, 167, 168, 170, 171
Huaiyang, 172
Huang Zhenfu, 68
Hunan, província, 80, 135

ilha de Putuo, 111, 112, 114, 163
ilhas Choushan, 179
imperador Amarelo, medicina, 65, 276
imperador Shun, 175, 176
Inferno, 112, 131, 145, 160, 163, 164

Japão, 113, 116
japonês, 23

ÍNDICE • 271

Jardim da Felicidade, 24, 66, 67, 157, 190, 191, 193, 194, 197, 199, 205, 208, 228
Jardim Ponte para o Céu, 107
jardins, 32, 66, 67, 94, 111, 138, 157, 171, 191, 206
jesuítas, 116, 117
Jiangsu, província, 48, 51
Jiangxi, província, 130, 201, 206, 216
Jin Rusheng, 157
Jin, dinastia, 227
Jin, invasores, 53, 178, 179
Jing Ke, 127
jogos de carta, 36, 155

Kaifeng, 178
Kang, príncipe, 178, 179
King Xiang, vilarejo, 225
Kuaiji, Shaoxing, 78, 79, 82, 89, 94
*Kunqu*, ópera, 48

Lago do senhor Pang, 39
Lago Oeste, Hangzhou, 38, 44, 159, 206, 207, 208, 225, 226, 236, 237, 256, 267, 276
Langhuan, 226, 227, 228, 229
Li (examinador-chefe), 60-2
Li (funcionário menor), 32-3
Li Bo, 207
Li Jiesheng, 38
Li Kuangda, 156
Li Liufang, 86
Li Mengyang, 195
Li Yanzhai, 225
Li Zicheng, 167, 171, 204
Liang Hong, 220, 221, 222
Liang, dinastia, 160
Liaodong, 160, 161
Linqing, 168, 169
Liu (sogro), 10, 46, 51, 68
Liu Huiji, 51

Liu Jiezhu, 51
Liu, comissário financeiro, 130, 131
Liu, família, 79
Liu, senhora (esposa), 80, 85
Liu, senhora (trisavó), 79, 80, 84, 102
Liu, viúva (sogra), 87, 102, 99, 100, 101, 102
Lu Baoshan, 86
Lu Yungu, 101
Lu, príncipe de (sobrinho de Xian; irmão mais velho de Zhu Yihai), 174, 177
Lu, príncipe de (Xian, o pai de Zhang Dai esteve a serviço dele), 103, 144, 165
Lu, príncipe de (Zhu Yihai, "protetor da realeza"), 172, 173, 175, 178, 179, 180
Lu, terras de, Yanzhou, 103, 104, 131, 166, 167, 170
Luo Wanhua, 129

Ma Shiying, 173, 175, 176, 177, 182, 184, 216
Ma Xiaoqing, 36
manchus, 24, 124, 166, 167, 171, 173, 176, 177, 178, 180, 182, 184, 203, 220; corte de cabelo, 182, 186, 187, 201, 243; resistência legalista Ming aos,171-5. *Ver também* Dinastia Qing.
Meng Guang (esposa de Liang Hong), 220-1, 222
Mercado Vermelho, Nanjing, 45
Min Ziqian, 93
Min, mestre, 46, 47
Ming, famílias principescas, 134. *Ver também* Fu, príncipe de; Lu, príncipe de
Ming, legalistas, resistência diante dos manchus, 171, 172, 173, 174-5, 201, 202, 219, 220
missionários católicos, 19, 116
Monastério do Portal da Nuvem, 182
mongóis, 22, 124
Montanha do Dragão, 10, 26, 33, 44, 66, 67, 72, 73, 76, 79, 83, 87, 90, 91, 129,

157, 190, 205. *Ver também* Jardim da Felicidade
montanha Ji, 50
monte Putuo, santuário no, 110
monte Tai, 113, 114, 122
morte, 18, 35, 51, 58, 59, 60, 69, 74, 76, 78, 80, 82, 84, 88, 94, 96, 97, 98, 99, 100, 102, 108, 117, 122, 123, 124, 126, 128, 152, 156, 161, 168, 169, 170, 171, 172, 174, 180, 182, 184, 194, 201, 202, 203, 211, 212, 213, 217, 218, 219, 220, 222, 225, 227; de mártires, 183, 218, rituais, 82, 85, 88, 93, 98, 99, 116, 162
Mozi, 119
Mu (Yunnan, homem forte), 129, 192
mulheres, papel das, 17, 18,
*Mulian* (ópera), 163
música, 163, 200, 226

Nanjing, 22, 27, 33, 38, 45, 46, 48, 60, 69, 110, 117, 143, 162, 172, 173, 175, 176, 182, 199, 214, 220; como capital da resistência, 172; rendida aos manchus (1645), 173-4, 182; tumba do fundador Ming, 162
Nanzhen, 94
Neve, 28, 30, 31, 32, 34, 37, 38, 107, 114, 139, 190, 229
Ni Zan, 87
Ningbo, 52, 110, 11, 120; Templo Asoka, 120
nono tio. *Ver* Zhang Jiushan

obituários, autoescrita, 222
obsessões, 223, 158, 160, 194, 195
olhos de vidro, 62-3, 64
Ópera de Beijing, 48

pai. *Ver* Zhang Yuefang
paixão, 48, 49, 64, 70, 82, 118, 123, 151, 210
Palácio Bixia, monte Tai, 99, 105, 107, 109, 113, 114, 122

Pan Xiaofei, 38
Pantoja, Diego de, 117
pavilhão Baqiu, 174
Pavilhão do Bambu Longa Vida, 57
Pavilhão do Lago do Coração, 38
Pavilhão Suspenso nos Galhos, 68
Pedra Tragada, 45
Peng Tianxi, 51
preços de terras,
presságio, 17, 18, 169. *Ver também* divinação; sonhos
prostitutas, 41, 106
província de Shandong, 103, 105, 109, 128, 131, 165, 166, 174
Província de Sichuan, 20, 33

*qi* (energia vital), 169
Qi Biaojia (Qi Shipei), 170, 173, 174, 184, 193, 199, 218, 231; suicídio, 173, 174, 193, 218-20; no sonho de Zhang Dai, 182-4, 198-200
Qi Lisun, 174
Qi Zhixiang, 193
Qi, família, 206, 218
Qian, família, 227, 228
*qin* (cítara), 34, 118, 120, 186, 215, 226
Qin Yisheng, 111, 120, 121
Qin, dinastia, 227, 228
*qing* (paixão), 47
Qingjiangpu, 168, 170, 171
quatro livros, 70, 148, 225, 226
queijo, 31
Qufu, província Shandong, 109
quinto tio, 146

rebeldes camponeses, 171, 203
região de Mengjin, província de Henan, 167
religião, 18, 119, 120
Ricci, Matteo, 10, 116, 117, 213

rinhas, 35
rio Amarelo, 166, 167, 276
rio Qiantang, 67, 133, 177, 180, 182, 184
rio Yangzi, região do delta, 53, 110, 111, 162, 178,
Rota da Seda, 166
Ruan Dacheng, 172, 173
Ruan Ji, 73

Santuário de Bambu Manchado, nascente do, 30, 31, 32
segundo tio. *Ver* Zhang Zhongshu
senhores absenteístas, 20
sétimo tio. *Ver* Zhang Jishu
Shang Dengxian, 157
Shang, família, 206
Shang, senhora (esposa do primo Zhang Yanke), 156
Shanyin, Shaoxing, 78, 79
Shao Zhengmao, 176
Shaoxing, 10, 20, 23, 28, 29, 32, 33, 34, 37, 39, 45, 48, 51, 52, 56, 60, 62, 67, 73, 76, 78, 79, 80, 83, 89, 90, 92, 93, 101, 104, 115, 128, 130, 133, 138, 139, 140, 141, 144, 145, 146, 160, 164, 170, 172, 173, 174, 175, 177, 179, 180, 184, 185, 190, 193, 199, 200, 208, 212, 213, 215, 220, 230; seca, 129, 144; artes de lanternas, 28; lago do senhor Pang, 39; artes performáticas, 226; retrato de cidadãos nobres, 230, 231; como centro de resistência, 171, 172, 173, 174, 177, 179-80, 182, 198-9, 214, 215; carreira de Sanshu, 139-41; estudiosos, 55-6, 61, 62, 79-80, 115-6, 160-1. *Ver também* Montanha do Dragão
Shen Zhou, 86
Shi Fan, 143
Shi Kefa, 167, 172, 182

Sima Qian, 128, 138, 143, 144, 198, 200, 201, 202, 210, 214
sistema de exames, 63, 72; graduação,10; Estudos de Zhang Dai, 9, 57, 68, 87, 125
sogra. *Ver* Liu, viúva
sogro, 80, 89, 100, 157
Song do norte, dinastia 83, 88, 125, 178, 199, 204
sonhos, 9, 24, 26, 39, 56, 68, 87, 94, 95, 108, 157, 160, 168, 169, 174, 183, 186, 187, 193, 194, 198, 199, 206, 207, 223, 225, 226, 228, 229
Su Dongpo, 74, 125, 199
sutra "Guan Yin vestida de branco", 77, 83, 241
Suzhou, 48, 173

Tai Zu, imperador (fundador Ming), 176; tumba de, Nanjing, 162
Taizhou, cidade, província de Zhejiang, 175, 177, 193
Taizong, imperador, 149
Tang, dinastia, 68, 149
Tao Lanfeng (avô materno), 111
Tao Qian, 138, 187, 188, 189, 192, 197, 198, 205, 212, 220, 222, 227; "Estou voltando para casa", 137, 138; "Em honra do cavalheiro empobrecido", 188; "Inspirado por acontecimentos", 188; "O desabrochar das flores de pessegueiro", 227, 228
Tao, família, 78, 89
Tao, senhora (mãe),; morte e o que se segue, taoístas, 104, 119, 226
teatro, 36, 48, 52, 106, 128, 154, 223. *Ver também* drama operístico
Templo Coreano, Hangzhou, 78
templo da Cidade de Deus, Shaoxing, 90, 91
Templo da Montanha de Ouro, 53
Templo de Asoka, Ningbo, 120
teoria do pulso, 65

terceiro tio. Ver Zhang Sanshu
Tesouro (passarinho), 193, 203
Tianqi, imperador, 123, 124, 125, 128, 202, 203, 213
tio-avô, 44, 72, 75, 132, 133, 134, 135, 137, 140, 146, 197, 208; Ver também Zhang Rufang: Zhang Rusen
*Tratado das mutações, O*, 61, 70, 225
trisavô. Ver Zhang Tianfu

Vagnoni, Alfonso, 117
*Vendedor de óleo, O* (drama), 178

Wang (conhecedor e colecionador de arte), 10, 28
Wang (valentão), 152
Wang Bo, 35
Wang Duo, 167
Wang Eyun, 168
Wang Ji, 222
Wang Shizhen, 199
Wang Weijun, 73
Wang Yangming, 210, 211
Wang Yuesheng, 45, 46, 47, 48
Wang, senhora (bisavó), 60, 80, 81, 83
Wang, senhora (esposa do segundo tio, Zhang Zhongshu), 155
Wanli, imperador, 21, 23, 120, 202, 256, 264; mãe do, 120
Wanshui, 167
Wei Jie, 145
Wei Zhongxian, 123, 124, 128, 131, 144, 246
Wen Zhengming, 86
Wu Daozi, 145, 164, 248
Wu, 46, 98, 145, 164, 243, 244, 245, 248, 252, 253, 259, 266
Wuchang, 135, 136

Xangai, 20, 133
Xia (artesão), 234, 235, 236, 238, 240, 241, 242, 248, 249, 250, 254, 266, 267
Xian. *Ver* Lu, príncipe de 33, 104, 250, 267, 272
Xiao (estudioso), 110, 111, 244
Xie Jin, 151, 194, 249, 254
Xinzhou, 201
Xiong Mingqi (governante de Shaoxing), 250
Xu Fanggu, 141, 248
Xu Qin (neto de Xu Wei), 258, 260, 268, 276
Xu Wei, 59, 193, 222, 230, 239, 258
Xu Wenzhen, 238
Xuan-era, bronze, 159
Xuanwu, incidente do portão, 148, 149, 249

Yan Peiwei, 128
Yan, príncipe de, 160
Yang Lian, 124, 128, 246
Yangzhou, defesa e captura de (1645), 41, 42, 45, 164, 167, 172, 182, 236, 262, 264, 277
Yanzhou, província de Shandong, 103, 104, 131, 166, 167, 172, 243, 266, 272, 276
Yao (professor de ópera), 52
"Yao Chong sonha sobre sua visita ao inferno", 160
Yao, imperador, 176
Ying Chuyan, 51, 276
Yingzhou, estudiosos de, 114, 276
*Yinsheng*, pavilhão, 73, 276
Yongle, imperador, 209, 254, 257, 276
Yu, família, 233, 234, 240, 241, 244, 245, 247, 249, 262, 263, 266, 267, 276
Yuan, dinastia, 87, 125, 212, 238, 239, 240, 245, 246, 253, 259, 265, 266, 276
Yuanjun, 107, 276
Yue, região, 45, 137, 138, 253, 276
Yuhong, 160, 249, 276
Yunnan, província, 80, 82, 129, 239, 246, 273, 276

Yuntai, generais de, 114, 276

Zhang Dai (Zhang Changgong) 52-122, 125-182, 184-204, 207-9, 211-4, 218-20, 222, 223, 225, 227-9, 231, 233-6, 238-70, 272, 276, 279
— anos de fuga e luta em guerras civis, 276; volta a Shaoxing, 20, 23, 28, 29, 32, 33, 34, 37, 39, 45, 48, 51, 52, 56, 60, 62, 67, 73, 76, 78, 79, 80, 83, 89, 90, 92, 93, 101, 104, 115, 128, 130, 133, 138, 139, 140, 141, 144, 145, 146, 160, 164, 170, 172, 173, 174, 175, 177, 179, 180, 184, 185, 190, 193, 199, 200, 208, 212, 213, 215, 220, 230, 234, 238, 239, 240, 241, 245, 246, 247, 248, 250, 251, 252, 254, 264, 265, 267, 268, 270, 272, 274, 276
— casamento, 44, 78, 79, 82, 88, 89, 100, 125, 155, 236, 272, 276, 278
— como estudante e estudioso,; biblioteca, 210, 240, 245, 246, 252, 267, 276, 278
— concubinas, 17, 42, 44, 96, 97, 102, 119, 156, 160, 166, 184, 222, 243, 258, 270, 276, 278
— crianças, 17, 18, 80, 83, 84, 38, 101, 106, 155, 189, 197, 205, 224, 241, 276; filhas, 96, 100, 191; filhos,17, 22, 26, 55, 79, 81, 83, 84, 85, 93, 96, 98, 101, 102, 104, 107, 108, 124, 131, 138; netos, 70, 85, 100, 192, 198, 276
— interesses de juventude, 35, 276; rinha de galos, 236; clube dos comedores de caranguejo, 270; futebol, 36, 106, 151, 155, 235; esconderijo, 33; coleção de lanternas, 33; círculo de poesia, 36; clube de *qin*, 276
— morte, 18, 35, 51, 58, 59, 60, 69, 74, 76, 78, 80, 82, 84, 94, 96, 97, 98, 99, 100, 108, 117, 122, 123, 124, 126, 128, 156, 161, 168, 169, 170, 171, 172, 174, 180, 182, 184, 194, 201, 202, 203, 211, 212, 213, 217, 218, 219, 220, 222, 225, 227, 235, 241, 250, 251, 252, 258, 260, 270, 274, 276, 278
— nascimento, 23, 55, 60, 77, 80, 92, 94, 111, 112, 135, 136, 151, 229, 231, 232, 238, 276
— nomes, 36, 37, 44, 62, 64, 65, 79, 86, 115, 116, 154, 226, ; "Velho homem com espada antiga", 231; "Velho homem com seis satisfações", 36, 37, 44, 62, 64, 65, 86, 115, 116, 154, 226, 237, 239, 240, 247, 249, 276; Taoan, 224, 272, 275
— trabalho no regime Lu, 276
— trupes de ópera e canto, 276, 277
— viagens e peregrinações, 276: Casa de Confúcio, 109, 244, 276; com avô, 276; Hangzhou (1654, 1657), 29, 38, 40, 44, 45, 48, 56, 67, 68, 75, 78, 87, 88, 111, 114, 116, 117, 124, 133, 162, 171, 179, 182, 206, 207, 208, 235, 244, 245, 250, 267, 272, 276; Templo Coreano, 78, 272, 276; monte Tai, 99, 105, 109, 113, 114, 122, 243, 276; Nanjing (1638), 199, 214, 220, 234, 263, 264, 267, 274, 276; casa original de Confúcio, 109; Ilha Putuo, 22, 27, 33, 38, 45, 46, 48, 60, 69, 110, 117, 143, 162, 172, 173, 175, 176, 182; Yanzhou (terras de Lu), província de Shandong, 103, 104, 131, 166, 167, 172, 243, 266, 272, 276, 278

Zhang Dai, escritos, 75, 120, 167, 196, 198, 216, 220, 225, 226, 228,
— carta ao Príncipe de Lu, 175, 251, 258
— ensaios, 9, 25, 51, 60, 61, 63, 64, 65, 69, 213; *Lembranças de sonhos*, 9, 186, 187, 193, 194,198, 225, 226, 228; para sua sogra, 99, 100; *Langhuan Wenji*, 226; "As éguas magras de Yangzhou", 42; sobre

Matteo Ricci, 117; sobre santuário Putuo,; "Montanha das Rimas",
— estudos dos textos canônicos, 225; *Os Quatro Livros*, 148, 225, 226
— Obituário escrito por ele mesmo 248, 259
— peça operística, *Montanha de gelo*, 128, 246
— poemas, 70, 82, 153, 188, 189, 220, 223, 231; para doutor Lu, 109; "Para a cortesã-cantora Wang Yuesheng", 82, 153, 188, 189, 220, 223, 231, 241, 248, 251, 253, 255, 258, 260; "Ano-novo, 1679", 229; "Amassando arroz", 221, 222; para Qi Biaojia,
— trabalhos biográficos e históricos: *As biografias de cinco pessoas pouco comuns*, 195, 197; *Cofre de pedra* (história da dinastia Ming), 198, 199, 202, 203, 208-13, 216, 220, 225, 226; *Lacunas históricas*, 196, 226; *Perfis Ming*, 226; *A barca noturna*, 114, 116; *Retratos com comentários de nobres imperecíveis da região de Shaoxing na época dos Ming* (com Xu Qin), 230; *Perfis de homens justos e honrados ao longo dos tempos*, 217; *Sequência a Cofre de pedra*, 203, 225; *Localizando o lago Oeste em um sonho*, 225, 226; Biografias da família Zhang, 196

Zhang Jishu (sétimo tio), 151-5, 162, 163, 164, 169, 170, 194; morte e consequências, 274; "Poema sobre minha passagem", 169, 170

Zhang Jiushan (nono tio), 63, 142, 143, 168, 169

Zhang Jucheng (Song do sul, estudioso e homem de Estado), 83

Zhang Juzheng (grande secretário e examinador-chefe), 141

Zhang Pei (primo mais novo), 170; morte, 220, 222

Zhang Pingzi (irmão mais novo) 49, 51, 68, 72, 73, 92, 93, 104, 124, 128

Zhang Rufang (tio-avô), 194, 208

Zhang Rulin (avô), 131, 245, 268; carreira; morte; biblioteca,; êxito nos estudos e exames,; e Zhang Dai,; e o clã Zhu,
— escritos, crítica de Matteo Ricci,; projeto de dicionário (Montanha das Rimas),; ensaio para Rusen,; ensaio sobre tema confuciano,

Zhang Rusen (Zhang, o Borba; Zhongzhi; tio-avô),

Zhang Sanshu (terceiro tio), 31, 84, 93, 132, 139, 140, 141, 142, 143, 168; morte,

Zhang Shanmin (irmão mais novo), 49, 51, 68, 72, 73; 92, 93, 104, 124, 128, 146, 167, 172, 182, 192

Zhang Shishu (décimo tio), 63, 64, 170, 171, 195,

Zhang Shouzheng (filho de Zhang Rufang),

Zhang Tianfu (trisavô), 70, 79, 92, 102, 129, 194, 195, 196, 197, 211, 231; ruína de carreira,; sucesso nos exames,

Zhang Tianqu (irmão mais velho do trisavô), 197, 255

Zhang Wengong (Zhang Yuanbian, bisavô), 51-52, 53, 67, 86-87, 89, 103, 213, 234, 235, 237, 255-57, 283; carreira em Beijing, 83-84, 87, 145-46, 160, 256; morte, 54, 84; defesa do pai, 81, 84, 145, 256-57; casamento, 81-85; caráter moral, 82-83, 89, 160, 255; como estudante e estudioso, 51-52, 84-85, 256; êxito nos exames nacionais, 52, 81, 145, 258

Zhang Yanke (primo), 22, 25, 104, 105, 163, 179-82, 183-87, 188, 189, 214-15, 216, 219, 232, 233; morte, 220

Zhang Yuefang (pai), 9, 25, 40-41, 42, 56-57, 59, 73, 77, 85, 87, 89, 94, 95, 97, 100-101,

ÍNDICE • 277

143, 164, 194, 232, 234-35, 237; concubinas, 103, 105, 106; morte, 167, 232; defesa de Yanzhou, 147, 195; extravagâncias, 89, 101; problemas de saúde, 57, 100, 101-2; estudos e resultados de exames, 56-57, 93, 100, 11; como superintendente nas terras do príncipe de Lu, província de Shandong, 111-12, 114, 144, 147-48, 152, 207, 210
Zhang Zhenzi (filho de Zhang Sanshu), 198-99
Zhang Zhiru (tio-avô), 237
Zhang Zhongshu (Zhang Baosheng; segundo tio), 35, 274; como colecionador de arte, vendedor, ; em combate, concubina, ; morte, filho, *ver* Zhang Yanke, *villa*,
Zhao (artesão de lanternas), 33, 242, 247
Zhejiang, 48, 79, 80, 85, 102, 124, 164, 175, 201, 215, 267, 270, 274
Zhejiang, província, 48, 79, 80, 85, 102, 124, 164, 175, 201, 215; governador da (1626),
Zheng He, 116
Zhong Xing, 195

Zhou (concubina), 86, 88, 98, 99, 141, 142, 242, 257, 263
Zhou Yanru (grande secretário), 141
Zhou, reis, 88
Zhu (professor de teatro),
Zhu Chiaofeng, 96
Zhu Chusheng, 52
Zhu Geng, 241, 278
Zhu Shanren, 174
Zhu Shimen, 85, 86, 87, 92, 96, 212, 242
Zhu Xi, 64, 70, 71, 239
Zhu Yihai. 172, 272 *Ver* Lu, príncipe de (Zhu Yihai)
Zhu, família e clã,
Zhu, general,
Zhu, vovó,; morte, pai da,
Zhuangzi, 196
Zhuoru (primo), 278
Zuo (inspetor imperial), 166, 215
Zuo Liangyu, marquês de Ningnan, 215

Agradecemos à permissão de reprodução de excertos dos seguintes livros:

"The Body of the Way Is Without Edges: Zhang Dai (1597-1684) and his Four Book Epiphanies", de Duncan Campbell, *New Zealand Journal of Asian Studies*, junho de 1998. Usado com permissão do editor.

*In Limpid Dreams: Nostalgia and Zhang Dai's Reminiscences of the Ming*, de Philip Kafalas. Usado com permissão de East Bridge Books, Norwalk, Connecticut.

*Remembrances: The Experience of Past in Classical Chinese Literature*, de Stephen Owen, Cambridge, Mass.: Harvard University Press, Copyright © 1986, pelo presidente e companheiros do Harvard College. Reproduzido com permissão do editor.

*The Poetry of T'ao Ch'ien*, traduzido por James Robert Hightower. Com permissão da Oxford University Press.

Este livro foi composto na tipologia Minion
Pro Regular, em corpo 11,5/15,5, e impresso em
papel off-white no Sistema Cameron da Divisão
Gráfica da Distribuidora Record.